科技部"十三五"国家重点研发计划（201

城市风险治理与
风险减量管理技术及保险应用

CHENGSHI FENGXIAN ZHILI YU
FENGXIAN JIANLIANG GUANLI JISHU JI BAOXIAN YINGYONG

郭　清 ◎ 主编

中国金融出版社

责任编辑：王雪珂
责任校对：潘　洁
责任印制：丁淮宾

图书在版编目（CIP）数据

城市风险治理与风险减量管理技术及保险应用/郭清主编.
—北京：中国金融出版社，2023.10
ISBN 978 - 7 - 5220 - 2106 - 5

Ⅰ.①城…　Ⅱ.①郭…　Ⅲ.①城市—灾害保险—风险—管理
Ⅳ.①F840.64

中国国家版本馆 CIP 数据核字（2023）第 133500 号

城市风险治理与风险减量管理技术及保险应用
CHENGSHI FENGXIAN ZHILI YU FENGXIAN JIANLIANG GUANLI JISHU JI
BAOXIAN YINGYONG

出版
发行　**中国金融出版社**

社址　北京市丰台区益泽路 2 号
市场开发部　（010)66024766，63805472，63439533（传真）
网 上 书 店　www.cfph.cn
　　　　　　（010)66024766，63372837（传真）
读者服务部　（010)66070833，62568380
邮编　100071
经销　新华书店
印刷　保利达印务有限公司
尺寸　169 毫米×239 毫米
印张　22.25
字数　278 千
版次　2023 年 10 月第 1 版
印次　2023 年 10 月第 1 次印刷
定价　76.00 元
ISBN 978 - 7 - 5220 - 2106 - 5
如出现印装错误本社负责调换　联系电话（010）63263947

《城市风险治理与风险减量管理技术及保险应用》编委会

主　编：郭　清

副主编：陈志国　　顾炜宇　　李朝辉

编　委：樊治平　　杨文明　　金　陆　　王　磊
　　　　李吉平　　张　磊　　鞠文汇　　董利锦
　　　　马　恒　　孔繁强　　刘　璐　　徐仁军
　　　　盛剑峰　　章　熠　　郑　煦　　薛万贵
　　　　陈　谦　　郭霁瑶　　李　芳　　何　飞
　　　　周磊磊　　宁文鑫　　郭俊豪　　左　越
　　　　李　腾　　郭思妍　　张希擎　　雷燕飞
　　　　闫　超　　柴　玫　　刘毅洲

审　校：张　磊　　鞠文汇

序 一

　　中共中央、国务院《关于推进城市安全发展的意见》指出，安全发展是城市现代文明的重要标志。现代城市风险治理要求强化保险在风险防范、损失补偿和恢复重建的积极作用，完善应对灾害的金融支持体系。随着全球气候变化和工业化、城镇化快速发展，城市面临的灾害事故风险加剧，迫切需要加强风险减量服务能力建设，推进安全科技与保险保障有机结合，构建多元主体共同参与的城市风险防控体系。

　　本书围绕城市风险治理，分析了城市安全面临的风险与挑战，结合国内外城市治理的经验，提出了城市风险的保险解决方案和保险风险减量服务技术，对深刻认识"保险 + 风险减量管理 + 科技"的新逻辑，构建市场驱动的"政、产、学、研"相融合的城市风险管理生态圈，将起到积极的参考借鉴作用。

范维澄

中国工程院院士、清华大学公共安全研究院院长

序 二

我国是世界上自然灾害最严重的国家之一，灾害种类多、发生频率高、分布地域广、地区差异大。城市作为人类聚居和经济活动的核心区域，更容易受到自然灾害的冲击。2023 年 6 月开始，江西省、河北省、黑龙江省、北京市、天津市等地区发生暴雨洪灾，特别是京津冀部分地区的特大暴雨，是一次严重的自然灾害，对这个地区的生活和经济产生了重大的影响。

气候变化导致灾害的风险预测难度加大，次生和衍生灾害链的复杂程度更高，威胁着城市的可持续发展和居民的生命安全。尤其是在面对重大灾害风险时，若缺乏全面的灾害风险评估和应急管理机制，灾害事故将对城市社会、经济环境造成巨大损失，有限的城市财政资源和救援能力难以及时弥补损失，进而影响灾后重建和社会秩序的快速恢复。寻求新的机制、方法和技术来减少城市重大灾害风险、提升城市抵御灾害能力成为了当务之急。

保险可以为城市提供经济保障、恢复资金以及风险减量管理。保险公司通过专业服务、产品创新及科技赋能，对承保风险进行主动管理，降低灾害事故发生概率或提高承灾体抗灾韧性，降低保险标的总体风险。充分发挥保险风险减量管理和社会治理职能，就需要探讨保险技术在城市重大灾害风险减量管理中的应用路径。

因此，城市重大灾害风险减量管理和保险技术的研究和实践变得十分重要。

首先，保障人民生命财产安全至关重要，通过研究和应用有效的风险减量管理与保险技术，可以降低灾害风险，提升城市的安全性，保障人民生命财产安全。其次，提升城市可持续发展是一项紧迫任务，通过降低灾害风险、提高城市抵御灾害能力，可以为城市可持续发展创造良好环境，促进经济稳定增长和社会和谐进步。最后，推动城市治理的创新非常必要。传统的城市治理模式在应对重大灾害风险时存在缺陷，需要通过研究和应用新的技术手段，提升城市的管理能力和效率，实现城市治理的现代化和智能化。

2014 年以来，各地政府相继开展符合当地风险保障实际的巨灾保险探索，深圳、宁波、广东、湖南、厦门、河南、浙江、山东等 18 个省、市相继建立了符合区域特色的巨灾保险制度，其中气候灾害保障占大部分。以 2015 年落地的广东省巨灾保险为例，据统计，截至 2021 年底巨灾保险已覆盖广东全省（不含深圳）18 个地市，累计完成赔款超过 10 亿元，为当地开展灾害救援和灾后恢复起到了重要的资金保障作用。保险公司积极顺应需求侧变化、紧密结合区域风险特点，通过科技赋能、产品创新、制度创新、服务创新等手段不断深化发展，在推动地方灾害管理，推进政府治理体系和治理能力现代化中发挥了重要作用，受到当地政府和人民群众的广泛好评。

"十三五"期间，保险业为气象相关的台风洪水主要灾害损失保障额显著增加，截至 2020 年总保额高达 133 万亿元，5 年间保额年均增幅 36%，承担了包括地震、海啸、台风、冰雪等灾害的巨灾保险业务。

现代城市发展与风险相伴随，保险又具有社会管理等功能，"保险+服务"模式的兴起进一步凸显了保险的服务属性。理论和实践均表明，保险业既能够在城市风险治理体系中占有一席之地，起到"社会稳定器"的作用；也能够推动城市经济发展和提升城市居民生活品质，起到"经济助推器"作用。

2014年国务院颁布了《关于加快发展现代保险服务业的若干意见》，指出我国保险服务业发展还不能有效满足全面深化改革和经济社会发展的需要，需要加快发展现代保险服务业，创新社会治理方式。这为保险参与城市社会治理提供了重要的理论依据和政策依据，开启了保险参与城市风险减量管理的新阶段。

为加快发展现代保险服务业，创新社会治理方式，中国人保提出了加快构建"保险+服务+科技"的保险新商业模式。财产险领域，形成"保险+风险减量服务+科技"的商业模式，充分发挥保险经济补偿、资金融通和参与社会治理等社会职能，实现城市风险减量管理，满足全面深化改革和经济社会发展的需要。

保险为城市风险治理全生命周期提供防赔并重的解决方案，致力于提升全社会的防灾减灾救灾能力，强化风控减损。一是事前的风险减量管理，与其他风险利益相关者和研究机构合作，为城市政府有关部门制订风险应对方案，提供高质量数据和开发概率模型；二是事中参与应急处置，比如在城市地震爆发的初始阶段提供查勘灾情等技术支持；三是事后的损失补偿，为城市遭受的自然和人为灾害造成的经济损失提供风险保障与分担；四是延伸保险服务，助力城市转型升级。在城市工业革命时期，保险业参与汽车安全标准制定、完善汽车及其配件的价格形成机制，为汽车等现代化交通工具在城市的普及推广，起到了不可或缺的推动作用。在"消费者主权"兴起时期，保险业在发展产品责任保险的同时，参与产品安全认证机制建设，参与食品安全标准制定，为改善城市居民生活品质贡献力量。

截至 2022 年底，已有 14 家保险公司设置了相当独立的风险减量管理部门，绝大多数保险公司设置了相关处室单位，30 家公司建立了与风险减量服务相关的信息化平台，行业内已有 1300 余名专职人员。

未来社会治理模式现代化发展离不开保险，国家治理能力和治理体系现代化建设也离不开保险，为更好地优化社会治理方式，构建多元主体参与的社会风险共治体系，需要让保险业更加积极地参与到城市重大灾害风险减量管理和社会治理体系之中。

一、树立风险管理意识，健全"法治城市"建设

从行政主导下的"社会治理"向"风险减量管理"的转变，一方面，更好地满足人民群众对公共服务和公共产品的多元化、差异化诉求，适应需求升级；另一方面，更好地应对进入后工业时代后"风险社会化"所面临的挑战，打造共建、共治、共享的社会治理格局，减轻政府负担和财政压力，促进社会治理模式的现代化发展。

通过建立相关政策法规框架，要求城市规划和建设考虑灾害风险，并设立专门机构负责风险管理和保险事务。同时，政策和法规框架应包括激励机制和经济政策，鼓励个人、企业和机构采取风险减量措施和保险保护。跨部门和跨界合作也是关键，各利益相关者应共同合作，共享信息和专业知识，共同制定政策和法

规。同时，建立有效的法律执行和监督机制，确保相关法律和规定的有效实施，提高整体的风险管理能力。

通过灾害风险评估和规划策略的整合，城市规划可以减少风险、提高抵御能力，并在灾后重建中实现可持续发展。收集和分析灾害风险数据，划定风险区域并制定相关规定。此外，要考虑基础设施的抗灾能力、绿色基础设施和社区参与等因素，确保规划的有效实施。

二、发挥保险风险减量作用，完善"平安城市"建设

通过保险功能前置，将保险融入应急管理体系。成立协调保险机构在内的专门协调指挥机构，整合各种应急力量和资源，提升重点行业领域应急管理基础水平，确保人民生命财产安全和社会稳定，提高社会防灾减灾救灾能力，从而推进城市治理体系和治理能力现代化。

建立城市巨灾保险、政策性巨灾保险，构建地震巨灾、洪水巨灾保险等城市重大灾害保险框架，提升巨灾理赔的效率和精度，共同打造天空地一体化的立体服务体系；建立基于遥感技术的综合服务平台，构建社会化的服务保障体系。研制城市内涝风险图，利用基于物联网的城市内涝实时监测数据开展实时预警和防灾防损服务。

开展涵盖恐怖责任的社会综合治理保险，按照"政府主导、保险运作、自愿投保"的原则，服务和改善社会民生，共同建立"事前预防、事中协同、事后保障"的社会治安综合治理保险保障服务体系。实现多方共赢、综治得提升、群众得实惠、政府得民心、保险得发展。扩大"警保联动，畅行首都"试点范围，提

升快处快赔服务水平。充分发挥"警保联动、警医联动、警救联动"优势，广泛延伸保险触角，让保障服务惠及更多群众。

进一步开发符合城市行业特点的安全生产责任保险产品。引入电梯"保险＋服务"试点，鼓励和支持保险主体参与到电梯维保、电梯改造等电梯安全工作中。支持通过保险方式转嫁产品质量风险，助力企业转型升级。开展食品安全责任保险、养老机构责任保险和环境污染责任保险试点，解决民生突出问题。开展网络保险，提升网络安全。出台针对快递人员的专项保障方案，结合快递人员流动性大、社保不健全、职业风险等特点，推出短期重疾、大病、健康类险种，以及面向快递员交通工具的险种。积极发展预付卡履约保证保险。

三、发挥保险创新保障作用，推动"科技城市"建设

通过构建涵盖创新型科技企业全生命周期、全业务流程的保险产品体系，推动高水平科技自立自强，为专精特新科技企业提供科技类损失保障、责任保障、关键人员与高管人身风险保障、以及知识产权保障。政府通过对科技保险引导，打造知识产权估值与科技风险管理生态圈，支持关键核心技术攻关企业、科创产业链，深度融入科技、产业、金融的良性循环。利用保险机制实现人才和技术的价值变现，助力破解科技"卡脖子"问题。

数据共享和信息管理在城市重大灾害风险减量管理中起关键作用。建立数据收集和整合机制，获得全面、多维度的灾害风险信息。建立数据共享机制和平台，提供安全、高效的共享环境。制定数据安全政策和隐私保护措施，采用信息管理系统和现代技术，提供必要的信息支持。

四、延伸保险新技术应用，促进"智慧城市"建设

发挥保险业在助力"智慧城市"建设中的作用。鼓励保险业参与"智慧城市"的数据共享和共建平台，引导保险业以智能认知、人工智能、区块链、云科技等核心技术为依托，构建有保险业特色的智慧城市云，支撑智慧城市服务板块。落地智慧口岸、智慧安防、智慧教育、智慧养老、智慧医疗和智慧环保方案，为市民设计出更有效、更便捷的服务项目，更好地解决市民生活、交通、教育、养老、医疗、环保等问题，把"智慧城市"概念落实到百姓的生活场景中。为政府和企业及融资平台提供智慧财政金融服务，创新定制存量资产盘活及债务结构优化等综合金融解决方案。

保险公司充分利用自身平台优势、技术优势和创新优势，协助政府开展风险评估、教育培训、隐患排查、应急演练、监测预警等工作，协助共建综合灾害预警系统。通过构建区域性多种气象灾害长时间序列灾情数据库，加强对承受力脆弱区、气候变化敏感区多要素监测和风险评估，将预警纳入保险方案、运营管理和理赔服务中，形成灾害认定、预警、防范与保险、理赔的统一体系，实现灾害预警与保险的"融入式"发展，拓宽风险减量服务范围，把风险减量服务嵌入保险公司管理中，为政府和企业提供专业的一揽子风险减量服务，构建风险减量服务新模式，提升综合性防灾减灾服务水平。

引入保险参与社会治理，可以发挥保险的风险分散、社会管理、经济补偿等社会职能，实现城市风险减量管理，是引领城市现代化治理体系建设和治理能力提升的重要路径，也是当前发达

国家及国内现代化城市提高抵御风险能力的现实选择。

在该书即将付梓之际，郭清博士请我作序，作为其博士后导师，欣然接受要求，就此写点感受。保险业要不断创新转型风险减量服务内容，深耕细分市场，挖掘新技术、新经济发展产生的风险减量需求，利用数字化智能技术和结合多元化的保险技术，提高城市重大灾害风险减量管理水平，实现全社会风险的减量管理。

王一鸣

北京大学经济学院金融系主任/教授

北京大学金融创新与发展研究中心主任

北京大学金融工程实验室主任

清华（浙江）长三角研究院数字金融研究中心主任

前　　言

　　风险管理是保险的基础，保险是风险管理的主要手段。保险具有风险分散、转移与分担风险、经济补偿功能。保险业作为现代金融业的重要组成部门，不仅是经济发展的助推器，也是社会发展的稳定器。政府可以通过购买保险服务，不断提高城市灾害风险管理的防御能力。保险业通过保险产品和服务模式的创新，推动城市灾害风险的管理效能。

　　联合国对灾害的定义为：一个区域或社会的功能被严重破坏，导致人群、物质、经济或者环境的损失超过了该受灾区域（社会）自身的应对能力。从上述定义看，灾害由三个基本要素构成：一是灾害的受体是人及与人相关的生存环境等；二是灾害的起因包括自然变异、人为因素、人类与自然关系失调等；三是灾害的后果包括对人类生命健康的危害、对人类各种财产的破坏、对人类生活和活动条件的危害、对资源和环境等生存发展基础条件的破坏。气候变化导致全球灾害频发，城市灾害的风险减量管理已成为国家长治久安和人民安居乐业的重要保障。

　　党的十八届三中全会《中共中央关于全面深化改革若干重大问题的决定》提出要改进社会治理方式，鼓励和支持社会多元主体的参与；二十大报告提出"完善社会治理体系，健全共建共治共享的社会治理制度，提升社会治理效能""建设人人有责、人人尽责、人人享有的社会治理共同体"。利用保险机制转移与分摊城市重大灾害风险，已成为社会普遍共识。

随着市场经济不断发展和市场机制不断完善，保险日益成为推进国家治理能力现代化的有效途径，在稳定经济发展、保障民生、转变政府职能等方面具有独特的功能与优势。通过强化风险减量管理能力，健全城市治理体系，探索和发挥保险在城市重大灾害的风险管理及提高城市韧性建设等方面的作用，对保障中国现代城市安全和科学发展具有重要意义。

本书围绕城市重大灾害风险减量管理与保险技术，系统梳理了政府部门当前城市治理过程中存在的风险情况；综合分析了城市治理工作中面临的问题和成因；结合国内外保险业参与城市治理的实践经验，有针对性地提供了系统性的风险转移解决方案，匹配保险计划和风险管理服务，从而为城市治理的转型提供新思路和新工具。

运用保险技术提升城市治理水平，需要以城市发展和治理现代化为背景和基础，从险入手，以保促减。通过梳理城市治理体系框架和治理现状，剖析城市治理的痛点与难点，借鉴国际、国内相关城市的先进经验，基于COSO内部控制框架，提出了城市重大灾害风险管理框架，以期更好地运用保险机制提高城市重大风险减量管理水平，为改进和优化城市现代化治理模式提供可行建议与方案。

第一章　城市风险管理与治理理论。从城市风险理论、城市风险管理开始，收集整理城市治理理论，阐述城市风险治理的概念和原则，基于风险识别与评估方法，探讨城市重大灾害风险管理的方法论，并创新性地构建了城市全面风险管理框架。

第二章　保险助力城市治理。围绕保险主要功能，分别从经济补偿、资金融通和参与社会管理三个方面，阐述保险在城市治理中的作用。

第三章　保险参与城市治理的国际经验。从管理机构、工作机制、风险评估方法与内容、风险治理特征及效益等多个维度，整理美国纽约、英国伦敦等发达国家城市的治理经验，概括总结了保险业参与城市治理的国际经验、城市保国际实践与经验。

第四章　保险参与城市治理的中国实践。从巨灾保险、知识产权保险、科技保险、安全生产责任险、保险公估业参与城市风险评估五方面，介绍中国保险业在城市治理中的情况，助于提高城市风险管理水平，促进社会和谐稳定。

第五章　城市治理面临的风险与挑战。按照风险的来源，结合城市系统，对城市风险进行分类，通过实地调研和专家咨询方式，完成城市风险评估，归纳城市重大风险，重点阐述城市公共安全风险管理框架。

第六章　空间信息技术助力城市风险减量。整理总结国内外卫星技术资源，总结卫星、无人机遥感技术在城市风险减量管理中的实际应用及典型案例，重点阐述了包括 InSAR 技术、3D 倾斜摄影技术、物联技术等大数据技术在城市保险风险减量的应用。

第七章　城市风险减量管理的保险模式——城市保。结合多元保险技术，以"城市保"五个典型实践为例，总结城市风险减量管理模式，阐述风险减量增强方案，提高城市重大灾害风险减量管理水平，最后对城市保未来前景进行展望，构建社会共治体系。

第八章 提升城市治理能力的保险建议。针对城市治理面临的重大风险，借鉴国际与国内经验，从成立机构、增加职能、巨灾保障、房屋安全保障、社会综治保障、民生保障、医疗保障、养老健康、科技创新保障等多维度给出建议与方案，并指出保险深度参与城市治理体系，是新时代保险的重要使命，将助力城市风险减量。

限于水平与时间，书中错漏与不足之处，敬请读者批评指正，联系邮箱 guoqingbj@ qq. com。

目　　录

1 城市风险管理与治理理论

1.1 城市风险理论

城市是人类力量，特别是科学技术对自然改变最剧烈、最集中的典型产物。随着世界城市化的不断发展，城市越来越多地承载着人类社会愈加复杂的功能。现代经济是以城市为中心的经济，现代社会是以城市为中心的社会，城市已经成为国家的经济和社会的主要载体。城市的快速发展带来了人口和财富的聚集，带来了物质和空间结构的改变，也带来了作为城市的主体人的改变。这些城市要素复杂地交织与流动，带来了城市的不确定性，塑造了城市风险。可以说，城市具有内在风险属性，城市风险是城市系统高级化与复杂化的产物。

1.1.1 城市风险的缘起

可以通过对城市经济、社会形态演变的考察来理解城市风险的形成与发展。在前工业化时期，城市的萌芽归因于农业生产力的发展，手工业和商业成为城市出现的重要标志。城市的社会结构发生了变化，人口、社会成分、人际关系等开始迈向了现代城市发展的第一步。在这一时期，城市的聚集功能初现，城市风险也处于初级聚集阶段，具有"现代雏形"的城市问题如城市污染、交通问题等开始孕育。但城市风险的危害没有发生质变，还是以自然物的危害为主，如人的排泄物、马车的噪声等。到了工业化时期，城市进行了最迅速、最剧烈的变动，典型意义的城市化开始了。这一时期的城市要素加速聚集，城市产业开始复杂化，社会个体产生异化，城市全方位的"人造化"风险时代来临。到了如今的信息化与全球化时代，城市变得更加精密，也更加脆弱，新的风险因素和新的传播途径产生，城市风险加速蔓延。可以说，城市风险伴随着城市的演变而不断变化。

"风险社会"理论认为，城市风险来自整个城市系统与立基其上逐渐远去的自然界之间的矛盾增大，或者是城市内部无法及时外释的冲突力量的循环累积或结构性失衡。城市风险之所以多样而复杂，是因为其源于自然的某种程度上的消退和城市现代性的增加。首先，在技术主义条件下，城市越发达，自组织性越强，就越背离它的母体——自然界，尤其是在缺乏科学生态观的指导下。这种背离往往忽视了自然的法则，破坏了人类城市与自然互利共生的关系，这种矛盾的积累便使城市风险的爆发不再是一件遥远的事情，而这不能被简单看成是自然灾害。其次，当城市内部积累的矛盾与冲突无法及时有效地疏导与外泄，就会对城市发展路径产生扭曲和反作用，城市的危险性于是埋伏下来。譬如，为了解决城市对能源的需求，人类兴建核电站，但城市机器高速运转也增大了其失控和崩溃的可能，几次人类史上重大的核泄漏事件都是有案可查的。

2003 年，经济合作与发展组织（OECD）在关于全球风险的报告中指出，21 世纪的主要风险在性质、背景及人类社会管理的能力正在发生变化，同时塑造这些风险的力量也多种多样，全球城市正面临新兴的系统性风险（Systemic Risks），系统性风险会对社会所依赖的健康、环境、交通、通信等系统产生普遍影响。预计未来几十年，人口、环境、技术和社会经济结构，这些力量将重塑常规危害并创造新的危险，改变风险的脆弱性，改变事故传播的渠道，并改变社会的反应。

1.1.2 城市风险的特征

（1）聚集性

城市演变的历史就是城市聚集功能不断强化的历史，城市的根本属性之一就是人口、空间、资源的聚集性，在有限的地域里，大量城市要素的聚集使城市形成密集性网络，这导致城市面临的风险存量大大增加。一方面，这种聚集性使风险因素相互交织，风险更为复杂和广泛。经济、社会、新技术的不断发展使新的风险不断涌现，传统的监测手段可能难以感知。另一方面，密集的城市社会又使城市风险更易群发，风险后果呈集中式和爆发式增长。随着人口和社会生活的日益密集，城市风险对城市的各个方面呈现出综合性影响，风险危害不再单纯局限在较小的范围和较窄的领域内，而是极快地扩散到密集地区，产生更为严重的风险后果。如地震不只带来建筑的倒塌，更会毁坏城市的供水、运输、通信等设施，导致城市整个生命线较广、较深的瘫痪。

（2）关联性

从系统科学的角度出发，城市是一个由相互联系、相互作用、相互依存的若干要素组成的具有特定功能的有机整体，由这些致险要素构成的城市风险也必然存在很大的关联性。一方面，人口、资源等的流动，全球化的演变，信息技术的广泛传播使风险在空间上比过去任何时候都流动得更快、关联性更强。现代灾难和危机的一个重要特征就是其很快在时空领域导致深远的影响，例如城市疫病的扩散、计算机病毒的传播。另一方面，城市功能经历了从单一功能向多功能化发展的演变过程，功能的多样性使城市中风险的各种诱因存在着更复杂的联系，并且相互转化，产生连锁反应。

（3）复合性

当代城市是一个复杂的巨系统，各种社会与自然的因素在当今城市中交织重叠，彼此相互作用和影响，城市风险不再是城市发展低级阶段的那种单一事项的城市问题呈现，而是具有复合性、并发性，这是城市风险与城市问题最主要的区别，城市问题一般是以单数形态、离散形式出现，应对策略简单易行，概括为头痛医头脚痛医脚，而现代城市风险与各种城市问题存在牵连，它并不是城市问题的简单积累，而是多重因素的叠加效果。城市风险的应对之策也因为复合叠加性而难度增大。

（4）突发性

由于前述的诸多特征，导致现代城市风险不再是显而易见和易于检测的，无法采取针对性预案，这也是城市风险的危害具有突发性的原因。城市风险在复杂的社会因素作用下在时间、空间上积累，最终在城市的某些薄弱环节爆发，其危害具有很强的破坏性，这些连环的效应常常缺乏征兆，大大消解了应对城市风险的有效性。例如，公共安全事件可能是社会结构、资源分配、人的心理等因素间复杂矛盾的突发表现，但是其发生的时间、地点、方式及危害程度往往是难以预期的。

（5）系统性

经济合作与发展组织将系统性风险定义为对人类社会所依赖的健康、环境、交通、通信等系统产生影响，并把城市风险中的自然灾害、工业事故（例如核电站事故）、传染病、恐怖主义和食品安全等归类为系统性风险。

1.1.3　城市风险的分类

（1）按照风险的来源分类

劳合社于 2018 年发布《世界城市风险指数》报告，按照风险的来源（或者风险因素）把城市风险分为五大类，分别为：一是金融、经济和贸易风险，例如市场崩盘、主权违约、油价危机；二是地缘政治与安全风险，例如恐怖主义、国家间冲突、内战等；三是健康与人道主义风险，例如人类流行性疾病；四是自然灾害和气候风险，例如地震、火山、风暴、洪水、海啸、干旱、冰冻、热浪、植物疫情和农作物绝收等；五是技术和太空风险，例如核事故、停电、网络攻击、太阳风暴。

在 2018 年发布的《世界城市风险指数》中，劳合社指出了世界城市前十大风险，分别是市场崩盘、国家间冲突、热带风暴、人类流行性疾病、洪水、内战、网络攻击、地震、大宗商品价格冲击、主权违约（见表 1 - 1）。

表 1 - 1　2018 年《世界城市风险指数》中的世界城市前十大风险

单位：亿美元

2018 年世界城市前十大风险	年均预期损失（即风险 GDP）
市场崩盘	1033.3
国家间冲突	800
热带风暴	625.9
人类流行性疾病	471.3
洪水	429.1
内战	371.5
网络攻击	365.4
地震	339.6
大宗商品价格冲击	202.9
主权违约	179.7

注：风险 GDP 是基于已发生的某一风险造成的经济损失而预估出的年均经济损失。

《世界城市风险指数》中体现的主要趋势有：人为风险对全球经济的威胁加大，已超过自然灾难风险对全球经济的威胁。人为风险造成的风险 GDP 占全球总风险 GDP 的 59%，其中金融市场崩盘是最大的风险威胁——平均每年造成全球城市 1033 亿美元的预期经济损失。与此同时，国家间冲突成为第二大风险威胁，预计为全球城市造成年均 800 亿美元的经济损失，反映了全球范围内地缘政治引起的不稳定性呈上升趋势。

气候变化是一个主要的风险源头。全球的气候相关风险造成的风险GDP 达 1230 亿美元，并且这个数字会随着极端天气状况的发生频率和严重性的增长而增长。其中，破坏性最强的气候相关风险——风暴每年造成的风险 GDP 达 626 亿美元，风暴后续引发的洪水也将进一步造成429 亿美元的风险 GDP。

除了劳合社《世界城市风险指数》的分类方法之外，也有学者按照风险的来源大致可以把城市风险分为社会、经济、政治、文化、资源、生态环境、科技、信息八个方面。

社会风险包括公共设施、公共安全、公共卫生、食品安全、药品安全、养老等方面；经济风险包括经济增长、就业、对外经济、政府经济、产业结构等方面；政治风险包括社会冲突、社会经济特征、地方政府公信度等方面；文化风险包括物质文化、传统文化、制度文化、精神文化、文化开放度等方面；资源风险包括自然资源、人力资源、文化资源、信用资源、物质资源、社会资源等方面；生态环境风险包括空气环境、水环境、土壤环境等方面；科技风险包括科技投入产出、人员素质、高新技术产业、科技研发等方面；信息风险包括信息泄露、信息法规、信息管理、信息技术等方面。

（2）按照城市系统的层次分类

有学者根据城市系统的层次将城市风险可分为生态—资源—经济—社会四个层面。

①生态本底（自然层次）的风险。生态本底层面的风险主要是指在城市发展的进程中由于环境污染、生态破坏而引发的风险，包括环境质量因素、生态失衡因素、自然灾害因素等。

②物质资源（基础层次）的风险。物质资源层面主要是指城市中

的能源、粮食、交通、网络、通信等，这些是城市正常运转的基本保证，主要涉及基础设施因素、公共交通因素、能源安全因素、粮食保障因素等。

③经济运行（发展层次）的风险。经济运行层面主要是考察当地经济运行态势及经济发展趋势，从发展动力层面考量城市的可持续发展程度，涉及经济扰动因素、金融市场因素、产业结构因素、就业收入因素。

④社会组织（主体层次）的风险。社会组织层面主要是指反映城市利益主体的政府、社区、居民和其他组织存在不稳定、不确定状态，并且可能带来的社会失序和社会危害，主要包括人口增长因素、组织制度因素、卫生安全因素、社会治安因素等。

1.2 城市管理理论

"城市管理"这一概念在不同的国家界定不同，现在国内外对于此概念还没有形成统一的认识，比较流行的是"广义"和"狭义"二分法。

狭义的城市管理主要是指城市政府对城市公共事业、公共设施和公共事务进行管理，广义的城市管理是指城市政府对城市的经济、社会、文化等各个领域事务的管理。现有的理论研究表明，西方国家所实行的城市管理是狭义的城市管理，又称市政管理。这种管理方式与西方国家的政治体制和社会制度是相适应的，而政府对于城市经济、文化、社会方面管理的职能相对比较小。相对西方国家的城市管理来说，我国的城市管理则是广义的城市管理概念，指的是城市的综合管理，其管理内容涉及城市的社会管理、经济管理、基础设施管理及生态环境管理等多方面的内容，是对社会、经济及文化等活动进行决策、计划、组织、指挥、协调、控制等一系列活动的总和。由这两种定义可以看出，对于城市管理的主体是政府这一点大家普遍达成共识，具有争议的主要是城市管理的对象。

在中国，城市管理的系统研究起始于 20 世纪 80 年代初。我国学者对城市管理的理解一般为"城市政府对城市的管理"，这也是由我国的具体国情决定的。我国城镇化和城市化是在计划经济向市场经济转变的基础上进行的，无论是之前的计划经济，还是近年来的经济体制改革和现代化建设，均是由政府主导推进的，一直以来，城市政府在城市管理中的主导地位基本没有变化。

一般来讲，"管理"是政府和国家对社会公共事务进行的单一性的、带有强制性的管理，因此，城市管理的主要特点就在于参与主体单一，主要由城市政府主导，公民及其他社会团体参与意识薄弱；政府扮演多重角色，管理方式以行政手段为主，带有强制性色彩。概括来说，城市政府管理是城市政府在运用所拥有的公共权力处理社会公共事务的过程中，有效地促进和实现社会公共利益的调控活动。在这样的活动中，城市政府作为中观层面上的地方政府，起着承上启下的作用，其既要扮演执行者的角色，又同时扮演领航者和服务的提供者的角色，肩负多重职能。

在我国的城市发展进程中，存在着一个单一的决策中心即政府。经过了改革开放，这一决策中心由计划经济体制下的中央政府变为市场经济体制下的城市政府。因此，可以将我国城市管理中存在的问题概括为两个方面：政府内部运作的问题及政府与外部市场、社会的关系的问题。

关于内部问题，首先在思想观念上，许多政府工作人员未能树立服务意识，较少考虑公民的迫切需求，这就在时间和空间上压制了其他组织的发展以及公民利益的表达。在行政组织建设上，城市政府以层级组织结构运行，一方面，社会信息和行政指令经过层层传递，往往失去时效性和真实性，同时使组织僵化，工作不灵活；另一方面，政府职能部门分工交叉，容易造成相互扯皮、多头执法，多方在处理事务中的摩擦降低了行政效率。在行政执行上，执行主体多采用权力行政、单方行政，人治色彩浓重，存在破坏法制的可能。

关于外部问题，政府成为城市管理中唯一的权力中心，无法形成与市场、社会共同组成的多元化治理网络，一些政府决策不能很好地反映市场发展的要求，阻碍市场发挥作用，同时公民和社会团体不能很好地通过参与管理来表达自己的观点，不利于发扬公众精神，也容易忽视他们的基本权利。

1.3　城市治理理论

"治理"（Governance）一词最早出现在世界银行于 1989 年发布的一份描述非洲当时紧张的环境局势的报告中。此后，"治理"这一概念逐步流行起来，并不断被赋予新的含义，被广泛应用于政治、社会和经济的各个层面。

全球治理委员会在 *Our Global Neighborhood* 中将治理定义为：治理是各种公共和私人机构管理其共同事务的诸多方式的总和，它是使相互冲突的或不同的利益得以调和，并且采取联合行动使之得以持续的过程，它既包含有权迫使人们服从的正式制度和安排，也包括人民和机构同意的或认为符合其利益的各种非正式的制度安排。

1.3.1　城市治理概念

城市治理是将治理理论应用于城市管理中，作为一种新的概念，城市治理对我国城市的发展产生了很大的影响。城市治理可以从以下几个

9

方面理解：

一是城市治理的主体是多元的，既包括公共部门，也包括社会公众和社会组织；二是城市治理的内容涉及政治、经济、文化、社会、生态等多个领域；三是城市治理的过程是双向互动的；四是城市治理的方法是多样的，既包括行政方法和法律方法，也包括经济方法、行为方法等；五是城市治理的目标是为了城市公共利益，需要协调好整体与局部、短期与长期之间的利益关系。

1.3.2　与城市管理的区别

基于管理与治理的不同概念和我国城市管理的现状，城市管理与城市治理的区别主要表现为以下几个方面：

（1）从方式上看，城市管理强调的是比较单一化的行政性管理方式，而城市治理除了行政，还强调法制、论坛交流、居民公约、合约等多种治理方式。

（2）从方向上看，传统的管理只是单向式的、从上至下的管理，而城市治理强调的是双向互动，政府制定公共政策时，要与不同的社会群体进行沟通、协商。

（3）从参与主体上看，城市管理中政府和国家几乎是唯一的决策中心，而治理除了国家政府的管理之外，还强调多元主体的社会力量的参与，即发挥基层社区、社会组织和公民参与的作用。

总体来说，城市治理的主体表现为网络化，城市治理的过程表现出更多的互动性，城市治理的内容也更加多样化，城市治理更需要快速地响应"顾客需要"，城市治理更需要平衡公共主体的利益关系。

1.3.3　从管理向治理转变

1978 年，国务院召开第三次全国城市工作会议，明确"城市政府的主要职责是把城市规划好、建设好、管理好"。彼时，我国刚刚开始城镇化和现代化建设，对城市管理尚处于探索时期。在此之后，我国建立了相对集中行政处罚权制度，在行政管理方法上进行尝试和完善。2008年，新一轮政府机构改革启动，国务院将城市管理的具体职责交给城市人民政府。在这一时期，我国大规模的城市建设时代已经过去，中国的城镇化率已经超过50%，很多城市已经进入"三分建七分管"的历史时期，一个以城市市民为主体的现代社会已经到来，加强和改善城市管理的需求日益迫切，城市管理工作的地位和作用日益突出。党的十八届三中全会通过的《中共中央关于全面深化改革若干重大问题的决定》明确指出："全面深化改革的总目标是完善和发展中国特色社会主义制度，推进国家治理体系和治理能力现代化。"2015年12月24日，中共中央和国务院颁布了《关于深入推进城市执法体制改革改进城市管理工作指导意见》，强调抓城市工作要抓住城市管理和服务这个重点，要推动城市管理向城市治理转变。

推进国家治理体系和治理能力现代化，落实到城市体制上，就是要实现"城市管理"向"城市治理"的伟大跨越。从"管理"到"治理"，虽然只有一字之差，却体现出我国在城市管理理念上的重大调整和方式上的重大转变。

1.4 城市全面风险管理框架

风险管理是以价值创造为引领，以发展绩效为导向，围绕城市总体管理目标，通过政府部门组织的运行影响目标实现的风险识别、评估、管理和监督等风险管理流程，培育良好城市风险文化，健全全面风险管理体系，包括风险管理策略、风险管理组织职能体系、风险管理模型与工具、风险管理信息系统，调整风险组合与组织风险承受能力相匹配，满足风险偏好和可容忍度，积极应对机遇和挑战，为实现城市管理目标提供合理的过程和方法。

风险管理通过依据风险目标和策略，依托于风险管理组织，利用风险管理系统，进行风险信息收集、风险识别、评估风险应对策略和解决方案制订和执行、风险控制、监测、报告和改进及再评估的闭环管理过程，以把城市管理中的不确定性（可能的损失）降低到风险容忍度之内，实现城市的可持续发展。

1985 年美国管理会计师协会、美国注册会计师协会、美国会计协会、财务经理人协会、内部审计师协会联合创建了反虚假财务报告委员会，旨在探讨财务报告中的舞弊产生的原因，并寻找解决之道。两年后，该委员会成立 COSO 委员会（The Committee of Sponsoring Organizations of the Treadway Commission，即美国反虚假财务报告委员会下属的发起人委员会），专门研究内部控制问题。1992 年 9 月，COSO 委员会发布《内部控制—整合框架》（COSO 报告），1994 年进行了增补。2004 年 4 月美国 COSO 委员会在《内部控制—整合框架》的基础上，结合《萨班斯—奥克斯利法案》（Sarbanes – Oxley Act）在报告方面的要求，同时吸收各方面风险管理研究成果，颁布了《企业风险管理—整合框架》（Enterprise Risk Management Framework）旨在为各国的企业风险管理提供一个统一术语与概念体系的全面的应用指南。2013 年，COSO 发布了内部控制整合框架的新版本，在原有五要素框架基础上提出了 17 条核心内控原则，大幅提升了五要素的可操作性。2004 版 COSO 框架发布多年后，随着新环境、新技术不断进步，风险复杂性发生了重大变化。虽然许多企业在实施风险管理与内部控制后经营风险与管理问题得到了一定程度的控制，但仍然有许多企业不断倒闭或发现经营危机。因此，2017 年 9 月，COSO 委员会发布了《企业风险管理——与战略和业绩的整合》。相较于 1992 版和 2004 版 COSO 框架，2017 版 COSO

框架不论是对风险的重新定义，还是将风险管理定位于"管理框架"而非"控制框架"，进而强调将风险管理工作融入战略与绩效管理工作中，其管理视角都在更高层次上有了颠覆性的变化和质的飞跃。尽管如此，从实践可操作性角度看，2004 版 COSO 框架中的风险管理组织、流程、方法和工具等，仍然在新版框架中得到了继承并成为新版框架在落地实施上的主要支撑。

风险管理基本流程包括收集风险初始信息、风险评估、制定风险管理策略、提出和实施风险管理解决方案、监督与改进，如图 1 - 1 所示。

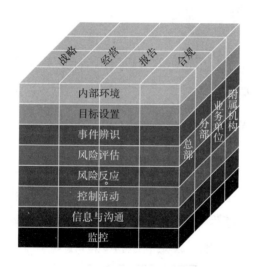

图 1 - 1　COSO 企业风险管理框架

内容包括风险管理理念和风险偏好、董事会/审计委员会与监事会、诚信与道德价值观、员工胜任能力、组织结构、权利和责任的分配、人力资源政策、反舞弊、对应的文档性记录。

①目标设定：战略目标、经营目标、报告目标、合规目标、对应的文档（索引）。

②风险评估：评估要点、主要措施和程序、文档索引。

③风险应对：关注要点、主要措施和程序、文档索引。

④控制活动：控制活动实施、销售与收款、采购与付款。

⑤生产管理：固定资产、货币资金、关联方交易、对外担保业务、投资管理业务、融资业务、金融衍生品交易业务、研发业务、人力资源业务。

⑥信息与沟通：信息、沟通、信息系统总体控制、信息系统应用控制、信息披露。

⑦监控：持续监督、单独评价、报告缺陷、测试、测试人员的职责和权限、测试流程、测试方法、测试工作底稿、管理改进、附件。

⑧规范性文件：业务流程图、风险数据库、工具与模板、部门规章及职责分工。

风险应对策略应当根据风险分析情况结合风险成因、整体风险承受能力和具体业务层次上的可接受风险水平，确定风险应对策略。

1.4.1 城市风险信息收集

城市治理中的风险信息收集，通过政府各职能部门提供信息和数据、实地走访调研、问卷调查等进行风险信息收集，了解城市治理现状与主要可能问题，具体包括步骤、目的和工作内容，如表 1-2 所示。

表 1-2 城市治理中风险信息收集

步骤	目的	工作内容
1. 定义内外部初始信息框架	明确收集信息的种类和渠道	定义每一类一级风险相对应的初始信息收集的需求
2. 明确政府各职能部门提供信息和数据、实地走访调研、问卷调查的要求和实施	各部门在初始信息收集过程中职责明确，从而确保信息收集的效率和效果	明确各部门在初始信息收集过程中的职责与工作要求，实施信息采集并进行初步整理
3. 风险分类标准制定及归口汇集、整理和初步的总体分析	评价风险初始信息收集的效率和质量	对各类的风险管理初始信息汇总，归类和总体分析，了解北京市城市治理现状与主要可能问题

1.4.2　城市风险评价

城市风险评价基本流程包含五个步骤：建立初始信息框架，风险评估，制定风险管理策略，制订实施解决方案，风险管理的监督与改进（见图1-2）。

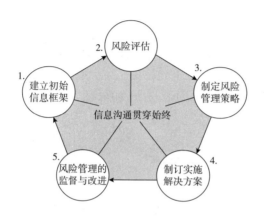

图1-2　城市风险评价基本流程

按照全面风险管理方法，包括以下几个关键步骤。

一是城市治理风险信息收集，通过政府各职能部门提供信息和数据、实地走访调研、问卷调查等进行风险信息收集，了解城市治理现状。

二是城市治理风险评估，包括风险领域和风险点的识别、风险的分类、风险分析与风险评价，从而确定城市治理中的重大和重要风险领域与风险点，明确风险爆发可能的影响。风险评估是及时识别、科学分析和评价影响城市管理目标实现的各种不确定因素并采取应对策略的过程。

三是城市治理风险应对，主要针对重大和重要风险，包括深度分析重大和重要风险以理解风险传导机制，拟定应对策略与措施、匹配相应的保险机制与典型产品、风险监督与改进等。

1.4.3　风险识别

风险识别包括梳理风险因素和事件、建立信息库和事件库、对业务流程进行诊断。

识别城市治理中各种可能引发公共管理领域损失的风险点，进行分类衡量潜在的损失频率和损失程度，并对其进行评价，确定城市治理的重大风险和重要风险，包括风险识别、风险分析与评价。

表1-3　城市治理中的风险识别

步骤	目的	工作内容
(1) 确定城市治理的公共管理目标和重点领域	为以目标为导向的风险辨识做准备	将城市治理的总目标进一步分解到各个领域
(2) 确保风险初始信息的数量和质量	确定收集到的风险初始信息足以支撑风险识别与评价	根据 (1) 中框架，匹配已收集到的风险初始信息，以能满足信息支撑风险分析和评价的需要
(3) 按领域进行分析	识别出相关风险	围绕各类公共管理目标，对各治理领域，发现影响目标的风险领域、风险点，形成风险清单

表1-4　城市治理中的风险分析

步骤	目的	工作内容
(1) 风险评估标准确定	确定风险评估的第一个维度	依据风险发生产生的影响，制定标准
(2) 风险发生的可能性确定	确定风险评估的第二个维度	主观判断风险发生产生的可能性
(3) 风险评估打分	确定风险水平	将风险发生的可能性系数与风险发生的可能性系数相乘
(4) 筛选出重大/重要风险清单	形成重大风险/重要风险清单	经过打分和专家评定，确定重大风险和重要风险领域及风险点

1.4.4　风险度量

一般来说，风险可以定量地描述为一个随机变量 X，风险度量就是把风险转化为一个数值的过程，即在某一准则 ρ 下，给出风险 X 的相应的数值 $\rho[X]$。

风险热力图是风险数值的图形表示，通过对色块着色来显示数据的统计图表，以易于理解的视觉吸引力和简洁的格式呈现风险评估结果。由风险概率和风险影响两个维度组成的矩阵，通常是 5×5 矩阵，也有其他例如 3×3、7×7 甚至 9×9 等形式的矩阵。通过划分风险热图区域，可以依据企业或组织的风险偏好和容忍度定义风险等级，例如高风险、中风险和低风险。风险热图是风险管理者观察风险的"仪表盘"，通过风险管理者可以了解以及向其他人解释风险特征。

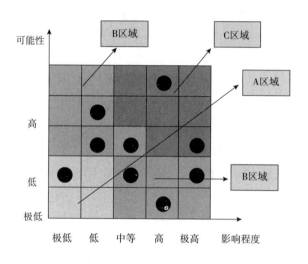

图 1-3　风险热力图

绘制风险热力图时，需制定颜色映射的规则。例如，较大的值由较深的颜色表示，较小的值由较浅的颜色表示；较大的值由偏暖的颜色表示，较小的值由较冷的颜色表示。

表 1-5　城市治理中的风险度量

步骤	目的	工作内容
(1) 导入重大风险清单	最终确定城市治理中的企业的重大风险点	审核重大风险初稿，阶段性成果由政府相关（部门）领导确认
(2) 重大风险深度分析	寻找重大风险的应对措施	运用方法工具，通过演绎、动因分析找到重大风险发生的原因和传导机制
(3) 明确重大风险的发生原因及传导机制	进行有针对性的分析，找到应对方案	主要从三个方面入手：风险描述、风险动因（鱼骨图）、传导机制

1.4.5 风险应对

风险应对的策略包括风险规避、风险降低、风险分担和风险承受等。

（1）规避风险。通过避免受未来可能发生事件的影响而消除风险。比如：通过公司的政策和标准，阻止高风险的经营活动、交易行为、财务损失和资产风险的发生。通过撤出现有市场或区域，或者通过出售、清算、剥离某个产品组合或业务，规避风险。

（2）降低风险。利用政策或措施将风险降低到可接受的水平。比如：将金融资产、实物资产或信息资产分散放置在不同地方，以降低遭受灾难性损失的风险。借助内部流程或行动，将不良事件发生的可能性降低到可接受的程度，以控制风险。

（3）分担风险。将风险转移给资金雄厚的独立机构。例如：保险。在明确的风险战略的指导下，与资金雄厚的独立机构签订保险合同。

城市治理中的风险应对，开发并实施适当的风险管理方法，并持续地对风险管理方法和风险管理战略的实施情况和适用性进行监督，本书采用全面风险管理中的保险方法对城市治理的风险进行持续监督，通过制定相应的风险策略并与保险机制匹配，包括城市治理的保险产品设计。

表 1-6　城市治理中的风险应对

步骤	目的	工作内容
（1）明确重大风险管理的应对策略	从风险所有者角度找到风险应对方案的因素	明确风险偏好、风险承受度，进而确定风险管理策略工具；匹配相应的保险机制，提出城市治理保险产品设计思路与方法及典型产品
（2）风险监控及应对	将风险管理纳入日常工作和管理流程，实现风险常态化管理	通过制订风险应对措施的跟踪计划，实现风险应对的日常管理

1.4.6 主要原则

（1）系统性原则。全面风险管理体系是指为实现风险管理的目标和政策所制定的一系列相互联系或相互作用的要素，是以防范风险、审慎经营为出发点，由实施风险管理所必需的目标、流程、程序、系统、组织和资源等构成的有机整体。因而，仅考虑活动流程的操作和控制是不够的，在整体框架上必须将所有流程作为一个系统的有机整体，才能更好实现管理的目标。同时全面风险管理体系必须是风险控制所涉及的各个方面综合起来的一个完整系统，覆盖城市的各项活动和各个工作环节，并由全体人员参与实施。

（2）基于流程的原则。提供服务和控制风险都是通过管理活动的流程完成的，设计风险管理体系时要以流程为基础来考虑业务和管理的操作要求，把所有业务和管理活动划分为单元流程，并以此为基础进行流程梳理、风险识别评估。

（3）预防性原则。建立全面风险管理体系时突出预防为主的思想，切实做到以预防为主，事先采取预防措施，防止风险发生，而不是发生风险后再采取补救措施。因而，建立全面风险管理体系必须对可能发生的风险予以辨识、分析和评价，针对风险采取相应的控制措施，使各项活动和过程处于受控状态，将可能发生的风险及风险造成的损失降到最低，从而使风险达到可接受的水平。

（4）持续改进原则。持续改进风险控制绩效是建设全面风险管理体系必须遵循的原则，也是全面风险管理体系所追求的永恒目标。外部环境和内部管理要求在不断变化，要实现管理的动态有效，全面风险管理体系必须具有自我改进机制。全面风险管理体系不是一个静态系统，而是一个能够进行持续改进的动态系统。当外部环境和内部要求发生变化后，必须有机制或程序来驱动对体系的动态维护。

（5）前瞻性和现实性相结合的原则。全面风险管理体系能否有效实施风险控制，取决于全面风险管理体系是否适合城市管理的具体情况。因此，建立和完善城市全面风险管理体系过程中，应结合城市现存管理中行之有效的控制方法和活动，关注有待改进和完善的领域，新增一些活动和职能，如：风险识别和评估、重大风险的确定和分析、组织结构、风险监测与报告、信息交流与沟通等，使城市的全面风险管理体系既有现实的基础，又有适度的前瞻性，确保全面风险管理体系达到一个新的水平。

（6）可操作性的原则。为了确保城市全面风险管理体系能够高效运行，按照全面风险管理体系的要求，构建文件化全面风险管理体系，以适用城市体系文件结构层次和适当的文件数量，明确规定体系运行要求并使其具有可操作性，包括组织结构安排与分工合理、职责明确、报告关系清晰等。

（7）可扩展性原则。建立全面风险管理体系的目的是有效识别、防范风险，促进城市风险管理不断提升以适应外部环境变化和自身发展要求。因此，在建立全面风险管理体系时，要充分考虑到全面风险管理体系的扩展性，以适应城市日后发展对风险管理的要求。

1.4.7　城市全面风险管理体系

基于国内城市实际，借鉴国际城市实践，构建以下城市全面风险管理体系框架（如图 1-4 所示）。框架是由六个层面构成的有机整体。

（1）第一层是风险管理战略，包括目标、治理和政策。

①风险管理战略。全面风险管理全局性的内容，是全面风险管理的核心和龙头，对整个风险管理工作起着关键的作用。

②风险管理目标。通过控制风险和利用机会来创造价值，应与目标相一致，与目标体系相协调，与风险整合相衔接。

③风险管理政策。全面风险管理的方向，是全面风险管理的最高基调。按照确定的风险偏好来控制风险。

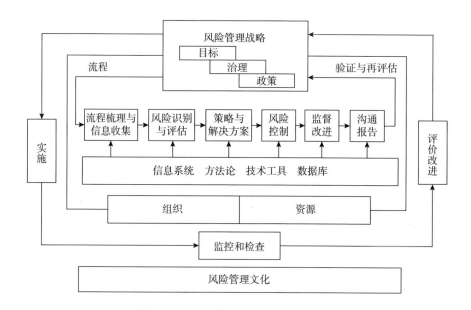

图 1 - 4 城市全面风险管理体系框架图

（2）第二层是风险管理基本流程，包括流程梳理与风险信息收集、风险识别与评估、策略与解决方案、风险控制、监督改进、沟通报告六个部分。

①流程梳理和信息收集。通过对现有业务和管理流程的梳理，明确有效运行的所有流程。风险信息收集是指持续不断地收集与风险管理相关的内部、外部初始信息，包括历史数据和未来预测，也可以通过政府职能部门提供信息和数据、实地走访调研、问卷调查等进行风险信息收集，了解其现状与可能的主要问题。

②风险识别与评估。分为风险辨识、风险分析和风险评价等几个步骤。通过风险辨识查找各业务单元、各项重要经营活动及其重要业务流程中有无风险及有哪些风险。

通过风险分析对辨识出的风险及其特征进行明确的定义描述，分析和描述风险发生可能性的高低、风险发生的条件。通过风险评价来评估风险对城市实现目标的影响程度。进行风险定量评估时，应统一制定各风险的度量单位和风险度量模型，并通过测试等方法确保评估系统的假设前提、参数、数据来源和定量评估程序的合理性和准确性。要根据环境的变化，定期对假设前提和参数进行复核和修改，并将定量评估系统的估算结果与实际效果进行对比，据此对有关参数进行调整和改进。

基本流程包括梳理风险因素和事件，建立信息库和事件库，对业务流程进行诊断，识别各种可能引发损失的风险点，并进行分类衡量潜在的损失频率和损失程度，并对其进行评价，确定重大风险和重要风险。根据评估结果绘制风险坐标图，对各项风险进行比较分析和综合权衡，确定城市的重大风险。

③策略与解决方案。首先根据自身条件和外部环境，围绕城市发展战略，确定风险偏好、风险承受度、风险管理有效性标准，并在目标的基础上，通过对政府高层调研，获得领导层面的风险偏好；结合人员考核办法，通过访谈具体负责人员，分析、判断、汇集各个层面不同的风险偏好。将风险偏好细化到城市决策环节，通过数量统计计算风险承受度；风险承受度主要考量的是城市直接风险；对于城市间接风险采用风险控制手段进行应对。

基于以上分析，选择风险应对的策略，应包括风险规避、风险降低、风险分担和风险承受等内容。根据风险应对策略，进一步选择适合的风险管理工具，包括风险承担、风险规避、风险转移、风险转换、风险对冲、风险补偿、风险控制等，并确定风险管理所需人力和财力资源的配置原则的总体策略。然后根据风险管理策略，针对每一项重大风险制订风险管理解决方案。方案包括解决的具体目标，所需的组织领导，所涉及的管理及业务流程，所需的条件、手段等资源，风险事件发生前、中、后所采取的具体应对措施以及风险管理工具。

④风险控制。包括内部控制体系的建立、重大风险应对措施的落实

和监测预警指标的建立。按照内部控制基本规范中的要求，构建以内控环境、风险评估、控制活动、信息沟通、内部监督五大要素为内容，以原有业务和管理文件为基础的文件化的内部控制体系。在文件中针对重大风险所涉及的各管理及业务流程，把制定的各项控制措施在流程中落实控制；对其他风险所涉及的业务流程，把关键环节作为控制点，采取相应的控制措施。建立重大风险监测预警指标，对风险控制情况进行监测，及时发布预警信息，制定应急预案，并根据情况变化调整控制措施。

⑤监督改进。风险管理职能部门和各职能部门以重大风险、重大事件和重大决策、重要管理及业务流程为重点，对流程梳理和信息收集、风险识别与评估、风险管理策略、风险管理解决方案的实施情况及关键控制活动进行监督，采用各类技术方法对风险管理的有效性进行检验，根据变化情况和存在的缺陷及时加以改进。

⑥沟通报告。建立贯穿于整个风险管理基本流程，连接风险管理职能部门与各职能部门的风险管理信息沟通渠道。风险管理职能部门定期对各职能部门风险管理工作实施情况和有效性进行检查和检验，出具评价和建议报告，及时报送市长。建立城市风险管理内部报告制度和向市领导汇报的外部报告制度。

（3）第三层是风险管理的技术平台，包括信息系统和数据库、风险管理方法论和技术工具。

①信息系统。建立涵盖风险管理基本流程和内部控制系统各环节的风险管理信息系统，对风险管理流程的顺利实施和有效运行提供信息平台和有力支撑。

②数据库。风险管理涉及的所有数据的管理，包括风险点数据库、内部风险损失事件库、其他城市风险损失事件库等，为风险管理中的风险分析和评估提供数据支持。

③风险管理方法论。体系建设所使用的管理方法和实施方法等。比如风险管理体系建设规划、设计框架和实施计划等。

④风险管理技术工具。体系建设中所使用的各种各类技术工具和图表。比如流程风险分析表、风险坐标图、七大风险管理工具等。

（4）第四层是风险管理保障，包括组织和资源。

①组织包括规范的治理结构，风险管理职能部门、内部审计部门和法律事务部门以及其他职能部门、业务单位的组织领导机构及其职责。

②资源包括风险管理体系建设所需要的人力、财力和物力等各类资源。风险管理组织体系的建立和资源的保障是风险管理体系建立和有效运行的基础。

（5）第五层是风险管理体系的持续改进。

①计划。管理层在风险管理战略中确定的风险管理目标、政策和计划。

②实施。风险管理职能部门牵头，各职能部门参与进行风险管理体系建设的实施，包括风险管理基本流程、风险管理信息系统和风险管理组织与保障体系等方面。

③监控检查。风险管理职能部门对建立的全面风险管理体系建立和运行情况进行监控和检查，提出报告和建议。

④评价改进。审计部门对包括风险管理职能部门在内的各部门全面风险管理体系运行情况及工作效果进行监督评价，监督评价报告直接报送风险管理委员会和审计委员会。风险管理职能部门根据监督评价报告的建议要求，对风险管理体系不断进行改进。

⑤风险管理文化。培育和建立具有风险意识的城市文化，树立正确的风险管理理念，增强风险管理意识，促进风险管理水平和风险管理素质的提升，形成人人讲道德诚信、合法、合规的风险管理文化。

⑥整体关系。在整体框架中，风险管理战略是风险管理体系的核

心，风险管理基本流程是风险管理体系实施的载体，风险管理技术平台是风险管理有效实施的信息技术支撑，风险管理组织和资源是风险管理体系运行的保障，风险管理持续改进是风险管理体系的动力机制，风险管理文化是风险管理体系建立和持续运行的内部环境。

在实施全面风险管理体系建设时，提出采取包括一个框架、六大子体系和一套系统的模式，即"161ERM 模式"。

（1）一个框架

构建全面风险管理框架，增强风险管理的系统性、完整性和联系性。

（2）六大子体系

①全面风险管理的目标和政策体系。根据城市的发展战略，结合自身的管理能力，明确风险管理目标，并针对不同的风险，确立风险偏好、风险容忍度、风险管理的基本权责划分和风险管理中重要的技术、方法等内容，设计保证战略目标实现的风险管理策略。

②全面风险管理的制度流程体系。基于城市风险管理基本流程的成果，结合已评估出的风险，找出流程中的关键风险控制点，梳理并细化具体控制内容，修改制度，增加监控指标，强化业务和管理流程中的内部控制，确保内部控制和风险管理的有效性。

③全面风险管理的组织体系。在城市内部管理职能的基础上，融合风险管理对岗位职责的要求，设计城市不同层面的风险管理组织职能方案和相应的职责要求、人员能力框架，补充和完善关键的考核内容和激励机制，构成风险管理有效运行的保障架构，确保风险管理技术方法的落地和实施，以及风险管理的自我循环。

④全面风险管理的监测预警体系。对风险进行实时监测和及时预警，实现风险管理的常态化和动态化，有效预防风险发生，切实提高风险管理的有效性。

⑤全面风险管理报告体系。建立全面风险管理报告制度，确保风险管理信息的及时、完整、有效传递和反馈，提高风险监测和改进效率，提高对风险的快速反应能力和管控水平。

⑥全面风险管理文化体系。统一城市的风险意识和风险语言，培养员工的风险责任感，建设与城市风险战略相符合的风险文化，并将风险管理的意识和手段融入日常的管理流程，不断加强风险管理的认同性，以保障城市风险管理目标的实现。

（3）一套系统

全面风险管理信息系统，通过全面风险管理的信息系统建设，为风险管理日常运行提供有效支撑，包括以下四个方面。

①建立城市的风险事件库。能够及时有效地收集城市正在或将要发生的风险，便于城市管理层能够及时关注城市的风险情况。

②实现风险指标预警监控。通过设立预警指标反映城市运营状况，并与风险事件和流程相关联。同时根据预警状态，及时发现城市所存在的问题并及时处理，避免可能发生的风险及损失。

③量化风险指标。实现系统数据有效分类，形成城市风险策略库，提高城市整体管理能力，为城市进行战略决策提供依据。

④自动汇总风险管理报告。对城市重大风险事件进行整理，自动生成年度风险管理报告。同时对城市日常风险进行管理，形成日常的风险事件和预警指标管理报告。

2　保险助力城市治理

现代城市发展与风险相伴随。保险具有经济补偿、资金融通和参与社会治理等功能，"保险＋服务"模式的兴起凸显保险的服务属性。理论和实践均表明，保险业既能在城市风险治理体系中占有一席之地，发挥"社会稳定器"作用，也能推动城市经济发展和提升城市居民生活品质，发挥"经济助推器"作用。

政府既是城市风险的最后承担者，也是城市经济发展的宏观管理者。推动和引导保险业在城市治理中发挥重要作用，将提升城市治理能力现代化水平，促进以政府为中心的社会管理模式向多元主体分工合作的社会治理模式转变。

2.1　保险功能

保险是现代经济的重要产业和风险管理的基本手段，是社会文明水平、经济发达程度、社会治理能力的重要标志。商业保险已经在现代经济中发挥着重要作用，具有经济补偿、资金融通和社会管理功能。

2.1.1　经济补偿

一是应对灾害事故风险，保障人民生命财产安全和生产企业稳定运行。我国每年因自然灾害和交通、生产等各类事故造成的人民生命财产损失巨大，其中一部分灾害事故损失通过保险获得补偿，既有利于及时恢复生产生活秩序，又减轻了政府财政和事务负担。另外，发挥保险费率杠杆的激励约束作用，强化事前风险防范，可以减少灾害事故发生。市场化的灾害、事故补偿机制，对完善灾害防范和救助体系，增强全社会抵御风险的能力，促进经济平稳发展，具有不可替代的重要作用。

二是完善社会保障体系，满足人民群众多层次的保障需求。我国人口老龄化进程加快，人民生活水平提高，健康保障和养老保障需求不断增强。商业保险逐步成为个人和家庭商业保障计划的主要承担者、企业发起的养老健康保障计划的重要提供者、社会保险市场化运作的积极参与者，对基本养老、医疗保险具有重要的补充作用。

三是为科技创新提供保障，服务科技强国建设。保险业积极发展适应科技创新的保险产品和服务，我国首台首套装备和首批次新材料的保险得到较快发展，转移了企业科技创新成果应用中面临的风险，促进企业创新和科技成果产业化。

2.1.2 资金融通

保险资金具有长期投资的独特优势。在保证安全性、收益性前提下，保险资金利用债权投资计划、股权投资计划等方式，支持重大基础设施、棚户区改造、城镇化建设等民生工程和国家重大工程。通过投资企业股权、债权、基金、资产支持计划等多种形式，在合理管控风险的前提下，为科技型企业、小微企业、战略性新兴产业等发展提供资金支持。个人消费贷款保证保险，释放了居民消费潜力，完善普惠金融体系。

促进保险市场与货币市场、资本市场协调发展。保险公司发挥机构投资者作用，为股票市场和债券市场长期稳定发展提供有力支持。通过设立不动产、基础设施、养老等专业保险资产管理机构，设立夹层基金、并购基金、不动产基金等私募基金，以及设立基金管理公司和发起资产证券化产品等，改变我国金融体系发展不平衡局面，提高直接融资比例。

2.1.3　社会管理

我国全面深化改革的总目标是"完善和发展中国特色社会主义制度，推进国家治理体系和治理能力现代化"。创新社会治理方式是推进国家治理体系和治理能力现代化的关键，至少包括两个重要方面：第一，转变政府职能，进一步简政放权，更好地发挥政府作用[①]；第二，全面推进依法治国，建设社会主义法治国家[②]。

运用保险机制创新公共服务提供方式，是转变政府职能的重要抓手[③]。我国正处于经济转型期、民生需求释放期、社会矛盾多发期和巨灾风险上升期，政府面临很大的经济管理和社会管理压力。随着政府改革转型，如何确保在简政放权的过程中社会管理不出现空白和缺位，如何利用市场机制建立公共服务供应体系，都是我们亟待面对和解决的重大课题。责任保险、治安保险、社区综合保险是市场化的风险管理机制，能够通过事前风险预防和事中风险控制降低侵权事件的发生率，能够用经济杠杆和多样化的产品化解民事责任纠纷。另外，具有资质的商业保险机构开展各类基本医疗保险和大病保险经办服务，提升公共服务领域运行效率。

运用保险机制是推进依法治国的重要抓手。一是推动全社会树立法治意识，引导企业和医院等投保人自觉守法守规，引导权益受害人遇事找法、解决问题靠法；二是完善法律援助制度，通过事前汇聚责任保险赔偿基金，保证人民群众在权利受到侵害时获得及时有效民事赔偿；三

---

① 参见《中共中央关于全面深化改革若干重大问题的决定》。
② 参见《中共中央关于全面推进依法治国若干重大问题的决定》。
③ 殷剑峰，朱进元（2014）。

是健全社会矛盾纠纷预防化解机制，建立保险机构调解与赔偿、人民团体调解、行政调解、司法调解联动工作体系。

2.2 城市风险治理逻辑

城市是人类力量特别是科学技术对自然改变最剧烈、最集中的典型产物。随着世界城市化的不断发展，城市越来越多地承载着人类社会越加复杂的功能。现代的经济是以城市为中心的经济，现代的社会是以城市为中心的社会，城市已经成为国家的经济和社会的主要载体。城市的快速发展带来了人口和财富的聚集，带来了物质和空间结构的改变，也带来了作为城市的主体人的改变。这些城市要素复杂地交织与流动，给城市带来了不确定性，塑造了城市风险。

城市风险是城市系统高级化与复杂化的产物。现代城市风险呈现出密集性、连锁性、叠加性和圈域性等特点，风险传播速度更快、渠道更多及时空范围更广，也在一定程度上具有系统性风险属性，经济合作与发展组织在2003年的报告中将系统性风险定义为对人类社会所依赖的健康、环境、交通、通信等系统产生影响，并把城市风险当中的自然灾害、工业事故（例如核电站事故）、传染病、恐怖主义和食品安全等归类为系统性风险。

对于现代城市面临的风险，仅靠传统的政府机制难以有效应对，发达国家和有关国际组织在制定城市风险对策时，提出了"城市风险治理"的新思维。

联合国开发计划署（UNDP）于2013年提出了包括城市风险治理在内的，适用于国家、地方和社区三个层次的灾害风险治理概念："灾害风险治理是以管理和减少灾害和气候风险为目的，在国家、地方和社区三个层次构建的政府、市场和公民社会多方参与的协调机制。"

联合国减灾署（UNISDR）于2015年发布《2015~2030年仙台减

少灾害风险框架》，针对自然灾害风险以及人为风险（环境退化和技术危害等），提出了包括城市风险治理在内的，涵盖国际、区域、国家和地方四个层次的灾害风险治理原则，具体有以下几点。

（1）减少灾害风险需要全社会的参与和伙伴关系，应特别注意改善公民有组织的自愿工作；

（2）减少和管理灾害风险取决于各部门内部和所有部门之间以及与相关利益攸关方建立的各级协调机制，还需要所有国家行政和立法机构在国家和地方各级充分参与；明确划分公共和私人利益攸关方的责任，包括企业和学术界的责任，以确保相互拓展、伙伴合作、职责和问责相得益彰并采取后续行动；

（3）减少灾害风险需要在开放交流和传播分类数据的基础上，并在经传统知识补充且方便获取的最新、综合、基于科学和非敏感性风险信息的基础上，采取多种办法，进行包容型决策和风险指引型决策。

总结上述国际组织的论述，城市风险治理是为了管理城市风险，促进城市防灾、减灾、备灾、应灾、复原和恢复，政府、市场和公民社会多方参与的协调机制、决策机制和互动过程。

国际风险治理委员会（IRGC）于 2005 年提出了风险治理的第一个基本模型（见图 2 - 1）。该模型包括四个阶段，分别是风险预估、风险识别、风险评估、风险管理决策。风险沟通渗透于每个阶段当中。

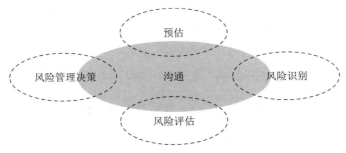

图 2 - 1　IRGC 风险治理的基本模型

基于国际风险治理委员会（IRGC）风险治理基本模型，经济学家Murray 首先提出了城市风险治理模型（见图 2 - 2）。

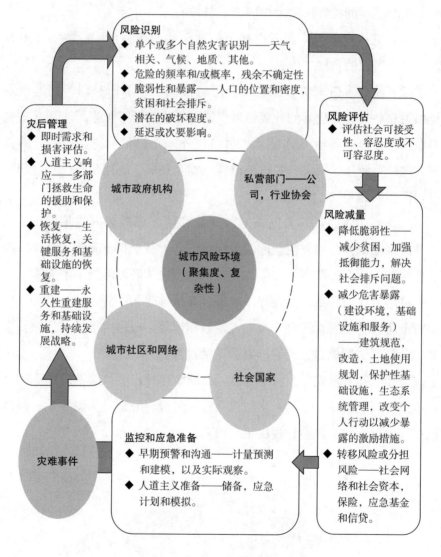

风险识别
◆ 单个或多个自然灾害识别——天气相关、气候、地质、其他。
◆ 危险的频率和/或概率，残余不确定性
◆ 脆弱性和暴露——人口的位置和密度，贫困和社会排斥。
◆ 潜在的破坏程度。
◆ 延迟或次要影响。

灾后管理
◆ 即时需求和损害评估。
◆ 人道主义响应——多部门拯救生命的援助和保护。
◆ 恢复——生活恢复，关键服务和基础设施的恢复。
◆ 重建——永久性重建服务和基础设施，持续发展战略。

风险评估
◆ 评估社会可接受性、容忍度或不可容忍度。

城市政府机构

私营部门——公司，行业协会

城市风险环境（聚集度、复杂性）

城市社区和网络

社会国家

灾难事件

风险减量
◆ 降低脆弱性——减少贫困，加强抵御能力，解决社会排斥问题。
◆ 减少危害暴露（建设环境，基础设施和服务）——建筑规范，改造，土地使用规划，保护性基础设施，生态系统管理，改变个人行动以减少暴露的激励措施。
◆ 转移风险或分担风险——社会网络和社会资本，保险，应急基金和信贷。

监控和应急准备
◆ 早期预警和沟通——计量预测和建模，以及实际观察。
◆ 人道主义准备——储备，应急计划和模拟。

图 2 - 2 Murray 城市风险治理模型

Murray 城市风险治理模型包括三个层次：一是复杂的城市风险环境；二是城市风险管理过程包括六个阶段，分别为风险识别、风险评估、风险减量和转移、风险监测和应急准备、灾害事件发生应对、灾后管理；
三是城市政府部门、私营部门、公民社会等多方参与的协调机制、决策
机制、网络和互动过程，渗透于城市风险管理过程每个阶段当中。

城市风险治理领域梳理包含以下几个方面。

第一，多方参与，包括城市政府、市场主体和公民社会多方参与，
也包括城市政府内部多部门协同参与。政府和非政府主体协同的方式主
要分为管治结合的合作治理模式和以治代管的政府外包模式。多元主体
参与，形成多中心的网络治理模式。但各方在促进城市防灾、减灾、备
灾、应灾、复原和恢复等方面的责任有所不同，城市政府承担总体责
任，各利益攸关方承担相应的责任。

第二，沟通互动，风险沟通作为城市风险治理的关键环节，是保障
风险信息的共享及传递、引导风险防范行为和应急处置的重要手段。以
天津港"8·12"特大爆炸事故为例，当地政府在与相关企业在事前缺
乏与公众的风险沟通，事故发生后又滞后信息发布，瑞海公司作为风险
制造者隐瞒了关键风险信息，使得消防官兵在应急处置中风险防范不足
等，直接导致天津港特重大爆炸安全事故的发生和升级。风险沟通制度
作为风险沟通实践的重要保障，具有规范政府、市场和社会在风险情景
下获取风险信息权利和履行风险沟通义务的功能，进而防范和降低风险
带来的危害。

第三，全过程风险管理，包括防灾、减灾、备灾、应灾、复原和恢
复，涵盖城市风险事件发生的事前、事中和事后。相比其他阶段，防灾
和减灾主要依赖灾后响应和复原具有更高的成本效益，也有助于城市可
持续发展。最近兴起的韧性城市理论把全过程风险管理分为灾前预防、
灾中反应和灾后学习三个阶段，主张为了让城市恢复韧性，不能只是让
城市系统恢复至灾前的状态，还需要通过从以前的错误中学习，以进一
步提升风险应对能力。

第四，技术支撑。城市风险治理与智慧城市建设逐渐融合，大数据、物联网在城市风险治理中得到应用，城市风险治理逐步实现了从简单因果假设向复杂相关分析、从应激式向预警式、从行政化向"互联网+"、从忽视个体向精细化、从感性向量化的治理模式转变，最终可望实现"透彻感知"、"全面互联"、"深度整合"、"协同运行"、"智能治理"。

2.3 保险在城市治理的作用

2.3.1 参与城市风险治理，提供防赔并重的解决方案

保险业在城市风险治理中可以发挥三个方面的作用。

（1）事前的风险减量管理，与其他风险利益相关者和研究机构合作，为城市政府有关部门或者投保人提供风险减量管理方案、高质量数据和开发概率模型。

例如，保险业采用宁波鄞州区 2013～2016 年的 30 景 SAR 卫星数据，监测 2013～2016 年三年间的地面沉降累积量，将房屋沉降监测结果与风险管控进行结合，以小区或街区为单位进行住宅质量风险评级，划分为高危险区、中等危险区和低危险区，向市政府有关部门提出风险管理建议。

再如，为应对超强台风"利奇马"对城镇老旧房屋产生的影响，宁波市保险业提前部署，针对城镇居民住房综合保险参保企业或居民，全面启动汛期房屋安全紧急排查工作，安排 24 小时值班人员及应急抢险人员逾 60 人，重点关注四级房屋，特别是 C、D 级危房以及低洼积水地段房屋使用安全，覆盖 7 个区县（市）、23 个乡镇街道的近 3500

幢老旧房屋，协助政府部门撤离危房居住人员 130 余人，应急加固维修近 40 处。

（2）事中参与应急处置。例如，南京市保险业在城市洪水爆发阶段提供查勘灾情等技术支持，帮助转移地下车库中的受淹车辆，对洪水中受困车辆人员紧急救援，全力帮助受灾企业和群众恢复生产生活。

再如，杭州拱墅区推行电梯安全责任保险，电梯报修后采用"先修再赔"模式，与以往申请物业维修基金实施大修的复杂手续相比，理赔流程简便、快捷，避免业主和维保单位因费用纠纷导致滞修的情况，参保电梯大修速度提高 90% 以上，2600 台次电梯快速消除了安全隐患。同时，通过对配件定价、定损、定质，挤压了价格"水分"，电梯配件价格下降明显，维修质量得到提升，重复返修现象大幅减少。

（3）事后的损失补偿，为城市遭受的自然和人为灾害造成的经济损失提供风险保障与分担。

比如，2017 年，宁波市医责险赔付总额达 4702.92 万元，全年协调、调处成功率 97.2%。有效化解了医疗责任风险，改善了医患关系。

2.3.2　发挥资金融通功能，解决城市的融资风险

一是参与城市企业信用信息共享机制建设，大力发展企业贷款保证保险。

二是开发适合城市经济特色的融资专属保险资管产品，包括汽车金融专属产品、科技企业融资专属产品等。

三是探索建立投融保一体化模式，通过引入信用保证保险、政府风险补偿，建立合理的风险收益分担共享机制，实现投融保一体化，孵化出成长性较好的科技型中小微企业。

四是作为机构投资者，参与城市项目的股权融资。通过 PE 项目、

债转股、股票市场直接投资、城市基础设施股权投资项目等，支持城市经济发展。

2.3.3 延伸保险服务，助力城市转型升级

在城市工业革命时期，保险业参与汽车安全标准制定、完善汽车及其配件的价格形成机制，为汽车等现代化交通工具在城市的普及推广，起到了不可或缺的推动作用。

在城市"消费者主权"兴起时期，保险业在发展产品责任保险的同时，参与产品安全认证机制建设，参与食品安全标准制定，为改善城市居民生活品质贡献力量。

当前，全球正跑步进入数字化社会，智慧城市建设方兴未艾，也必然要求保险在保障智慧城市建设中发挥助推器和稳定器作用。无论是城市推广普及无人驾驶汽车技术，还是推动物联网大规模走入城市家庭，抑或是智慧医疗保健技术的大规模应用，这些数字化新事物的发展在初始阶段既需要保险的安全背书，也需要保险提前介入提供一系列服务。

3 保险参与城市治理的国际经验

3.1 纽约经验

3.1.1 风险治理框架

(1) 管理机构

早在 1941 年纽约就成立了市民防御办公室，1984 年将其更名为纽约市应急管理办公室（OEM），受市警察局管辖。1996 年该机构成为市长直属机构，2001 年底升格为正式职能部门，成为纽约进行综合应急管理的常设机构和最高指挥协调部门。纽约市应急管理办公室下设健康和医疗科、人道服务科、危机复苏和控制科、国土安全委员会四个工作单元，分别对应不同的工作职能。

其所定义的危机事态几乎涵盖所有可能对人们的生命和财产安全造成威胁的突发性事件，包括建筑物的崩塌或爆炸、一氧化碳中毒、海岸飓风、传染性疾病暴发、地震、炎热酷暑天气、严寒天气、龙卷风、雷电、暴风雨、火灾、有毒或者化学物质泄漏、放射性物质泄漏、公用设施故障、社会秩序动荡、恐怖袭击等。

对内，它与纽约市警察局、消防局以及医疗服务机构通力合作，共同设计并组织实施应对各种危机事态的应急方案；对外，它与许多州和联邦一级的政府机构保持日常合作关系，如纽约州危机管理办公室、联邦危机管理署、国家气象服务中心、公平和正义部以及能源部等。

应急管理办公室与这些机构互通信息，协调彼此的规划方案，共同进行培训和演习活动。另外，它还与私营部门如爱迪生电力公司，以及非营利机构如美国红十字会等通力合作，以保证纽约市的商业活动和居民生活能够在各种可能的危机中尽快恢复正常。

（2）日常工作

纽约市应急管理办公室的日常工作主要包括三个方面：危机监控、危机处理和公众沟通。

①危机监控

危机监控中心是办公室的信息枢纽，全天 24 小时有人值班。危机监控人员通过广播和计算机支持的网络，时刻注视着涉及公共安全的众多机构所接收到的信息，并负责将这些信息传递到市政府、邻近的县、州政府、联邦政府的有关机构、有关非营利组织、公共设施经营方以及医院等医疗机构。

②危机处理

办公室负责在危机或者灾害事件爆发时，通过以下方式协调各个机构之间的活动：在第一时间赶到发生危机事件的地点；对危机事件的情形进行评估；调配资源，协调满足各个方面的需求；充当危机处理指挥员的角色，作为协调参与处理危机的各个机构之间的联系中介。

③公众沟通

信息沟通包括两个方面：一是在危机发生之前教育公众，帮助他们为可能出现的危机事态做好准备；二是在危机发生时向公众传递重要信息。

（3）工作机制

纽约市主要通过三段项目运作的方式，将监测预警、决策响应、动员协调等众多机制有效融合，构建一套完整的城市安全风险防控机制体系。

①危机准备项目

设计、开展很多帮助城市市民和工商业界做好准备的项目。邮件警示和市民梯队是针对市民的两个最重要的项目，市民梯队项目下还开展20多个子项目，如社区危机反应团队、医疗预备队、街区守护者、辅助警察等。针对商业界的公私合作应对危机项目包括信息服务、信息共享、危机现场准入等重要子项目。为增强这些项目机制的有效运作，定期开展训练和演习。

②危机反应项目

危机发生后快速应对的机制汇总主要项目包括城市危机管理系统、城市应急资源管理体系、"9·11"危机呼救和反应系统、移动数据中心、城市搜索和救援项目。

③危机恢复项目

具体又划分为针对公共机构和针对商业界的危机恢复项目，并且进一步向下设计了很多子项目。总之，纽约市安全风险防控以具体项目的方式，按照不同阶段面临的主要问题和解决方案，将各种机制有效打包整合，实现了常规工作有效运行。

3.1.2　风险评估体系

(1) 风险评估步骤

规划危害的第一步是评估危害的风险。该风险评估包括评估人员、建筑物和基础设施的脆弱性，来估计可能导致的生命损失、人身伤害、经济损失和财产损失。以下为纽约减灾报告中提及的风险评估程序。

为满足联邦紧急事务管理局和纽约州国土安全和紧急服务部的要

求，由纽约市应急管理办公室代表组成的减灾规划小组、城市规划部（DCP）以及市长长期规划和可持续性办公室开展，这些机构使用符合 FEMA 地方缓解计划审查指南中提供的程序和步骤进行风险评估。

风险评估过程中的四个步骤是：

一是确定哪些危害对纽约市构成严重风险；

二是描述这些危害对纽约市的物质，社会和经济资产的影响；

三是确定纽约市哪些地区最容易受到这些危害的破坏；

四是估算可能由已识别的危害造成的损失。

（2）风险识别流程

风险评估过程的第一步是确定计划中包含的风险，为了启动这一决定，规划小组在减灾规划委员会指导委员会的参与下，确定了可能对城市产生潜在影响的初步风险清单，然后选择了最受关注的风险进一步研究和分析。

纽约是一个如此庞大且充满活力的城市，它面临着广泛的灾害，其中许多灾害也是人类活动造成或加剧的。在 2014 年自然灾害减灾计划（HMP）的风险识别过程中，规划小组考虑了 2011 年纽约州多灾种减灾计划中确定的所有自然灾害，并进行了一些小的改动，其中包括措辞和组织，制作全面的自然灾害清单。对于 2014 年计划更新，规划小组决定扩展此列表，为所需的自然灾害添加"非自然"风险。

为了确定非自然灾害的初步清单，以及制定和完善其自然灾害工作清单，规划小组审查了其他地点、区域和国家司法管辖区的现有计划。规划团队还审查了 OEM 紧急行动中心的历史记录。

目前，减灾规划委员会确定的纽约城市风险分为两大类，分别是自然灾害风险和非自然灾害风险。表 3-1 列出了规划小组考虑纳入 HMP 的所有自然灾害。

表 3 – 1　自然灾害风险清单

灾害（Hazard）	描述（Description）
沿海侵蚀 （Coastal Erosion）	由于风、波浪、潮流、潮汐、地表径流或地下水渗流的作用，沿海岸线的土地流失
沿海风暴 （Coastal Storms）	包括热带气旋（热带风暴和飓风）和东北大风
大坝溃决 （Dam Failure）	不受控制的蓄水爆发导致下游洪水
疾病暴发 （Disease Outbreaks）	当疾病病例超过在特定社区、地理区域或季节中通常预期的情况
干旱 （Drought）	长时间降水低于平均水平
地震 （Earthquake）	地球表面下方岩石的破碎和移动造成的地球突然快速震动
极端温度 （Extreme Temperatures）	极端高温：夏季温度远高于平均值，通常与高湿度相结合 热浪现象：三天或更多天，温度等于或高于 90°F 极度寒冷：冬季气温在一个地区远低于正常水平
洪水 （Floods）	一般和临时的一种状况，指在正常干旱的土地上被部分或完全淹没
冰雹 （Hailstorms）	从雷雨中落下的不规则形状的冰粒形式的集中性降水
山体滑坡 （Landslides）	因倾斜形成山体的组成部分对重力作出向下和向外的反应
地面沉降 （Land Subsidence）	可能威胁到人身和财产的地球表面凹陷、裂缝和下沉
龙卷风/风暴 （Tornadoes/Windstorms）	龙卷风：局部大气风暴，通常持续时间短，由非常高速旋转的风形成，通常沿逆时针方向旋转，观察者可以看到旋涡，如同旋涡状的风柱围绕空心腔或漏斗旋转 风暴：非旋转的直线风，可以击倒树木和电线，并对建筑结构造成损害

灾害 （Hazard）	描述 （Description）
森林火灾 （Wildfires）	草原、灌木丛或林地中不受控制的燃烧最终会扩散到建筑环境中
冬季风暴 （Winter Storms）	冰暴、大雪和暴风雪，常伴有极度寒冷。大雪通常意味着在 12 小时或更短时间内积雪达到 6 英寸或更多，或者在 24 小时或更短时间内积雪达到 8 英寸或更多。暴风雪的风速为每小时 35 英里或更高，有雪和吹雪，至少三小时内能见度不到 1/4 英里

在考虑将哪些风险纳入 HMP 时，规划小组确定了纽约市现有的应对自然和非自然灾害的应急计划和程序。OEM 和其他城市机构制订了许多自然灾害的计划和程序，包括沿海风暴、干旱、极端温度、洪水、龙卷风/暴风雨和冬季风暴。纽约市的综合计划提出了重建受"桑迪"影响的社区的可行建议，并提高了全市建筑物和基础设施的抗灾能力。

MPCSC 通过完成危险选择工作表支持危险识别过程。危险选择工作表要求 MPCSC 成员指出哪些风险会影响其机构的运营，政策和/或物理基础设施。如果他们强烈认为危险性构成重大威胁，则要求机构表示"是"，如果他们强烈认为危险不会构成重大威胁，则表示"否"。如果他们不是强烈地感受到这种或那种方式，他们就把这个领域留空了。由于规划小组参与了初始危险选择，因此 OEM、DCP 和 OLTPS 未填写危险选择工作表（见表 3 - 2）。

表 3 - 2　纽约市风险识别工作表结果

灾害 （Hazard）	DEP	DOT	FDNY	MTA	DOHMH	DPR	RPA	DOB	NYPD	全部"是" （Total Yes）	全部"否" （Total No）
沿海侵蚀 （Coastal Erosion）	Yes 是	Yes 是	Yes 是	Yes 是		Yes 是	Yes 是	Yes 是	Yes 是	8	0
沿海风暴 （Coastal Storms）	Yes 是	Yes 是	Yes 是	Yes 是	Yes 是	Yes 是	Yes 是	Yes 是	Yes 是	9	0

灾害 (Hazard)	DEP	DOT	FDNY	MTA	DOHMH	DPR	RPA	DOB	NYPD	全部"是" (Total Yes)	全部"否" (Total No)
大坝决堤 (Dam Failure)	No 否	No 否						No 否	No 否	0	4
干旱 (Drought)	Yes 是	No 否	Yes 是	Yes 是		Yes 是	Yes 是	Yes 是	Yes 是	7	1
地震 (Earthquakes)	Yes 是	Yes 是	Yes 是	Yes 是		Yes 是	Yes 是	Yes 是	Yes 是	8	0
极端温度 (Extreme Temperatures)	Yes 是	Yes 是	Yes 是	Yes 是	Yes 是	Yes 是	Yes 是	Yes 是	Yes 是	9	0
洪水（Floods）	Yes 是	Yes 是	Yes 是	Yes 是	Yes 是	Yes 是	Yes 是	Yes 是	Yes 是	9	0
冰雹 (Hailstorms)	No 否	No 否	Yes 是				Yes 是	No 否	No 否	2	4
山体滑坡 (Landslides)	No 否	Yes 是	No 否				Yes 是	Yes 是		3	2
龙卷风和风暴 (Tornadoes and Wind - Storms)	Yes 是	Yes 是	Yes 是	Yes 是	Yes 是	Yes 是		Yes 是	Yes 是	8	0
地面沉降 (Land Subsidence)	Yes 是	Yes 是	No 否				Yes 是	No 否		3	2
森林火灾 (Wildfires)	Yes 是	No 否	Yes 是			Yes 是		No 否	Yes 是	4	2
冬季风暴 (Winter Storms)	Yes 是	Yes 是	Yes 是	Yes 是	Yes 是	Yes 是	Yes 是	Yes 是	Yes 是	9	0
空气污染 (Air Contamination)	Yes 是	No 否	Yes 是		Yes 是	Yes 是				4	1
航空事件 (Aviation Incident)	No 否	Yes 是	Yes 是					No 否	Yes 是	3	2
建筑物倒塌/火灾/爆炸 (Building Collapses/ Fires/Explosions)	Yes 是	Yes 是	Yes 是	Yes 是			Yes 是	Yes 是	Yes 是	7	0

续表

灾害 (Hazard)	DEP	DOT	FDNY	MTA	DOHMH	DPR	RPA	DOB	NYPD	全部"是" (Total Yes)	全部"否" (Total No)
内乱 (Civil Unrest)	No 否	Yes 是	Yes 是					Yes 是	Yes 是	4	1
网络威胁 (Cyber Threats)	No 否	No 否	Yes 是	Yes 是			Yes 是			3	2
疾病暴发 (Disease Outbreaks)	Yes 是	Yes 是	Yes 是	Yes 是	Yes 是	Yes 是	Yes 是		Yes 是	8	0
化学、生物、放射性或核材料的释放 [Hazardous Materials Release（CBRN）]	Yes 是	No 否	Yes 是	Yes 是			Yes 是	Yes 是		5	1
实用程序中断 (Utility Disruption)	Yes 是	Yes 是	Yes 是		Yes 是	Yes 是	Yes 是	Yes 是	Yes 是	8	0
基建失败* (Infrastructure Failure*)	—	—	—	—	—	—	—	—	—	—	—

注：＊代表在将工作表分发给 MPCSC 后添加了此危险。

表 3-2 总结了工作表中的计数。大多数指导委员会成员对以下风险进行了"是"检查：灾害、沿海侵蚀、沿海风暴、大坝决堤、干旱、地震、极端气温、洪水、冰雹、山体滑坡、龙卷风和暴风、冬季风暴、疾病暴发、建筑物倒塌/火灾/爆炸、CBRN 和公用事业中断。列出的其他风险需要进一步研究以确定它们是否应包括在 HMP 中。规划小组收集并分析了有关大坝失效、冰雹、山体滑坡、沉降、野火、空气污染、航空事故、内乱和网络威胁的其他数据，包括报纸、城市记录、国家海洋和大气管理局（NOAA），国家气象服务（NWS）和 FEMA 数据库。

经过进一步考虑后，规划小组决定将野火和网络威胁列入最终名单。此外，还创建了几个新类别，以合并原始清单中的多种风险；恶劣天气（包括冰雹和龙卷风/风暴）和基础设施故障（包括公用事业中断和对其他类型基础设施的破坏）。同时空气污染、极端温度和 CBRN 风险也被纳入其中。

对于该计划，规划小组选择仅解决影响纽约市的最常见风险以及可获得足够数据以开发完整资料的风险。在进行了额外的研究后，规划小组完全消除了 HMP 过程中的大坝决堤、山体滑坡、地面沉降、航空事件和内乱。尽管建筑物倒塌/火灾/爆炸获得多数投票，但该类型事件通常是由其他类型危险（自然和非自然）引起的，这些风险可作为触发事件。在起草此风险的概况后，规划小组决定将此信息纳入其他风险概况。

根据 MPCSC 的建议和规划小组进行的其他研究，规划小组决定保留 10 种自然灾害和 3 种非自然灾害，以便在 HMP 中进行分析：

①自然灾害：沿海侵蚀、沿海风暴、疾病暴发、干旱、地震、极端温度、洪水、恶劣天气、森林火灾、冬季风暴；

②非自然灾害：CBRN、网络威胁、基建失败。

（3）风险评估方法

每种风险的风险评估分为两个主要组成部分。第一个组成部分是危险概况，描述了危险和城市的物理风险；第二个组成部分是脆弱性评估，分析了城市的社会环境（人口）、建筑环境、自然环境和未来环境对每种灾害的敏感程度。该组织结构的一个例外是关于飓风"桑迪"的部分，因为它是对历史事件的描述，而不是对潜在危险的风险评估。

A. 危险概况

①风险描述：可能影响纽约市的自然或非自然灾害的一般描述。

②严重程度：危险的强度或大小、如何测量以及它可能产生的影响范围。

③概率：纽约市发生危险的可能性。

④位置：纽约市内可能受风险影响最大的地理区域。

⑤历史事件：此类事件在纽约市发生。

该组织结构符合 FEMA 的要求，本报告中包含的大多数风险至少相当适合这些类别。但并不总是可以获得每种风险概况的完整信息（例如，对于海岸侵蚀和大多数非自然灾害，概率通常无法量化）。

B. 脆弱性评估

①社会环境：风险对公众的影响，包括公共卫生影响和潜在的死亡人数、重点是弱势群体和特殊需求人群。

②建筑环境：城市建筑存量和基础设施的结构性脆弱性。对于洪水、沿海风暴和地震，本节还包括损失估算的定量计算。

③自然环境：风险对自然资源、生态系统和休闲区的影响。

④未来环境：气候变化、人口增长、基础设施老化和新技术等趋势如何改变未来灾害的风险和/或影响。

（4）HAZUS–MH 方法

HAZUS–MH 是一种全国适用的标准化方法和软件程序，由 FEMA 在国家建筑科学研究院的指导下开发。该计划估计地震、飓风和洪水造成的潜在损失。在 HAZUS–MH 中，当前的科学和工程知识与地理信息系统（GIS）技术相结合，可以在灾害发生之前或之后产生与灾害相关的损害估计。

在 HAZUS–MH 中分析的潜在损失估计包括：对住宅和商业建筑、学校、关键设施和基础设施造成物理损坏、经济损失，包括失业、业务中断以及维修和重建成本。

HAZUS–MH 旨在通过固定严重程度和位置的假设"危险事件"（即地震、飓风或洪水）生成对城市或区域的风险相关损害的估计，也称为"确定性的"事件。这种类型的分析也可用于估计历史事件的损害。

另一种类型的分析模拟了在特定时间段（返回期）内可能发生的

事件造成的损害，也称为"概率"事件。例如，HAZUS-MH 可以估计由此造成的损害。如 500 年一遇的地震（在任何一年中发生的概率为 1/500 或 0.2%，见表 3-3）。对于所有 HAZUS-MH 事件，重点是建筑物的损坏要量化为建筑物损坏计数、损坏状态和美元损失的量度。

表 3-3　具有年度发生概率的回报期（假设建筑物的寿命为 50 年）

返回期（年）	给定年份下任何事件发生的机会（%）
10	10
20	5
30	3.33
50	2
100	1
200	0.5
250	0.4
500	0.2
1000	0.1
2500	0.04

此外，HAZUS-MH 还提供了年度经济建筑损失的估算。这些值是基于整个模拟周期内的总估计损失除以模拟中的总年数的平均值。例如，如果特定地点预计在 20 年内遭受飓风造成 200 亿美元的损失，则年化经济损失将达 10 亿美元，计算年度经济损失的公式必须考虑各种可能的情景和概率。

HAZUS-MH 使用人口统计和一般建筑物库存（GBS）数据来估算与风险相关的损害。输入 HAZUS-MH 的 GBS 数据有：主要人口普查区块或区域的建筑物数量、价值、建筑类型和用途。纽约市用一套精确的 GBS 数据补充了这一默认数据，但初步审查发现，对于整个城市，HAZUS-MH 提供的默认 GBS 数据并未充分反映实际情况。

3.1.3 主要特点

(1) 以科学理论理念指导，实施全过程综合安全风险管理

城市安全风险管理是一项十分复杂的系统工程，必须先找到科学适用的理论，并塑造和长期贯彻一种治理理念，才能构建一套稳定的管理体系。

①指导理论。纽约明确以生命周期理论为指导，注重业务持续性发展。

②管理理念。纽约的管理理念均突出了重视社会力量的思想，因此其整个管理体系中包含了大量政府与社会合作的内容。

③全过程的综合安全风险管理。业务持续性发展是根据生命周期理论演化生成的一种全过程的安全风险管理模式，强调安全风险预防、应对准备、应急反应、恢复重建一整套流程，其中格外突出预防与准备的重要性。

(2) 高配安全管理部门、明确权责、强化整合

纽约市经历了由部门型单灾种安全管理体制，向全政府型综合安全管理体制转变的过程。最后形成的稳定体制结构有三个显著特征：

①设立实体化、高行政级别的安全管理部门。城市安全管理涉及众多领域，需要有较高层次的实权部门才能有效调动、协调各方资源。纽约紧急事务处理办公室就由一个市长直属的工作机构，升格为一个正式的职能部门。

②明确机构权责，增强内部合作。纽约以法律、制度或具体的工作任务表等形式，明确各部门的安全管理权力和责任，最大化避免职能模糊和重叠，增强内部配合。

③强化跨区域合作治理。区域间联合的体制结构，对特大城市应对极端灾害或安全风险提供了有效的延展互助平台。

（3）多种机制实效性融合，并以项目形式常态化运作

以特定目标为导向，将众多安全风险管理机制有效融合为各种具体可落实的项目，通过项目目标管理，有效实现机制的常态有序运作，这是机制运作的有效模式，以纽约最为典型。通过危机准备、危机反应和危机恢复三大项目，以及它们下面包含的大小分支项目，将纽约的城市安全风险管理有效地进行了目标细分，并恰当地将各种机制有效运用到每个项目的实现过程，从而以项目实现的方式推动了安全管理机制的有效运行。东京和伦敦在采用业务持续性管理模式之后，也以各自的方式设计了将多种机制有效融合的类似项目的常态运作方式。

（4）突出法律制度地位，坚持科学规范治理

法制在纽约城市治理中扮演着十分重要的角色，城市安全风险管理领域也同样如此。纽约非常重视法律、法规和制度建设，政府的权力、责任都受到法律制度的严格规范和约束，政府部门间合作、政府与社会合作等都在法律中得到有效明确和保障。

（5）强化预案准备与实效，通过演练检验提升能力

预案有效性的关键在于"实"，一方面制定预案要紧贴实际，另一方面在实践中要得到充分落实。美国城市在预案制定过程中有非常严谨的程序规范引导，以确保吸收各方资源、取得广泛共识，同时预案会定期更新，做到与实践紧密联系。

（6）重视社会力量建设，力推政府与社会合作

发达国家大城市普遍建立了全社会型安全风险管理网络系统，城市安全管理不单纯依靠政府，而是最大化地吸收利用社会力量。西方的传统决定了非政府组织在公共事务管理中的地位，特别是安全风险管理领域，早期政府不愿担负市民个人的安全救助，直至今日，纽约的理念仍然是教会市民应对处理安全风险问题，其开展的很多项目，如邻里守

望、社区危机反应团队、街区守护者、医疗预备队等，也都是落实到社区层面，增强社区内部自救互助的能力。重视社会力量建设的另一重要方面体现在全面推广安全教育，提升全民安全风险意识。这是发达国家大城市政府安全风险管理的一项重要基础工作。发达国家普遍将安全风险教育纳入整个学校教育体系和日常社区工作当中。

（7）强化信息管理，注重科技手段运用

发达国家大城市将信息管理视为安全管理的核心，制定了严格的规范并采用各种保障措施，确保信息的有效收集和及时汇总。同时还借助科技手段，对安全风险相关信息进行高效管理。如纽约建立了城市应急资源管理体系、移动数据中心、"9·11"危机呼救和反应系统。此外，很多城市还建立了基于地理信息系统的安全风险管理体系，有效增强城市风险监测、预警及应急管理的精准性。

3.2　伦敦经验

伦敦是一个洪灾不断、恐怖威胁形势严峻、生产安全与技术灾难隐患不断、应急管理任务繁重的城市，伦敦积累了丰富的城市风险治理经验。

1666 年的英国伦敦特大火灾持续了 4 天，尽管只有 5 个人丧生火海，但大火蔓延到当时伦敦 80% 的城区，烧毁了当时伦敦大约六分之一的建筑，造成了大约 1000 万英镑的经济损失，是伦敦市当年收入的近千倍。超过 1 万人无家可归，但灾后重建工作非常迅速，截至 1672 年，所有市民都迁入了新居。

进入 20 世纪，伦敦也经历了众多灾难，1928 年和 1953 年的洪水，两次世界大战中的袭击，恐怖袭击及民众骚乱。尽管如此，伦敦仍然是世界上的经济、文化发达城市。伦敦的历史表明，伦敦是一个韧性城市，能够有效地应对风险。

3.2.1　英国国家风险治理体系

英国国家风险治理体系是伦敦应对城市风险的基础。英国的风险治理体系，从治理机构到相关规程再到应急人员等方方面面都十分完备。风险管理所涉及的机构方面，上至中央政府，下至最小的区镇级政府，都是风险管理的重要部门；法律规程方面，上至强制的国家法律——《国内紧急状态法》，下至各种指导性的应急指南及标准，都对风险管理进行了严格细致的规范；人员方面，上至国家首相担任英国全国应急管理的最高行政首长，下至每个市民，人人都参与风险管理。

首先，风险管理机构组织方面，首相是英国全国应急管理的最高行政首长，中央政府一级包括内阁紧急应变小组、国民紧急事务委员会、国民紧急事务秘书处等多个国家机构。中央政府一级的应急机构负责全国风险管理宏观政策制定及跨部门、跨机构的综合协调。大区①一级则包括大区政府及交通、消防等各个政府部门，专门负责本地区范围内风险管理工作的区域协调工作。地方②一级则包括各区镇政府等，负责当地风险管理工作的具体实施。

其次，风险管理规程方面，国家强制的法律包括《国内紧急状态法》。英国在19世纪中，紧急权诉诸立法的情况大大增加，紧急权的行使不很规范，但紧急状态立法开始萌芽。20世纪以来，随着英国遭遇了一系列的危机，英国的专门的紧急状态立法不断更新和完善。但在处置这些危机的过程中暴露出了一些深层次的问题，传统的危机处置法律体系和工作框架已经不能适应现代社会带来的诸多挑战，需要新的立法为政府的危机处置工作提供实践尺度的支撑。2004年1月在公布《国内紧急状态法草案》半年后，英国下议院通过了《国内紧急状态法》。该法的

---

① 英格兰分为九个大区，包括大伦敦地区。
② 一般为郡（county）一级。

主要内容包括：在日常工作中，对可能引起突发事件的各种潜在因素进行风险评估；制定相应的预防措施；进行应急处理的规划、培训及演练。在突发事件发生后，快速进行处置，在应对过程中强调各相关部门之间的合作、协调和沟通。突发事件处置结束后，要使社会及公众从心理、生理和政治、经济、文化的非常状态中迅速恢复到平常状态，并及时总结应急处理过程中的经验和教训。

最后，英国全民参与风险治理。风险发生所能影响到的个人不因个人的身份而不同，每人都面临着各种各样的风险。首相是英国全国应急管理的最高行政首长，而各地政府官员都是各地应急管理的最高首长。每位市民则随时准备应对各种可能的风险。

3.2.2　伦敦城市风险综合治理

（1）风险治理核心理念

第一，强调事前、主动、系统地防灾应灾，不断加强恢复力能力建设，而不是被动应对。伦敦的事前管理体现在通过风险登记册从大伦敦到社区进行的风险识别及评估工作，也包括消除风险隐患等工作。

第二，强调运用科学的风险管理方法，用科学的方法发现风险、测量风险、登记风险、预控风险。

第三，强调共同工作、协调应对。伦敦的风险管理以伦敦恢复力伙伴关系（LRP）为中心，将近170家应急管理部门联系起来，实现紧急状态下各自的分工与协作，以更好地应对紧急事件。

第四，注重综合性应急管理培训。伦敦市非常注重应急管理的培训，上有内阁办公室国民紧急事务秘书处所属的紧急事务规划学院（EPC），主要培训如何协同应对突发公共事件；伦敦市政府有专业培训学院，主要培训本系统内如何应对突发公共事件；还有众多私立培训机构。各种应急管理的培训不仅培训了各种风险管理的专业人员，也使伦敦居民在遭遇各种紧急状况时，可以从容应对，从而尽可能减少人身伤害和财产损失。

第五，时刻做好紧急情况应对的准备。伦敦市政府认识到，风险是客观存在的，即使再周密的防范，仍然会发生一些意外事故。为此，编制应急预案并开展相应的应急管理宣传、教育、培训及演练工作，时刻准备并积极应对各种风险事故。

第六，强调事后经验总结。每次发生紧急事故并处置完毕后，由相应的部门总结经验，并分享给各社区居民。

（2）风险治理机制

第一，成立专门的公私合作协调沟通平台。伦敦恢复力伙伴关系是根据英国《国内紧急状态法》成立的一个机构联盟，其成员既有公共部门，也有私营机构，包括从紧急服务部门、地方政府当局及国民保健服务部门到公用事业和运输服务提供商。

伦敦恢复力伙伴关系下设伦敦恢复力论坛，其风险治理的职能的达成也主要通过伦敦恢复力论坛来实现。LRF 的职责是通过项目为伦敦恢复力伙伴关系制定战略和目标，为伦敦紧急事务预防的多机构合作而负责。一些伙伴关系不能在工作层面解决的问题也可以由论坛解决。但伦敦恢复力论坛既不是一个法人组织，也无权直接指导它的成员。尽管如此，《国内紧急状态法（CCA）》和《2005 年的补充法案》仍赋予论坛组织者有责任在一个多机构环境下规划、准备和沟通。

第二，建立应急瞬时反应的三级联动机制。英国应急管理部门主要是利用政府现有的组织、人力和设施，开展防灾救灾工作。但英国的警察、消防、医护等主要应急部门内部和相互之间的独立性很强，在很长时期内存在命令程度、处置方式不同和通信联络不畅、缺乏协调配合等问题。这在应对紧急状态时，显然不利于处置应急状态。为此，英国政府建立了"金、银、铜"三级应急处置机制，实现各种突发公共事件应急处置的统一、高效。"金级"主要解决"做什么"的问题,"银级"主要解决"如何做"的问题,"铜级"负责具体实施应急处置任务。

当紧急事件发生后,"铜级"处置人员首先到达现场,指挥官需立即对情况进行评估,如果事件超出本部门处置能力,需要其他部门的协调时,需立即向上级报告,按照预案立即启动银级处置机制。如果事件影响范围较大,就启动金级处置机制。三级处置机制有效地保证了处置命令在战略、战术及操作层面都能得到有效贯彻实施,形成分工明确、协调有序的工作局面。

第三,广泛动员社会力量参与应急管理。伦敦在强化政府部门间的协调和协作的同时,特别注重基层参与公共安全管理,善于动员和储备社会应急力量。首先,广泛普及应急知识。依托英国内政部向伦敦市每户居民寄送"紧急事故指南",帮助公众为紧急事故做好必要准备。每年都要举行多种紧急应变演习。其次,鼓励非政府组织和民间团体建立应急志愿者队伍。伦敦市政府把这些民间力量纳入应急管理体系,支持成立各类专业型、技能型的应急志愿者队伍,在很大程度上弥补了政府应急资源的不足,同时也增强了民间组织的社会责任感。

(3) 风险登记册

《伦敦社区风险登记册》包含风险识别和风险评估两个方面(见表3-4)。通过风险识别和风险评估,伦敦下属各区以及伦敦各级政府发布风险登记册,成为编制应急规划、应急预案的主要基础。

①风险评估方法

各层级的风险登记册识别各地区所面临的风险。一旦识别了某种风险,伦敦风险顾问小组将根据"风险=可能性×影响"的标准,评估该风险在近五年内发生的可能性及由此可能造成的后果,进而给该风险打分赋值评估。

风险的可能性以五年为基准,从低到高划分为五个等级。根据健康、社会、经济和环境四个方面的影响，风险造成的影响从低到高也划分为五个等级。根据风险的可能性及造成的后果，伦敦将风险从低到高划分为低风险（L）、中风险（M）、高风险（H）和极高风险（VH）共四级。

表3-4　　2013年版的《伦敦社区风险登记册》对风险影响和
风险可能性的评分标准

分值	影响（风险损失）描述	可能性描述	五年发生的可能性	五年发生的可能性
1	有限（Limited）	低（Low）	>0.005%	>1/20000
2	低（Minor）	中低（Medium Low）	>0.05%	>1/2000
3	温和（Moderate）	中（Medium）	>0.5%	>1/200
4	重大（Significant）	中高（Medium High）	>5%	>1/20
5	巨灾（Catastrophic）	高（High）	>50%	>1/2

②伦敦重大风险排序

根据"风险=可能性×影响"方法，伦敦风险顾问小组评估确定每年的风险矩阵图。2013年版的《伦敦社区风险登记册》，评估确定了当年伦敦的风险矩阵图，并列出了伦敦所面临的三类最高等级（VH）的风险：一是洪水，包括内陆洪水和飓风等引起的沿海洪水；二是流感暴发（Influenza Pandemic）；三是通信中断（Telecommunication failure）。

③伦敦社区风险登记册内容

伦敦社区风险登记表提供了已经由地方恢复力论坛确认、对伦敦可能产生潜在影响的各种自然灾害和人为威胁风险信息。其中，伦敦政府网站所公开发布的《伦敦社区风险登记册》，只包括各类非恶意事件（即各种自然灾害风险），而不包括各种人为威胁（主要是指恐怖袭击事件）。各种威胁属于风险评估的对象，但考虑有关恐怖袭击事件的信息比较敏感且可能被人利用，因此相关信息不对社会公开。这类人为威胁包括利用爆炸、生物、化学、辐射、电子攻击等手段的各种传统袭击。

2013年版的《伦敦社区风险登记册》主要包括五个方面的内容：

一是引言，介绍该风险登记册的背景；二是风险评估的过程等；三是伦敦当前所面临的重大风险；四是伦敦全部风险的矩阵图；五是风险评估的标准。

2013 年版的《伦敦社区风险登记册》矩阵图的主要内容包括风险编码、一级风险、二级风险、后果描述及可能进展、可能性、影响、风险等级、现有控制措施、牵头责任部门、评估日期十个方面。

3.3 东京经验

东京作为综合性大都市，拥有非常密集的人口，同时也面临着台风、大城市直下型地震和海沟型大地震等自然灾害的威胁。另外，1995 年 3 月的地铁沙林毒气事件、21 世纪初发生的东京湾油轮触礁漏油事件、雪印乳业公司的牛奶中毒事件、千叶县肉类加工厂的疯牛病（BSE）以及 2003 年的 SARS 等突发事件也曾经困扰着这个城市。

针对这些危机事态，东京都政府认识到原来的以应对自然灾害为主的灾害对策体制以及按照原因分类进行部门管理的体制，因其局限性，已不适应城市发展需求以及行政改革、公共服务多样化、改善现有防灾管理体系等方面的要求，需要进行更高层次的综合性危机管理，在组织和业务上也需要进行整合。东京市政府由此提出了一个全政府型的一元化管理体制，改变了以过去防灾部门和健康主管部门等为主的部门管理方式。

2003 年 4 月，东京都建立了知事直管型危机管理体制。该体制主要设置局长级的"危机管理总监"，改组灾害对策部，成立综合防灾部，使之成为能够面对各种危机的全政府型体制。另外，东京都把城市的危机事态分为自然灾害和人为灾害，前者包括地震、火山爆发、风灾和水灾；后者包括生化恐怖事件、大规模的火灾和其他意外事故等。

根据《灾害对策本法》和东京都《地区防灾对策基本规划》，原来的灾害对策部主要负责对自然灾害，大规模的事故、火灾等应急，而新成立的综合防灾部，增加了对 NBC 灾害等应急管理，直接辅助危机管理总监，在组织制度上强调三项功能：强化信息统管功能，提高危机和灾害应对能力，加强首都圈大范围的区域合作。综合防灾部由信息统管部门和实际行动指令部门组成。信息统管部门主要负责信息收集、信息分析，战略判断。实际行动指令部门主要负责灾害发生时的指挥调整，这两个部门置于危机管理总监的管理下，像两个车轮一样，在危机管理总监的指挥下，与有关各局进行协调，进行全政府型的危机管理（见图3−1）。

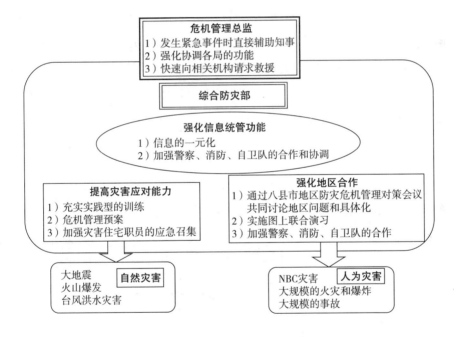

图 3−1　东京都新的危机管理体系

东京应急管理规划体系，基本上以原有的防灾规划为基础，有综合防灾规划、健康保健等专项部门规划以及各部门规划中的防灾、安全、应急的规划等。同时，到 2003 年 7 月为止，制定了各类应急预案、手册、规划等53个，为政府和市民提供了良好的指导。为了预先准备好震后恢复对策，东京都在1997年制定了《城市恢复指南》和《生活恢复指南》。2003年3月，为了更明确地显示东京都人民在灾后应该采取的行动、选择和判断的标准，把这两个指南合在一起，再分成两部分，一部分是面向东京都人民的"恢复程序篇"，另一部分是面向行政职员的"恢复措施篇"。

针对灾害的过程管理，东京都也有详细的应急体系，包括：设立灾害对策本部、应急对策本部、地震灾害警戒本部、震灾恢复本部四个防灾应急指挥部进行指挥协调。地震灾害警戒本部是日本认为唯一可以预测的东海大地震将要发生时或发生后设立的。应急对策本部主要在发出暴风雨、大雨、海啸、高潮、洪水警报以及公共突发事件等时候设立的。当在东京范围内发生大规模灾害或有发生灾害的危险的情况下，根据《灾害对策基本法》和《东京都灾害对策本部条例》以及有关实施规则，东京都采取灾害应急处置活动，进行指挥协调（见图3-2）。

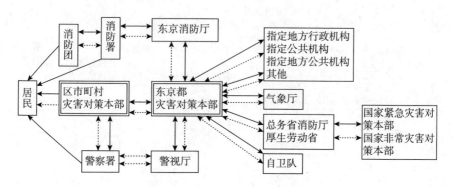

图3-2 东京灾害联络系统图

建立灾害发生后第一时间启动的先期紧急处置机制。东京都规定成立灾害对策本部后，根据灾情，发出第1级到第5级的紧急配备状态的应对命令，动员各局、地方队长以及本部的职员出动。最紧急的状态为第5级配备状态，即在第4级紧急配备状态难以应对的时候或发生烈度

6级以上的地震的时候，本部长发令动员东京都所有职员进入灾害应急状态。为了应对在晚上或节假日等非上班时间内发生的灾害，东京都建设了灾害对策职员住宅，确保职员能够迅速赶到政府机构进行先期应急处置工作。

规定了应急储备物资的供应。根据《灾害救助法》第37条，东京都必须每年按照在本年度的前三年的地方普通税收额的平均值的千分之五作为灾害救助基金进行累积。根据地区防灾规划，在发生地震灾害时，饮用水供水标准是每人每天3公升。基本上计划在震后3天后清除道路障碍，可以开锅做饭，在这以前发放由都以及区市町村储备和调拨的食品。

除此之外，强大的信息管理与技术支撑系统也给灾害发生时的迅速分析、决策和行动提供了良好的保证。东京都防灾中心建在东京都政府第一办公大楼的8层和9层，同时也位于知事办公室的下面，便于知事直接掌握信息和赶到中心指挥。中心的作用是在地震、风水灾害等各种突发公共危机事件中保护东京都人民的生命和财产，维持城市的功能和中枢设施，确保以都政府为核心的各防灾机构之间的信息联络、信息分析以及对灾害对策的审议、决定、指示。里面配有防灾行政无线系统、数据通信系统、图像通信信息系统。中心的具体功能有三项。一是信息的收集、储存、处理和传递功能，对灾害信息进行收集、传达和处理以及分析；二是审议、决定和协调功能，对灾害对策进行审议、决定和协调；三是指挥、命令和联络功能，向各防灾机构发出各种的指示和请求。在东京都西面的靠近山区的立川地区还建有一个备用防灾中心。

在社会参与方面，东京都特别重视加强防灾市民组织的建设，加强地区组织和居民团体的防灾支援能力，同时积极开展防灾演练，以加强各机构的紧密合作，促进地区防灾能力。阪神大地震后，东京都认为要防止灾害的发生和减少灾害损失，必须建立抗御灾害能力强的社会和社区。都政府的基本思路是这样的：以"自己的生命自己保护"、"自己的城市和市区自己保护"作为防灾的基本理念，在不断加强预防的同时，促进行政、企业、地区和社区（居民）以及志愿者团体等的携手合作和相互支援，建立一个在灾害发生时携手互助的社会体系。此外，东京还提出首都功能安全保障和首都圈区域应急合作，与首都圈周围其他地方政府签订相互救援合作协定，一旦东京发生灾难，附近的 7 个都市县都会"挺身而出"。这种建立在契约基础上的"一方有难，八方支援"的合作机制，为东京构筑了一张都市安全网。如果灾害使东京整个系统瘫痪而无法与外界取得联系的时候，根据协定，其他大城市在没有得到东京求援时，可以自主出动救援。与其他地方的协定还有"全国都道府县在火害时的广域救援协定""全国 13 大城市灾害时相互救援协定"等。

3.4　城市治理的国际实践

纽约和伦敦等国际大城市建立了较为完善的城市风险治理体系，城市风险治理不单纯依靠政府，而是最大化地吸收利用社会力量。

保险业发挥市场化机制优势，积极参与纽约和伦敦城市风险治理。下面以纽约保险业积极开展恐怖主义风险保障和洪水风险保障，伦敦保险业为城市新型风险提供保障，并为建筑安全质量风险提供保障为例加以说明。

3.4.1　纽约恐怖主义保险

恐怖主义风险保险的发展可划分为两个阶段。在"9·11"事件之前，保险业认为来自恐怖主义的风险是遥远的，实际上为各种商业财产提供免费的恐怖主义保险。"9·11"事件后,恐怖主义风险保险通过立法,公私共担风险的恐怖主义风险保障制度的建立,保险公司可以依法为纽约市的企业和居民提供针对恐怖主义的风险保障。

(1) 立法历程

"9·11"事件导致全球保险业损失惨重,美国保险业出现了有市场数据以来的第一次净亏损,同时一些大的欧洲再保险商也损失惨重。保险业对待恐怖主义活动的态度发生了根本改变,绝大多数非寿险公司随即迅速退出恐怖风险承保市场,或将恐怖保险承保费率提高到一个投保人难以承受的程度,国际再保险商也立即调整承保方案,改变承保条件,甚至一度将恐怖风险列入除外责任不予承保,或者将恐怖风险的保险价格大幅拉升。美国政府随后发现因缺乏保险保障会使得一些大型工程停止或延期,一些房地产项目被搁置或取消,经济恢复遇到困难。恐怖主义风险不能及时转移,对国家的经济和社会生活产生了严重的影响。一旦再次发生类似"9·11"的恐怖袭击,将会对美国经济和社会产生十分严重的影响。

在此背景下,2002 年 11 月 26 日,美国通过了专门的《恐怖主义风险保险法案》(*Terrorism Risk Insurance Act*,TRIA),该法案颁布的目的是弥补 2001 年"9·11"恐怖袭击后保险市场的空白,保障保险广泛的可获得性和可支付性以保护消费者的利益;旨在建立一个联邦政府和保险业之间共担风险的政府和私人合作伙伴关系,对于认定的恐怖主义行为,TRIA 将为保险公司提供再保险保障(由政府承担超出保险公司自留比例的一部分损失)。从而确保美国企业遭受恐怖袭击时,有足够的经济资源确保企业迅速恢复和重建。法案颁布不久就迎来了一个购买恐怖主义风险保险的高峰。

该法案分别于 2005 年和 2007 年经再授权,成为《恐怖主义风险保险项目再授权法案》 (*Terrorism Risk Insurance Program Reauthorization*

Act，TRIPRA）。原定于 2014 年 12 月 31 日到期的 TRIPRA 是美国联邦政府对恐怖主义风险保险的支持项目。2015 年初，经美国联邦众议院和参议院先后分别压倒性通过后，1 月 13 日，美国总统奥巴马将该法案签署成法，有效期延长 6 年。

(2) 主要内容

TRIA 主要包括：美国联邦政府将按照一定的规则为恐怖风险损失买单，但作为对等条件，美国所有的财产和意外保险公司必须提供恐怖主义风险保险。这种确保可得性条款适用于财产和意外保险公司的绝大多数企业保险。也就是说，必须让各类工商业财产的所有者能够购买到恐怖主义风险保险。该法案要求保险公司必须向投保人作出一个"可证明的行为"证明其愿意向其出售该保险。除非被保险人不愿意购买恐怖主义风险保险，否则保险人不可行使除外责任权利。根据该法案的条款，当一次恐怖袭击导致的损失超过 500 万美元时，财政部部长即宣布它是"一个已经证实的恐怖主义"。

TRIA 仅限国际恐怖主义为了外国人或外国利益在美国国土上实施的恐怖主义行为。在遭受外国恐怖主义袭击后，超过 500 万美元的损失即触发 TRIA。该损失首先在一定的自留额之内，先由私人保险公司赔付，超过自留额的部分由美国财政部和保险公司按照一定的比例分摊，直到法案所规定的 1000 亿美元损失最高限额。上述自留额的大小是按照 TRIA 实施的第 1～3 年保险人的已赚保费为基础计算得来：2003 年保险公司的自留额为 2002 年的已赚保费的 7%；2004 年为 2003 年的 10%，2005 年为 2004 年的 15%。

一旦损失超过了保险公司自留额，联邦政府必须予以赔付，超过自留额的部分，由政府承担 90%，保险公司再承担 10%。因政府是以零费率提供保障，政府有权通过对所有财产保险投保人征收附加费的方式将这些赔付支出逐年摊回，其中强制摊回的数额设立上限，超过强制摊回上限的政府赔付由政府任意决定摊回与否以及摊回的数额。联邦政府强制摊回上限由原来 2002 年、2003 年的 100 亿美元调整为 2004 年、2005 年的 125 亿美元、150 亿美元。该项目规定,用于摊回的每年附加费不得超过保费的 3%。

2005 年、2007 年新的法案对原法案做了一些修改。新法案将项目触发损失额由 2005 年前的 500 万美元逐年提高到 2007 年以来的 1 亿美元,保险公司的风险自留额比例由原来的 15% 逐年变更为 2007 年以来的 20%,在超过自留额的情况下,联邦政府的损失分担比例由原来的 90% 减少到 2007 年以来的 80%,该计划还提高了联邦政府强制摊回的数额,强制摊回的上限由 2005 年的 150 亿美元逐年提高到 2007 年以来的 275 亿美元(见表 3 - 5)。另外,2007 年以来,国内恐怖主义风险损失也涵盖在内。

表 3 - 5　美国 TRIA 历年修订变化情况

年份	触发损失额 (百万美元)	保险公司风险 自留比例(%)	超过部分分摊比例(%)		政府强制摊回上限 (亿美元)
			政府	保险公司	
2007 年至今	100	20	80	20	275
2006 年	50	17.5	85	15	250
2005 年	5	15	90	10	150
2004 年		10			125
2003 年		7			100
2002 年					100

(3) 实施情况

第一,投保率情况。达信(Marsh)2014 年 7 月 23 日发布的《2014 年恐怖主义风险保险报告》称,基于 TRIA 的实施,市场上恐怖主义保险的需求依然十分旺盛。报告指出,2013 年美国恐怖主义保险市场的投保率总体保持稳定。恐怖主义保险投保率,即购买财产恐怖主义保险的公司的比例自 2009 年以来一直保持在 60% 以上(见表 3 - 6),

也就是说最近几年，60%的商业保单中都覆盖了恐怖主义风险。而 TRIA 生效的 2003 年，该保险投保率仅为 27%，之后，该比例在经历了上涨后稳定下来。由此可见恐怖主义风险保险的重要程度。

表 3-6　美国各年度恐怖主义风险保险投保率　　　　　单位：%

年份	2013 年	2012 年	2011 年	2005 年	2004 年	2003 年
投保率	62	62	64	58	39	27

如果按投保公司的总保险价值大小来看，自 2011 年以来，各种规模公司的投保率变化甚微，投保率浮动在 59% ~ 70% 之间。相对来说，大型公司的投保率略高于小型公司，这可能是因为普遍观点认为，大型公司更容易遭遇攻击，或者因为小型公司通常购买保险的预算较低。同时，也可以看出，大型公司的投保复杂程度要高于小型公司，通常和多个保险公司合作，保费支出也比较高（见表 3-7）。

表 3-7　美国各种规模公司的恐怖主义风险保险投保率及投保方式情况

总保险价值	2013 年	2012 年	2011 年	投保方式
<1 亿美元	60%	59%	60%	通常风险规模较小，保费总额较低，只与一家保险公司合作
1 亿 ~ 5 亿美元	61%	64%	64%	通常有不多于三个保险公司参与其保险项目
5 亿 ~ 10 亿美元	68%	66%	70%	通常与多个保险公司合作并安排多层保险项目的大型公司
>10 亿美元	64%	64%	66%	通常与多个保险公司合作，保费支出较高

2013 年，在 17 个被调查的行业中，教育机构的财产恐怖主义保险投保率最高，达 81%，紧随其后的是医疗、金融和媒体机构，这些机构的投保率均高于 70%（见表 3-8）。究其原因，部分可能是上述行业的机构主要集中在中央商务区和主要城市，一般认为上述地区面临的恐怖主义风险较高。建筑、制造以及食品和饮料行业的投保率最低，约 45%。

表3-8　美国恐怖主义风险保险投保率较高的行业情况　单位：%

行业	2013 年	2012 年	2011 年
教育机构	81	75	75
医疗机构	75	72	73
金融机构	74	75	79
媒体机构	70	81	74

第二，保险费率、保费占比情况。通过保险费率（保费/总保险价值）以及保费占财产险总保费的百分比来衡量恐怖主义保险的成本非常有用。通过费率分析保险成本能够让公司掌握其实际成本支出，计算恐怖主义保险成本占财产险总保费的比例能够反映出恐怖主义保险对财产险总预算的影响。自 TRIA 实施以来，恐怖主义风险保险费率以及保费占其财产险总保费的百分比都经历了逐渐降低到稳定的变化过程。在通常情况下，公司规模越大，财产恐怖主义保险的费率越低。2013 年，只有总保险价值小于 1 亿美元的公司保险费率略有上升（见表3-9）。

表3-9　美国各种规模公司的平均恐怖主义风险保险费率

单位：每百万美元

总保险价值	2013 年	2012 年	2011 年
<1 亿美元	51	49	49
1 亿~5 亿美元	23	25	27
5 亿~10 亿美元	16	20	19
>10 亿美元	18	19	21

2003 年，各种规模公司的恐怖主义风险保费占其财产险总保费的百分比在 10% 以上，2005 年，该比例就降至 4.5% 左右。2007 年以来，无论总保险价值规模大小，该比例都很相近。2013 年，只有总保险价值为 5 亿~10 亿美元的公司的这一比例出现同比上涨。其他规模公司的恐怖主义保险成本占财产险总保费的比例都没有明显变化，维持在 4%~5%（见表3-10）。

表 3 – 10　美国各种规模公司的恐怖主义风险保险费

占其财产险总保费的百分比　　　　　　单位：%

总保险价值	2013 年	2012 年	2011 年
<1 亿美元	4	4	3
1 亿~5 亿美元	4	4	4
5 亿~10 亿美元	5	3	4
>10 亿美元	5	5	5

3.4.2　纽约洪水保险

20 世纪，美国发生了多起洪水灾害，造成了巨大的损失。1956 年美国开始推行洪水保险，制定并通过了《联邦洪水保险法》。1968 年通过了《全国洪水保险法》，制订了关于洪水保险的详细计划、救灾措施、具体管理方法等。1973 年美国国会又通过了《洪水灾害防御法》，扩大了洪水保险的计划责任范围，并且将洪水保险改为强制性保险，根据该法案，如果洪水风险资助的申请者不参加洪水保险计划将无法获得联邦政府的直接援助（如无偿救济、洪灾补助和灾区减免所得税等）、联邦机构保险和管理的各种贷款。并且如果洪水风险区的社区在受到联邦政府的通知后一年内不参加洪水保险计划，将会受到惩罚。1994 年，美国国会颁布了《国家洪水保险改革法案》，进一步修正了美国洪水保险计划，重申了 1973 年的强制性洪水保险。

（1）承保范围和触发条件

保险标的物因洪水所导致的毁损与灭失。在正式洪水险保单上的承保范围，除洪水事故外，还包括特定条件的土石流（Mudflow）及土壤侵蚀（Erosion）等所造成的损失（见表 3 – 11、表 3 – 12）。

66

表 3 – 11　美国洪水保单

标准洪水保险单	住宅型保单、一般财产型保单、小区集体住宅型保单。
优质危险保单	此类保单仅限于坐落在 B、C 及 X 区内，单一家庭式住宅或 2~4 人家庭式住宅的所有人得以投保。B、C 及 X 区是指在遭遇严重暴风雨侵袭及地区排水发生问题时，仅造成中度或轻度洪水灾害的地区。
押贷业务保障计划	该业务是指针对贷款机构为保障押贷业务强制要求贷款户投保的洪水保险单，业务来源仅限于参加"自行签单计划"（WYO）的保险公司。
表列式建筑物保单	"表列式建筑物保单"适用于以一张保单同时承保 5~10 栋建筑物，其中每栋建筑物的保险金额须特别约定。
团体洪水保险	当遭遇洪水侵袭并经总统宣布某地区为灾区后，针对该地区，NFIP Direct Program 可提供团体洪水保险。该项保险可长达 3 年，但以建筑物及装修的最低金额为承保额度，而被保险人只缴付低廉保费。

表 3 – 12　美国洪水保险产品

保险责任	保险标的物因洪水所导致的毁损与灭失。保单中所承保"洪水"是指：因内陆河水或潮水溢流或任何来源表面水的不正常累积及流窜造成原本干燥土地的一部分或全部、暂时或长期间淹没的现象。在正式洪水险保单上的承保范围，除洪水事故外，还包括特定条件的土石流及土壤侵蚀等所造成的损失。
保障范围	保险标的物限于建筑物及家财或营业财产等项目： 1. 承保的建筑物类型 （1）单一家庭式住宅； （2）2~4 人家庭式住宅； （3）其他类住宅； （4）非住宅类建筑物。 承保建筑物一般均指已完工的建筑物，但针对建造中、修缮中或整修中的建筑物等，亦可投保洪水保险，但有其特定的规范。 2. 家庭财产 3. 标准的住宅洪水保险单还可以包括不超过保额总数的 10% 的附属建筑物，如与住宅分开的车库、车棚但不包括工具储藏棚或类似的建筑物。预定的保险单可以包括 2~10 个建筑物，保单要求对其中的每个建筑物的保额都有明确规定，而且，所有的建筑物都属于同一个业主，并在同一地点。
除外范围	完全在水上的建筑与地下建筑不予承保；自然气和液体的储蓄罐、动物、鸟、鱼、飞机、码头、田里的庄稼、灌木、土地、牲畜、道路、露天的机器设备、机动车及地下室里的财产等。

（2）责任限额

美国洪水保险计划根据"洪水保险费率图"（Flood Insurance Rate Map，FIRM），分为采用 FIRM 者属应急型（Emergency Program）和采用 FIRM 者为正常型（Regular Program）两大类，同时并依建筑物使用性质不同，分别确定其承保金额[①]（见表 3-13）。

表 3-13　美国洪水保险金额　　　　　　　　单位：美元

类型	应急计划 （Emergency Program）	正常计划（Regular Program）		
		基本限额	额外加保限额	总保险限额
单一家庭式住宅 （Single Family Dwelling）	35000	50000	200000	250000
家庭式住宅 （Family Dwelling）	35000	50000	200000	250000
其他类住宅 （Other Residential）	100000	150000	100000	250000
非住宅类建筑物 （Non-Residential）	100000	150000	350000	500000
家财保险金额				
住宅类 （Residential）	100000	200000	80000	100000
非住宅类 （Non-Residential）	100000	130000	370000	500000

实务上，当被保险人投保洪水保险时，一般应考虑下列情况并多以最低者作为投保洪水险的保额。

①家庭洪水保险计划所能提供的最大保险金额；

②贷款本金的余额；

③被保险财产实际价值减土地后的价值。

洪水保险不是赔付洪灾的实际损失，只是其中的一部分。对于房屋

---

① 曾武仁，张玉辉. 主要国家灾害保险制度考察报告［R］. 2002.

赔偿约 68%，并且限定最高赔偿标准，住宅房屋最高赔偿标准为 25 万美元，屋内物品最高赔偿 10 万美元。非住宅建筑物和其内财产最高赔偿各 5 万美元。

（3）费率制定

洪灾保险的重要依据是 FEMA 统一绘制的洪水风险图和据此制定的洪水保险费率图。FEMA 在制定洪水风险图时，以 500 年一遇洪水的淹没范围为洪泛区，确定参加洪水保险的对象；以 100 年一遇的洪水作为洪水保险区划的基准洪水，并标注行洪区与水位分布。由水位与地面高程可以确定水深分布，进而可以根据风险计算保险费率。对于新建的、实质性改建的和实质性损坏的建筑物就可采用精算的保险费。

为鼓励社区自行制定并采取较 NFIP 所设计洪泛区管理准则更高的标准，降低洪水灾害，NFIP 于 1990 年起导入社区费率系统制度，以计点方式评估各社区的实际防洪规范及执行状况，经确认评定点数后，按一定标准给予投保洪水险保费折扣优惠。

（4）运行机制

美国洪水保险计划是一个复杂的系统，参与机构和部门众多，包括联邦政府相关部门、州政府、地方社区和保险公司、贷款机构等。

①联邦保险及损防署

国家洪水保险计划由联邦紧急事故管理总署（Federal Emergency Management Agency，FEMA）所辖的"联邦保险及损防署"（Federal Insurance and Mitigation Administration ，FIMA）经营。FIMA 的具体职责包括设定费率、规范承保范围、审查要保案件及洪水损失理赔案、执行国家洪水保险促销活动等。FEMA 则负责制定洪泛区管制法规、洪泛区内兴建建筑物之相关防洪规范及洪泛区洪水泛滥图管理等全国性政策。

②私营保险公司和保险咨询公司

保险公司主要是向洪泛区居民出售洪水保险，并在洪灾发生时及时办理有关赔偿手续和垫付赔偿资金。

③联邦借贷机构和商业银行

政策规定洪泛区居民向银行贷款购买和建造房屋时，必须向洪水保险公司购买相应的洪水保险，银行核查居民洪水保险资料属实后才会贷款给相应居民。

④州政府和保险监督官

按美国国会规定，出售国家洪水保险计划保单要服从联邦保险管理局的规定。联邦保险管理局选择获得州许可的保险公司的代理商和经纪人向客户出售洪水保险单。州保险管理员有权要求他们为国家洪水保险计划的客户提供与他们所经营的其他保险同样标准和水平的服务。

⑤社区

根据1968年《全国洪水保险法》，只有参加国家洪水保险计划（NFIP）的社区，才能购买由联邦补贴的洪水保险。而参加NFIP的社区必须承诺加强洪泛区的土地利用与管理，包括：采取措施限制洪水风险区的开发；引导拟建项目避开洪水风险区；协助减轻洪水破坏；采取其他长期改善洪泛区土地管理和利用的措施。

⑥国家洪水保险基金

为实行国家洪水保险计划，美国建立了一只国家洪水保险基金，用于弥补保险业的保险金和提供再保险赔付。该基金由美国政府全额保证，其收入来源包括依法贷款、再保险保费收入、政府拨款、投资收益以及洪水保险保费中用于推广洪水保险的行政费用部分等。如果发生较大洪水，FEMA管理的洪水保险基金不够支付保险赔偿时，FEMA会及时向国家财政临时借款，日后再从洪水保险基金中偿还。

（5）主要特点

第一，洪水保险是加强洪泛区管理的重要手段，并具有一定强制性。NFTP既是美国的洪水保险计划，又是洪泛区管理计划。美国将改善洪泛区土地管理和利用，采取防洪减灾措施作为社区参加洪水保险计划的先决条件，再将社区参加全国洪水保险计划作为社区中个人参加洪水保险的先决条件，这就对地方政府形成了双重的压力，从而促使地方政府加强洪泛区管理。

第二，采用洪水保险费率图。美国内务部地质调查局从 1959 年起开始确认洪水风险区，陆续绘制了许多地区的洪水风险区边界图。FE-MA 制定了洪水风险图，并根据洪水风险图，确定了洪水风险研究与洪水保险费率图的统一规范，目前洪水保险费率图已覆盖美国全国，并根据环境与防洪工程条件的变化，不断进行修改。

第三，适当发挥商业保险公司的作用。通过商业保险公司在全国各地代售洪水保险、进行保险理赔，发挥商业保险公司效率高的特点。此外，商业保险公司也利用 FEMA 的洪水保险费率图判断洪水风险，为部分个人和企业财产提供具有商业保险性质的洪水保险。

3.4.3　伦敦城市新型风险保险

劳合社市场是为伦敦市各种新型风险提供保险交易的市场，其为伦敦城市新型风险提供的保障。

（1）为网络攻击造成的风险提供保障

这方面的例子包括但不限于：第一，网络攻击/网络恐怖主义保险，其中包括对第三方财产损害和业务中断损失的赔偿，以及第一方和第三方网络保险（包括为业务中断、危机管理、IT 取证、网络勒索、数字资产恢复和隐私责任等提供保障）。第二，董事和高管人员（D&O）责任保险，如果在数据泄露后发生诉讼，可提供赔偿。

（2）为因市场崩溃而产生的风险提供保障

这方面的例子包括但不限于：信贷保证保险，政治风险保险，合同中断保险，财务担保保险，担保债券再保险，业务中断保险，事件取消

（event cancellation）和专家应急保险，施工延迟启动保险，旅行保险，董事和高管人员责任保险，商业犯罪保险，职业赔偿保险（professional indemnity insurance）。

（3）为恐怖主义造成的风险提供保障

这方面的例子包括但不限于：恐怖主义再保险，政治暴力保险，网络攻击保险，健康保险，工伤赔偿和商业伤亡保险，绑架和赎金保险，旅行保险，业务中断保险。

3.4.4　伦敦建筑工程质量保险

建筑工程质量风险是伦敦城市的重大风险。伦敦市场的建筑工程质量保险，又称建筑工程质量内在缺陷保险（IDI），开始于 20 世纪 80 年代初期，适用于居民住宅、商业和工业建筑等，包括酒店、写字楼、商场、工厂和集合式的公寓房屋。

建筑工程质量保险主要是承保由于设计、材料供应、工艺或施工不当引起的内在缺陷或潜在缺陷，适用于建设工程的主体结构部分，即基础工程、墙体、楼板、楼梯、屋顶和所有的承重部分。对于非主体结构部分，该保险制度也负责赔偿连带损失，如暖气设备和空调、电梯、自动扶梯、窗户和外装修工程。

（1）主要特点

①采取非强制性的市场模式。市场具有一定的竞争性，使保险成本较低，即使采取非强制性投保方式，2015 年伦敦的建筑工程质量保险投保率也达到了 90% 以上。

②对于保险期限采取的是 10 年标准。这是因为，对于绝大多数建筑物来说，不均匀沉降、裂缝等内在缺陷都会在竣工后几年内发展完全，10 年之内基本上会显现出来，因此 10 年的保险期限具有合理性。同时，10 年保险期限也增加了保险的可操作性，过长的保险期限不利

于保险公司的运营。

③保险费率方面，充分利用市场环境，保险费率依据市场条件变化相应作出浮动调整。

（2）运营模式

以英国全国房屋建筑委员会（National Housing Building Council Scheme，NHBC）为代表的运营模式。伦敦市场建筑工程质量保险的运营机构主要是 NHBC，另外，BLP（Building Life Plans Ltd.）也占有少部分的市场份额。

NHBC 是英国房屋建筑工业的独立管理与标准定位机构，成立于 20 世纪 30 年代，其成员包括消费者代表、房屋建筑商、开发商、抵押出借商、专门机构及其他团体。NHBC 是一个非营利性组织，其使命是帮助房屋建筑商建造符合住房业主合理要求的较优质的新住房。

NHBC 本身集成了房屋质量保险制度的所有功能模块，将十年保险模式中由多方完成的工作集于一体。该模式的主要功能模块包括：注册登记管理模块、质量管理模块和房屋质量保险模块三部分，这三部分是不可分割和协同工作的有机整体。对于住宅质量在管理上以注册登记模块作保证，包括单位注册管理和房屋注册管理，在技术上由质量管理模块作保证，包括质量信息与质量标准制定和质量检查，在经济上由保险模块作保证。其中房屋的质量保险不仅是整个模式体系的经济支撑，而且贯穿了整个保证体系。NHBC 模式的工作原理如图 3 - 3 所示。

①注册登记模块

凡欲加入 NHBC，享受其政策待遇的房屋建筑商和开发商，都必须经过注册登记。NHBC 拥有大约 18200 家注册建筑商和开发商，每年建造的新住房量约占英国住房总量的 90%。凡申请注册的企业，必须经严格的考核评估，如果建筑商或开发商能证明有能力建造新房，并对客户承担义务的才能被注册。作为注册条件，所有建筑商或开发商必须遵

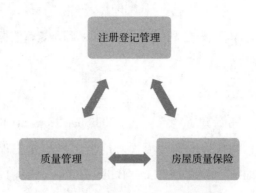

图 3 – 3 以 NHBC 为代表的运营模式

守规则，并按 NHBC 技术标准建房。如果不能遵守规则或标准，就会引起调查，以致最后可能取消注册。

②质量管理模块

一是确定施工标准。NHBC 有权制定、修正建筑施工标准。60 多年来，NHBC 对技术标准不断改进。二是施工期间进行检查。NHBC 拥有一支强有力的质量检查队伍。检查人员每年对新建住房进行 200 万次以上的检查。一般每栋楼在施工过程中要经过 4 ~ 6 次检查。检查人员采用现代化检测手段对每一项目进行检查，发现毛病，及时反馈给建筑商，要求整改。如结构方面有问题，则坚持要求把不合格的工程拆除重建。这种严格的检查，为房屋建筑商交付给住户合格的住房提供了保证。

③房屋质量保险模块

NHBC 同时也是一家注册的保险公司，拥有近 8 亿英镑储备金。它是英国新住房质量担保和保险的最大提供者，为约 200 万户住房提供保障。其受保范围包括新建、改造、联建和自建的住房。保险的有效期限为自住宅交付使用之日起 10 年。持有这种保单，在 10 年保证期内的第二年后，凡受保的新建和改建的住房出现了保证范围内的缺陷质量时，购房者可直接向 NHBC 索赔。NHBC 将视质量事故造成损失的严重程度，直接对购房业主作出赔偿，在交付后的前两年内，若因为注册单位不履行维修责任时，NHBC 也负责赔偿，但在赔付后要进行追偿。第二年后，NHBC 理赔完毕不再向注册单位追偿。实际上前两年内相当于一种保修保证保险。保险模块一方面有利于保证购房者权益，消除了消费者对住宅质量和性能的不信任感，另一方面有利于注册单位的经营稳定。

3.5　保险机构国际经验

早在十九世纪，欧美保险机构就开始探索参与城市治理体系的建设。目前，欧美、亚洲发达国家及地区保险机构建立了领先的风险减量体系，核心包括专业的风控工程师队伍、标准的作业和服务体系、先进的风险管理 IT 系统和科技应用及共识的风险防控价值理念。同时，国外的风险减量体系以保险公司为单位进行能力建设和服务落地，没有形成国家、地区或行业的统一标准和体系。

3.5.1　美国保险机构

美国法特瑞互助保险公司（FM Global）是世界上最大的工商业保险公司之一，以其充足、稳定的承保能力和独特而先进的工程防损风险管理技术著称，坚持损前预防胜过损后补救的商业理念，在全球范围内拥有 1800 余名防损工程师，服务于全球 10 万余个工商保险项目；设置独立的风险研究部门，拥有 100 多位研究人员，主要任务是识别和分析工商企业所面临的风险，研究如何采取经济有效的手段降低其风险；在美国建立用于研究仓库火灾风险、粉尘和气体爆炸风险的研究中心，FM 自然灾害实验室是世界上最大的用于模拟并了解地震、台风、冰雹等自然灾害的研究设施之一。

美国国际集团（AIG）在全球范围内拥有近 9000 名专业理赔和参

与城市治理工程师，针对客户投保的不同险种，设计一系列现场风险勘查服务，依据国际最新的风控技术及行业标准提供切实有效地风险控制方案。

3.5.2 欧洲保险机构

安联保险（Allianz）在风险减量服务体系方面专设风险管理板块，与个人业务、团体业务、渠道业务和理赔并列。安联风险咨询中心拥有一支近 300 名经验丰富的工程师团队，平均工作经验超过 20 年，有着广泛的技术与科学知识储备，提供多样的风险咨询服务，涵盖自然灾害风险和人为操作风险以及金融风险，服务领域包括汽车安全风险、航天风险、能源风险、采矿风险、电力与公共设施、娱乐场所风险、建筑工程风险、安装工程风险、货运风险、责任风险等。基于多年的技术积累开发了一个风险评估系统 GREAT，将各个领域的风险评估工作进行了系统固化。同时，安联风险咨询中心拥有自主开发的 CATlas 风险定位系统、HoliCat 巨灾模型系统两个巨灾风险工具。

3.5.3 韩国保险机构

三星财产保险是韩国财产保险市场领先的公司，设有专门的防灾研究所，拥有电气、半导体、自然灾害等方面的防灾防损专家、各类专业高精检测设备和各类专业模拟分析软件，提供包括消防安全、化工安全、建筑安装工程安全、自然灾害防御、产品责任风险、物流风险控制六大方面的专业服务。

3.5.4 国际再保险及经纪公司

瑞士再保险（Swiss Re）、汉诺威再保险（Hannover Re）和慕尼黑再保险（Munich Re）等世界级再保险公司设置了专门的保险解决方案和风险研究职能的部门，开展农业、自然灾害、气候、能源、工程等不同行业领域的风险研究、提供保险解决方案和风控服务。

美国怡安集团（Aon）、达信集团（Marsh）、英国韦莱集团（Willis）等知名保险经纪公司在全球范围内建立了工程师服务网络，同时在中国分支机构也建立有专门的风险工程咨询团队。

3.6　城市保国际实践与经验

3.6.1　荷兰鹿特丹

鹿特丹作为一个位于海洋水位上升和风暴潮等威胁下的城市，采取了综合的风险管理措施来保护城市及其居民。

首先，鹿特丹着重提高抗洪能力。城市采取了创新的水利工程和土地开发策略，例如，建设水上花园和水上道路，以储存和排放大量雨水。此外，城市还通过提高堤坝的高度和强度来加强防洪系统。

其次，鹿特丹改进了城市的排水系统。他们建设了大型的水泵和排水设施，确保城市内的雨水能够迅速排出，减少内涝和水灾风险。

最后，鹿特丹还建设了防洪设施，如围堰、海堤和海岛，以减轻海洋风暴潮的影响。这些设施在面对风暴潮时提供了额外的保护，并减少了城市遭受洪水侵袭的风险。

除了上述措施，鹿特丹还与保险公司合作，开发了灾害风险保险产品。这些保险产品为城市提供了经济保障和恢复支持。在灾害事件发生时，城市可以获得保险赔偿，用于修复受损设施和支持灾后重建工作。

3.6.2　美国旧金山

旧金山位于地震带上，面临地震和地质灾害的风险。为了应对这些风险，旧金山市政府积极采取措施来进行地震风险管理和建设抗震设施。旧金山市政府致力于评估地震风险，以了解地震的潜在影响和危害。他们通过地质勘探、地震模拟和科学研究等手段，获得了关于地震风险的重要数据和信息。实践案例展示了城市保在特定风险领域的应用。在面对气候变化和灾害风险时，城市保险能够提供经济保障和支持，减轻城市和居民面临的风险。

基于这些评估结果，旧金山市政府推动了抗震设施的建设。他们加强了建筑物和桥梁的抗震设计要求，确保它们能够在地震发生时保持稳定和安全。此外，城市还建立了应急管理系统和灾后恢复机制，以便快速应对地震事件和开展恢复工作。与此同时，旧金山市政府与保险行业合作，为城市提供地震保险和相关风险管理服务。这种合作使城市居民能够获得地震保险，以获得经济保障，并加强了城市的地震减灾和恢复能力。

在城市交通事故方面的应用案例中，一些城市采取城市保险措施，旨在减少交通事故的发生和减轻其影响。这包括建立交通事故风险管理系统，通过数据分析和监测来识别事故热点区域和高风险行为。城市可以开展交通安全宣传活动，提高公众对交通规则和安全意识的认识。此外，城市还可以引入交通事故保险，为受伤的人提供医疗和经济支持，减轻事故对个人和城市的负面影响。

3.6.3　国际经验

（1）政府和城市管理机构的支持和承诺。政府在城市保实施中发挥着关键作用，应认识到城市面临的风险，并承诺提供支持和资源，包括法规和政策的制定、资金的投入以及组织协调的能力。

（2）与保险行业建立合作关系，包括与保险公司、再保险公司和保险经纪人的合作。这种合作可以为城市提供保险产品、风险评估和管理的专业知识，确保保险方案的可行性和有效性。

（3）建立综合的风险评估和管理机制。包括对城市面临的各种风险进行准确评估、制定相应的风险管理策略和措施，以及建立有效的风险监测和预警系统。

（4）实施需要充足的数据和信息支持。包括收集和整合与城市风险相关的数据，如气象数据、地质数据、人口统计数据等，以及建立有效的数据管理和共享机制。

（5）公众参与和意识的提高。城市保的成功实施需要广泛的公众参与意识。公众应了解城市面临的风险，并积极参与风险评估、规划和应对措施的制定。政府和相关机构应加强宣传和教育，提高公众对城市保的认识和理解。在实践中，城市管理机构、保险行业和其他利益相关者应共同努力，克服这些挑战，确保城市保能够发挥最大的作用并取得可持续的效果。

（6）城市保的推广和应用面临挑战。首先，缺乏综合性的城市保框架是一个问题。城市保需要综合考虑各种风险，并将其纳入城市规划和政策中，但目前缺乏统一的框架来指导城市保的实施。其次，数据不足和风险评估的困难也是一个挑战。准确评估城市面临的风险需要大量的数据和专业知识，但这些信息往往不完整或不易获得。此外，政府和保险公司之间的合作也需要进一步加强，以实现有效的城市保机制。

（7）尽管面临挑战，城市保的发展和实践已经取得了一些重要成果。在全球范围内，许多城市已经开始实施城市保措施，并取得了一定的成功。例如，某些城市已经建立了自己的城市保险基金或与保险公司合作，为城市提供相应的保障和支持。此外，一些国际组织和研究机构也在城市保领域开展了深入的研究和实践，为城市保的发展提供了有益的经验。

4　保险参与城市治理的中国实践

2017 年 1 月，国务院《关于推进防灾减灾救灾体制机制改革的意见》提出：要充分发挥市场机制作用。坚持政府推动、市场运作原则，强化保险等市场机制在风险防范、损失补偿、恢复重建等方面的积极作用，不断扩大保险覆盖面，完善应对灾害的金融支持体系。鼓励各地结合灾害风险特点，探索巨灾风险有效保障模式。

近年来，保险在社会问题治理和民生保障中发挥了更加积极的作用，但损失补偿仍以直接行政救灾为主，保险在社会公众中尚未得到足够的重视，覆盖面依然较低，市场化的保险赔付占比较低。

2008 年，我国南方遭受雨雪冰冻灾害，造成直接经济损失 1516.5 亿元，但其中保险赔付仅为 50 多亿元；汶川地震是新中国成立以来破坏力最强的地震，造成直接损失 8451.4 亿元，保险赔付占比仅为 0.2%；5 年后的雅安芦山地震，保险业赔付金额占比也仍未突破 1%。而国际上，保险机制是应对巨灾的重要手段，保险赔付金额在自然灾害直接经济损失中的占比通常达 30%～40%。例如，相关数据显示，在 2011 年日本福岛地震所造成的经济损失中，地震保险赔付金额占比为 35%。

4.1　巨灾保险与城市治理

我国巨灾保险经历了曲折发展的过程，汶川地震后，国家高度重视并鼓励巨灾保险发展，加快政策研究和顶层设计，在《国家综合防灾减灾"十二五"规划》中明确指出，增强保险在灾害风险管理中的作用，明显提高自然灾害保险赔款占自然灾害直接经济损失的比例，建立健全灾害保险制度，充分发挥保险在灾害风险转移中的作用，拓宽灾害风险转移渠道，推动建立规范合理的灾害风险分担机制。

我国的巨灾风险管理体制是以政府为主体、以财政为支撑的巨灾风险管理体制，采用一种自上而下的纵向模式。无论是抢险救灾的过程，还是灾后重建的过程，均是以财政资源作为主要来源，同时，辅之以社会力量，主要来自一些非政府组织、社会捐助、慈善、公益等，而以保险为主要形式的市场化解决手段发挥的作用甚微，在历次巨灾损失中，商业保险的补偿比例均在 2% 左右。

2013 年 11 月 12 日，党的十八届三中全会通过《中共中央关于全面深化改革若干重大问题的决定》，明确提出"完善保险经济补偿机制，建立巨灾保险制度"。2014 年 3 月 5 日，李克强总理（时任）在政府工作报告中提出要"探索建立巨灾保险制度"。

2014 年 7 月，深圳第一个开始巨灾保险试点，此后宁波、云南、四川、广东、黑龙江等地相继开展巨灾保险试点，我国巨灾保险试点工作拉开帷幕。

2014 年 8 月 13 日，国务院《关于加快发展现代保险服务业的若干意见》正式发布，确立了"建立巨灾保险制度，研究建立巨灾保险基金、巨灾再保险等制度，逐步形成财政支持下的多层次巨灾风险分散机制。鼓励各地根据风险特点，探索对台风、地震、滑坡、泥石流、洪水、森林火灾等灾害的有效保障模式"的指导意见，进一步提出以多层次风险分担为保障，建立巨灾保险制度。

2015 年 8 月，云南大理地震指数巨灾保险项目在大理州试点落地出单，承保大理州境内或周边发生的 5 级及以上地震造成的大理州农房损失和大理州居民死亡。项目总保费超 3 千万元，人保云南分公司共保份额 35%，份额内农房地震保费超 1 千万元，人身意外伤亡保险保费超 100 万元，赔款近 1 千万元。

2015 年 8 月，四川省政府办公厅正式发文，确定在绵阳、宜宾、乐山、甘孜四市州开展城乡居民住房地震保险试点。2016 年保费近 3 千万元。

2016 年，《中共中央 国务院关于推进防灾减灾救灾体制机制改革的意见》提出，"充分发挥市场机制作用。坚持政府推动、市场运作的原则，强化保险等市场机制在风险防范、损失补偿、恢复重建等方面的积极作用，不断扩大保险覆盖面，完善应对灾害的金融支持体系。加快巨灾保险制度建设，逐步形成财政支持下的多层次巨灾风险分散机制。

近年来，各级政府从落实中央深化改革要求和保险业创新发展的角度，对巨灾保险进行了不断探索。人保财险先后与各地方政府和应急管理部门合作，主承或共保了广东巨灾指数保险、宁波公共巨灾保险、四川城乡居民住宅地震保险等 12 个地方性巨灾保险项目，并牵头成立了中国城乡居民住宅地震巨灾保险共同体，为巨灾保险方案制订和业务实践作出了积极贡献。

2016 年，广东省巨灾指数保险项目在 10 个地市进行试点，保费收入近 1.7 亿元。广东省巨灾保险的指数型产品和保险方案的设计属全国首创。

2017 年，湖南省农房巨灾保险项目顺利出单。2017 年 4 月，湖南省财政厅印发《2017 年巨灾保险试点实施方案》，在岳阳、常德、益阳、张家界、郴州、永州等 6 个地市的部分县市区开展农房巨灾保险试点工作。截至 2017 年 8 月，保费 2857 万元，已决赔款 5.4 万元，未决赔款 326 万元。

4.1.1 深圳巨灾保险

2014 年 6 月 1 日，深圳市政府购买的巨灾救助保险正式进入实施阶段。政府巨灾救助保险，用于巨灾发生时对所有在深圳人员的人身伤亡救助和核应急救助，风险保障额度为 25 亿元，保障的灾种覆盖了地震、台风、海啸、暴雨、泥石流、滑坡等 15 种灾害，以及由上述 15 种灾害引发的核事故风险，实现了"广泛覆盖、基本保障、市场化运作"。

（1）组织机构

2013 年 12 月 30 日，《深圳市巨灾保险方案》经深圳市政府常务会议审议并原则通过，率先在全国建立了巨灾保险制度。该方案在组织保障方面进行了全方位的安排。

①建立深圳市巨灾保险工作联席会议制度。市发改部门、市财政部门、市民政部门、市法制部门、市应急管理部门、市金融部门和深圳保险监管机构每年度召开一次联席会议，由深圳保险监管机构牵头组织。会议听取保险公司关于灾害及赔付情况的分析报告和城市风险管理报告。会议可邀请市政府其他有关部门列席。

②市财政部门。按照保险合同，每年安排相应的财政资金，用于支付巨灾救助保险的保费。

③市民政部门。负责巨灾保险保单签订和灾后救助的具体实施。设立巨灾资金账户，用于接收保险公司支付的赔款。对保险公司提供的赔偿确认函进行审核和确认，或指导协调各区民政部门对保险公司提供的赔偿确认函进行审核和确认。可以授权第三方公共公司根据市民政部门或各区民政部门出具的赔偿确认函，制订救助方案，配合民政部门做好救助资金发放和支付应急救灾物资费用等相关工作事宜。

④深圳保险监管机构。牵头组织召开深圳市巨灾保险工作联席会议。协调各有关部门推进巨灾保险工作。对保险公司和第三方公估公司

进行业务监管。

⑤保险公司。保险公司被纳入深圳市自然灾害应急管理体系，与市、区各级应急管理和灾害救助部门建立对接机制。一是建立24小时巨灾保险承保理赔应急机制。收到报案后，自行组织力量或通知第三方公估公司第一时间奔赴救灾现场进行查勘定损。经理算核赔后，向市民政部门或各区民政部门出具赔偿确认函。赔偿确认函经市民政部门或各区民政部门确认后，保险公司向巨灾账户支付理赔款项。二是保险公司及相关保险公估公司向市政府及相关部门提供地质安全隐患排查、应急演练、城市风险评估等服务。三是保险公司研究建立深圳灾害数据平台，记录每次灾害发生的时间、地点、剧烈程度、损失情况等信息，形成深圳巨灾数据库，为市政府各有关部门提供灾害数据的统一管理和共享服务。

⑥深圳市保险消费者权益服务总站。为完善保险纠纷处理机制，早在2008年底，深圳市在全国率先建立了保险合同纠纷第三方调解机构——深圳市保险消费者权益服务总站，为保险消费者提供了一个便捷、低成本的维权平台。深圳市政府还专门为消费者设立了"12378"全国保险消费者投诉维权热线，与深圳市消委会建立了顺畅的投诉对接机制。消费者通过"12315"进行的维权投诉，都能接入保险消费者权益服务总站并得到快捷的解决。2013年，"深圳市保险消费者权益服务中心"获深圳市事业单位登记管理局批准成立，成为全国首家具有独立法人资格的保险纠纷调处机构，并转承原"深圳保险消费者权益服务总站"全部职能，独立开展保险纠纷调处、保险消费者教育等工作。

（2）运行模式

巨灾保险由政府主导开展，商业保险公司具体运作。

①政府主导层面。深圳市政府建立了巨灾保险工作联席会议制度，以财政为主导，由巨灾保险相关部门组成"巨灾保险工作组"，负责统

筹开展巨灾保险各项工作，深圳保监局和深圳市政府等有关部门主要负责保险理赔服务监管、财政出资、应急响应、灾后救助，各级政府负责其所在辖区防灾减灾工作。

②保险公司运作层面。为充分发挥保险公司风险管理特长，深圳市政府将保险公司纳入深圳市自然灾害应急管理体系，与市、区各级应急管理和灾害救助部门建立对接机制。一方面，保险公司具体承担巨灾保险业务，提供巨灾保险承保和理赔服务；另一方面，充分发挥风险管理专业优势，向市政府及相关部门提供地质安全隐患排查、应急演练、城市风险评估等一揽子风险管理服务，通过巨灾保险研究建立的深圳市减灾救灾信息管理系统，为政府提供灾害数据统一管理和共享服务（见图4-1）。

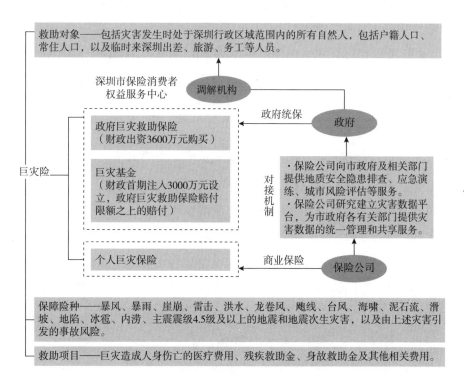

图4-1 深圳市巨灾保险制度模式图

（3）发展历程

2012 年以来，原深圳保监局一直在积极推进深圳巨灾保险方案的研究制订和推动工作。经过反复研究讨论，确定了以"政府出资、商业运作、广泛覆盖、基本保障"为基本思路的《深圳巨灾保险方案》。

2013 年 9 月，原中国保监会批准深圳作为我国巨灾保险首批试点地区。2013 年 12 月 30 日，深圳市政府常务会议审议通过了《深圳市巨灾保险方案》，巨灾保险制度框架在深圳率先建立，为首批巨灾保险试点以及在全国推广作出了制度示范。

2014 年 5 月，深圳市民政局与人保财险深圳市分公司正式签署《深圳市巨灾救助保险协议书》（以下简称《协议书》），市政府出资3600 万元向商业保险公司购买巨灾保险服务，标志着深圳市成为全国首个实施巨灾保险的城市。

《协议书》的首期保单保险期间为 2014 年 6 月 1 日至 2015 年 5 月30 日，保障灾种覆盖了地震、台风、海啸、暴雨、泥石流、滑坡等 14种灾害，救助项目为因巨灾造成人身伤亡的医疗费用、残疾救助金、身故救助金及其他相关费用。

一年后，原深圳保监局牵头对深圳市巨灾保险方案和承保机制进行了完善。首先，在保险责任方面，增加"住房损失补偿"，对 15 种自然灾害导致的住房损毁，承担每户每次限额 2 万元，总限额 1 亿元的补偿责任。其次，引入"共保体"承保模式，以一家首席保险承保机构为主，多家保险承保机构为辅，共同承保深圳巨灾风险。最后，在政府采购方式上，由单一来源采购改为向社会公开招标。由于采购方式发生变化，经市政府同意，市政府与人保签署了补充协议，按照上年保单内容投保，保障期限为 2015 年 6 月至 12 月。

2016 年，深圳市民政局通过深圳政府采购中心网上平台进行公开招标，由国寿财险深圳分公司、太平洋产险深圳分公司和华泰财险深圳分公司组成的共保体中标 2016 年度深圳巨灾保险项目,三家公司的分保比例为 55%、40%、5%。保单承保期间为 2016 年 1 月 1 日至 2016 年 12 月 31 日。2016 年深圳市巨灾保险方案还约定,保费的 5% ~ 8% 将被提取作为防灾减损专项经费,这在制度设计上为防灾减损服务工作提供了资源保障。

2018 年,根据深圳市自然灾害、地理地质条件、人口规模和结构及核安全风险等特点,将保障范围覆盖到"15 种灾害(暴风、暴雨、崖崩、雷击、洪水、龙卷风、飑线、台风、海啸、泥石流、滑坡、地陷、冰雹、内涝、主震震级 4.5 级及以上的地震)及其次生灾害"造成的人身伤害、房屋损失补偿等,人身伤害救助对象覆盖到"当灾害发生时处于深圳市行政区域范围内的所有自然人,包括常住人口以及临时来深圳出差、旅游、务工、抢险救灾和见义勇为等人员"。其中,每人最高可获得 10 万元赔偿;房屋损失补偿针对自然人所拥有的位于深圳市辖区范围内的住房,当自然灾害导致住房全部或部分倒塌,或出现危及正常使用的房屋建筑或构建物结构安全隐患的情形,按实际损失进行补偿,每户最高可获得 2 万元赔偿。深圳市巨灾救助保险的整体发展历程可总结归纳为表 4 - 1。

表 4 - 1　深圳市巨灾救助保险发展历程

时间	事件
2012 年	积极推进深圳巨灾保险方案的研究制订和推动工作
2013 年	原中国保监会批复深圳作为我国巨灾保险首批试点地区
	深圳市政府常务会议审议通过了《深圳市巨灾保险方案》,巨灾保险制度框架在深圳率先建立
2014 年	深圳市民政局已经与人保财险深圳市分公司签订了《深圳市巨灾保险协议书》,由市政府出资 3600 万元向商业保险公司购买巨灾保险服务
2015 年	由原深圳保监局牵头,进一步完善深圳市巨灾保险方案和承保机制

时间	事件
2016 年	2016 年深圳市巨灾保险方案约定，保费的 5% ~ 8% 将被提取作为防灾减损专项经费，这在制度设计上为防灾减损服务工作提供了资源保障
2018 年	根据深圳市自然灾害、地理地质条件、人口规模和结构及核安全风险等特点，扩大了保障范围及对象范围

（4）主要内容

深圳市巨灾救助保险主要由三部分构成：一是政府巨灾救助保险，由深圳市政府出资向商业保险公司购买，用于巨灾发生时对所有在深人员的人身伤亡救助和应急救助；二是巨灾基金，由深圳市政府拨付3000 万元资金建立，主要用于承担在政府巨灾救助保险赔付限额之上的赔付，基金具有开放性，可广泛吸收企业、个人等社会捐助；三是个人巨灾保险，由商业保险公司提供相关巨灾保险产品，居民自愿购买，满足居民更高层次、个性化需求。下面将详细阐述各部分的参与对象及具体的保险内容：

①政府巨灾救助保险

投保人/被保险人：深圳市政府。

牵头单位及参加单位：民政局牵头，与原银保监局、财政局、发改委、法制办、应急办成立巨灾保险联席会议，由水利、气象等业务部门提供数据支撑。

保障对象：当灾害发生时处于深圳市行政区域范围内的所有自然人，包括户籍人口、常住人口以及临时来深圳出差、务工和旅游的人员。

保障灾种：暴风（扩展狂风、烈风、大风）、暴雨、崖崩、雷击、洪水、龙卷风、飑线、台风、海啸、泥石流、滑坡、地陷、冰雹、内涝、主震震级 4.5 级及以上的地震及地震次生灾害。

保险责任：以人身险为主，灾害发生时对受灾居民的人身伤亡救助费用以及由灾害所导致的核应急救助费用和住房损失费用（见表4-2）。

表4-2　深圳市巨灾保险的保险责任及限额

类别	保障责任	责任限额	
		每人每次灾害事故责任限额	每次灾害事故责任限额
人身伤亡救助费用	医疗费用＋残疾伤亡抚恤	10万元	20亿元
核应急救助费用	被服、食品、饮用水、帐篷、交通等费用	2500元	5亿元

赔付标准：人身伤亡救助为每次事故责任限额人民币20亿元，每人每次事故责任限额人民币10万元（含普通伤害、伤残和死亡）；核应急救助为每次事故责任限额人民币5亿元，每人每次事故责任限额人民币2500元；住房损失补偿为每次事故责任限额人民币2亿元，每户每次事故责任限额人民币2万元；法律费用为每次事故责任限额人民币10万元。

保费价格：基于灾害模型分析和精算定价，结合国际再保险市场价格，最终确定政府购买的巨灾救助保险保费价格为3600万元。

救助流程：当发生灾害时，保险公司向市政府（民政局）支付理赔款项，由市政府（民政局）向受灾群众进行救助。市政府（民政局）也可以委托保险公司或第三方公估公司向受灾群众进行直接救助。

相关服务：

一是理赔预付制度。发生灾害后，保险公司立即启动应急机制，开展查勘定损工作。对发生人员死亡的情况，按照人身伤亡救助限额100万元，100%支付预付赔款；对未造成人员死亡的情况，按照医疗费用评估的50%支付预付赔款。保险公司第一时间将预付赔款划拨至市民政部门开设的巨灾资金账户。

二是防灾防损制度。保险公司每年从保费中提取5%作为专项费用，用于组织开展灾害研究、灾害风险隐患排查、应急演练、灾害急救宣传等防灾防损事项以及其他相关事项。

三是定期报告制度。保险公司按季度出具当期灾害及赔付情况的统计分析报告，定期报送巨灾保险工作组各成员单位，按年度出具灾害及赔付情况的统计分析报告和风险管理报告，对深圳所面临的巨灾风险进行总结评价，提出防灾减损、应急管理、灾害救助等方面的建议和对策，提交深圳市巨灾保险工作联席会议讨论，并报送市政府。此外，一旦发生重大灾害赔付，保险公司应及时向市政府和巨灾保险工作组各成员单位报送相关赔付情况。

四是灾害数据平台建设。保险公司研究建立深圳灾害数据平台，系统记录每次灾害发生的时间、地点、剧烈程度、损失情况、赔付情况等信息，形成深圳灾害数据库，为市政府各有关部门提供灾害数据的统一管理平台和共享服务。

②巨灾保险基金

在巨灾救助保险的基础上，政府另行拨付 3000 万元，设立深圳市巨灾基金。基金还可吸收社会捐赠资金。巨灾基金所有权属于政府，由政府有关部门进行运作，也可以委托专业机构运作，实现保值增值。

该基金的设立可以作为巨灾救助保险责任限额之上的补充。巨灾救助保险有一定的责任限额，包括 25 亿元的总限额和 10 万元以及 2500元的个人限额。当巨灾损失超过上述限额，巨灾救助保险保障程度不足时，巨灾基金可以发挥作用，提供超额保障。同时，基金可以充分调动各方力量，广泛吸收企业、个人等社会捐赠资金，不断壮大基金规模，形成一个全社会共同参与的应对巨灾风险的公共平台。

③商业性个人巨灾保险

商业性个人巨灾保险主要满足居民更深层次、更加个性化的巨灾保障需求。以家庭财产作为主要保障内容，由商业保险公司根据市场消费需求自行进行产品设计和商业推广，居民自主购买。商业性个人巨灾保险产品除了传统的普通家财险附加地震责任外，还陆续推出了储金型巨灾保险、地震保险卡等新型保险产品。

(5) 主要特点

①搭建"三位一体"巨灾制度体系。搭建了由政府巨灾救助保险、巨灾基金和商业性个人巨灾保险共同组成的"三位一体、有机结合"的巨灾保险制度体系，开创了巨灾损失的多元化补偿模式。

②保障覆盖全。巨灾保险保障的对象为灾害发生时处于深圳市行政区域范围内的所有人口，含户籍人口、常住人口以及临时来深圳出差、旅游等人员，实现了全覆盖。

③保障灾种多。包括地震、台风、海啸、泥石流、突发性滑坡、内涝等巨灾，以及由自然灾害引发的核事故风险，基本上涵盖了一般性巨灾及特殊核风险。

④建立巨灾法律体系。不断推动完善巨灾法律体系的建立，法律体系应包括巨灾管理运行模式、政府及各方职责、巨灾再保险和基金等金融衍生品的运作模式、财税优惠政策等内容，保证巨灾保险体系的良好稳定运行。

⑤建立主体多元化、多层次的巨灾风险分散机制。在全国率先设立巨灾保险基金账户，加强巨灾风险向国际再保险市场的转移，引入资本市场包括基金、债券等金融衍生工具，共同分担巨灾风险，扩大公司承保能力。

⑥坚持将防灾、减灾、救灾有机结合的理念，将巨灾保险纳入自然灾害的综合防范体系，不仅注重事后的灾害补偿，也注重事前的灾害预防和事中的灾害救助，在防灾减灾方面开展了大量的工作，提升了深圳市对自然灾害风险的综合防范能力，带动居民个人巨灾保险意识的不断提高。

⑦构建了由民政部门牵头、其他政府部门参与的组织与协调机构，并允许保险公司组成"共保体"来经办，探索了政府与保险公司合作推进巨灾保险的新模式。

（6）效果评价

①发挥了制度示范作用。深圳作为改革开放的"窗口"和"试验田"，在巨灾保险领域先行先试、率先破题，为巨灾保险制度的全国推广积累了经验，开创了巨灾风险管理的政府与市场合作模式，标志着中国对巨灾风险管理从"事后融资"向"事前风险管理"策略的转变。

②实现了创新社会治理体系的有益探索。一方面，实施巨灾保险制度后，政府通过购买公共服务，借助保险制度安排和发挥保险功能，实现从以财政为主的经济补偿模式向以财政、保险赔付、巨灾基金共同支撑的多元化补偿模式转变。另一方面，在深圳巨灾保险方案设计中，不单纯地"就保险论保险"，而是充分发挥保险公司的专业性，为政府提供城市风险评估、地质安全隐患排查、灾害安全急救宣传等防灾减灾一揽子服务。特别是利用开展巨灾保险的契机，研究建立深圳市减灾救灾信息管理系统，灾害信息管理系统能够持续记录深圳市发生的所有巨灾情况，成为深圳市巨灾信息的大数据平台，为市政府各有关部门提供灾害数据的统一管理和共享服务，解决目前灾害数据分散在市政府各部门且记录不完整这一问题，该服务得到市政府有关部门的高度肯定。

③提高了政府巨灾保障水平。率先建立巨灾保险制度，不仅增强了政府应对巨灾的能力，为深圳经济社会的平稳发展"保驾护航"，同时也体现了政府时刻关注民生、保障民生的迫切愿景和初心，增强了市民安全感和城市吸引力。

④减轻了政府防灾救灾压力，提升全社会保险意识和幸福感。通过保险业参与防灾减灾和灾害救助全过程，将政府事后救援转变为以商业保险为主、社会广泛参与的事前风险减量管理，有效减轻了政府抗灾救

灾压力，民众享受到高效有序的大灾保险理赔服务，较好地起到了风险
"缓冲垫"和社会"稳定器"的作用。许多群众在获知可以获得救助赔
付的时候，连呼没有想到政府会给自己购买巨灾保险，全社会的保险意
识和幸福感都得到了提升，改善和服务民生方面的普惠效果不断显现，
人民群众对于巨灾保险带来的切身保障也给予充分认可。

深圳巨灾保险试点作为首个"破局"巨灾保险的地区，深圳发扬
"敢为天下先"的精神，大胆闯、大胆试，在巨灾保险服务城市风险管
理方面积累了宝贵经验。在深圳的带动和示范下，一些地区陆续加入了
试点阵营，结合本地实际开展了不同特色的巨灾保险。

4.1.2　广东巨灾保险

2014 年，国务院和广东省政府先后发布保险业国十条和省九条，
提出建立巨灾保险制度，即政府运用保险机制，通过制度性安排，将因
发生地震、台风、海啸、洪水等自然灾害可能造成的巨大财产损失和严
重人员伤亡的风险，通过保险形式进行风险分散和经济补偿。

相较深圳，广东巨灾项目的难点在于"1＋N 模式"，即全省自然
条件与经济水平不尽相同，每个试点地市的承保设计均因地制宜，这就
要求保险合同及服务内容必须做到"一城一案"。为此，广东省政府联
合人保财险，创新了巨灾保险的"广东模式"。

广东省巨灾保险模式是将财政风险作为保险标的，与指数形式相结
合的创新型金融产品。面对巨灾，救灾资金预算不够用、申请经费周期
长往往是各级政府灾后重建面临的难题。在广东，借助巨灾气象指数保
险模型，政府、机构和市场协同建立"阈值触发、指数定级、精准快
速"巨灾保险服务机制，让难题有了新解法。

巨灾指数保险与传统型巨灾保险相比，具有高杠杆、低成本、低风
险、高效率、覆盖范围广的优势。在承保周期内，保险公司结合保险科

技，充分发挥其风险减量管理的专业优势，辅助政府开展地质灾害监测等日常防灾减灾工作；当自然灾害达到一定的指数级别，触发预设保险赔付条件后，保险公司在短时间内进行赔付，支持政府开展灾难救助、灾后公共设施修复重建、灾后社会救助等工作。保险赔款既可用于补偿灾害发生时的人员伤亡和财产损失，也可用于日常防灾减灾支出，灵活高效的资金应用使巨灾保险的覆盖范围更加广泛。

目前，广东已建立了"财政＋巨灾＋指数＋保险"的巨灾保险制度，丰富了财政支持下的多层次巨灾风险分散机制，这种巨灾保险制度成为广东新时代防灾减灾救灾体制机制改革的重要组成部分。

（1）基本情况

在广东地区，当前实施的巨灾风险主要是政府财政风险。即各级政府因自然灾害发生，依照法规履行应急响应、灾难救助、灾后公共设施修复重建、灾后社会救助等公共利益责任而发生巨额计划外公共财政支出导致的本级公共财政收支失衡的困境和风险。

风险主体：各级人民政府；

风险责任：法规定义政府担负的或相关的公共利益责任；

保险利益：各级政府因自然灾害发生依照法规履行应急响应、灾难救助、灾后公共设施修复重建、灾后社会救助等发生公共财政支出的公共利益责任风险；

制度结构：政策支持和行政规划等体系化要素主导的符合政府和公共财政应急应灾体系的财政风险巨灾指数保险、巨灾债券等。

在自然灾害发生、发展、结束、灾后等阶段，各级政府依据法规负有应急响应、灾难救助、灾后公共设施修复重建、灾后社会救助等需要巨额公共财政支出的公共利益责任，旨在实现灾后迅速恢复人民生活、公共服务、生产就业、经济活动。严重自然灾害可能引发财政风险，因为各级政府依照法规履行其公共利益责任时，必须发生的公共财政支出可能会严重破坏其当期财政收支平衡。比照传统的财政缩减、预算科目挪用、上级财政和中央财政转移支付、增税、加费、举债等财政应灾措施，财政风险保险体系基于符合财政政策工具属性的复合保险工具实现科学化、制度化保障或有财政应急应灾支出不影响财政当期收支平衡。

（2）基本原则

①坚持以"政府主导，市场运作"的原则。以各级政府主导组织推动建立巨灾保险制度，通过财政补贴保费购买巨灾保险，作为政府救灾工作的一种补充手段。保险公司遵循盈亏基本平衡、保本微利的经营原则，提供承保、防灾防损和理赔服务。

②坚持"权责相适，上下协调"的原则。明确省级和各地市级责任，共担事权，统筹安排，精心实施，调动各级政府的积极性，兼顾利益，合力推进巨灾保险工作的实施。

③坚持"省级统筹，因地制宜"的原则。加强巨灾保险的整体制度设计，全省统筹规划，各地因地制宜制订具体试点工作方案，建立健全巨灾保险体制机制。探索建立由政府巨灾救助保险、巨灾基金、商业性个人巨灾保险组成的巨灾保险制度体系。

（3）主要内容

广东省巨灾保险创新引入指数保险模式，保险的赔偿并不基于被保险人的实际损失，而是基于预先设定的、触发巨灾的参数（如连续降雨量、台风等级等）作为支付赔偿的依据。当上述参数达到一定阈值（触发值）时，则由保险公司按照合同向政府支付相应的保险赔付金额，无须经查勘定损，赔付金额视巨灾参数所对应的等级而定。

投保人：省财政厅、各试点地市财政局。

被保险人：各试点地市财政局。

保险机构：人保财险、平安财险、太平洋财险广东省分公司。由省招投标确定，各地市可从中自主选择 1 家或多家投保。

保险责任：被保险人因履行应急响应、灾难救助、灾后修复和重建等公共利益责任所发生的政府财政支出。

灾害种类：台风、强降雨、地震。

赔付限额：对于台风灾害引发的保险赔付，2016 年度单次及年度赔付限额为 2 亿元，2017—2018 年度单次及年度累计赔付限额为 2.1 亿元；对于强降雨引发的保险赔付，2016 年度单次赔付限额为 3000 万元，累计赔偿限额 3200 万元，2017—2018 年度单次及年度累计赔付限额为 4210 万元。

保险费率：2016 年的年度整体费率约 12.93%，2017—2018 年同比大幅下降至 4.2%。

保险分摊机制：由省市两级财政配套出资，每个试点地市预算 3000 万元，保费在 3000 万元以内的，按照省级与地市 3:1 的比例分担，超过 3000 万元的部分由地市承担。

风险分散机制：2016 年通过瑞士再分保，2017—2018 年度设立巨灾避险基金。

（4）试点情况

2014 年，省政府印发《广东省人民政府关于加快发展现代保险服务业的实施意见》，明确提出"建立具有广东特色的巨灾保险制度"，并选择财政风险巨灾指数保险作为巨灾保险试点模式。

广东省财政风险巨灾指数保险的发展历程如图 4 - 2 所示。2015 年，经省政府批准，省财政厅制发《广东省巨灾保险试点工作实施方案》，广东省巨灾保险正式进入实施阶段，选定汕头、韶关、梅州、湛江、清远等 5 个地级市率先开展试点；2016 年，共有 10 个地市正式签署巨灾保险合同；2017 年，惠州、肇庆、潮州、阳江也加入了试点城市名单中。

| 2016年 | | 2017年 | | 2019年 |
广东省巨灾保险在10个地市试点（韶关、汕头、梅州、湛江、清远、河源、汕尾、阳江、茂名、云浮） | → | 广东省巨灾保险在14个地市开办，服务期为三年（新增惠州、肇庆、潮州、阳江） | → | 广州巨灾保险落地，成为首家珠三角地市开办巨灾保险 |

图4−2　广东省财政风险巨灾指数保险发展历程图

①覆盖范围

按照《广东省巨灾保险试点工作实施方案》，纳入省财政补贴的试点区域不包含珠江三角洲地区的广州、深圳、珠海、佛山、东莞、中山、江门等7个经济发达地市，并鼓励珠三角地区各地市自行研究建立巨灾保险制度。其中，深圳市是计划单列市，已自行组织开展巨灾保险试点，其巨灾保险选用的是传统模式。

②保障范围

保障范围主要包括保障对象和保险责任两方面内容。

一是保障对象。广东巨灾保险模式，选取的是财政风险巨灾指数保险，其被保险人是政府财政部门，其保险标的是在保单中载明的自然灾害发生后，被保险人（一般为各市财政部门）因履行应急响应、灾难救助、灾后修复和重建等公共利益责任所发生的政府财政支出，这与传统巨灾保险有较大的不同。其最大的目的，是平滑一定时期内财政支出，确保财政收支平衡。虽然传统来看，最终的受益人仍然是辖区内的人民群众，但直观上可见的保单受益人却是政府财政部门。保险赔付款项可用于应急响应、灾难救助、灾后公共设施修复和重建等；但较传统保险，财政风险巨灾指数保险不会将赔款直接赔付到受灾群众个人，因此，这可能会使得保险对社会个体在巨灾中的人身、财产损失补偿有限，让群众在保险保障方面的获得感有所减弱。

二是保险责任。目前广东巨灾保险试点的保险责任，主要集中于台风、强降雨等全省普遍面临的自然灾害类型，对不同地区的保险责任区分度、灵活性不强。重大自然灾害往往伴生一些较为严重的次生灾害，而广东的巨灾保险保单条款中也未明确将台风、强降雨、地震等自然灾害及其引发的次生灾害（如突发性滑坡、泥石流、水库或河道溃坝、漏电以及化工装置爆炸、泄漏等）造成的人身伤亡以及公共财产损失纳入保险责任范畴。除此之外，由于指数保险应用存在的局限性，广东的财政风险巨灾指数保险方案暂未考虑人为灾难可能引发的巨灾风险的保障问题。

（5）财政应急应灾基金

广东省自然灾害种类多样、分布广泛，气候变化导致灾害频度和强度不断增加，省市各级地方政府依法履行灾害应急响应、灾难救助、灾后公共设施修复重建、灾后社会救济等公共利益责任所必须发生的巨额公共财政支出不断提高，对灾区各级政府构成巨大财政风险。同时政府灾害响应和灾难救助可能较为迟缓，从而进一步加剧了灾害后果。

《中华人民共和国预算法》第三十二条规定："各级政府预算应当按照本级政府预算支出额的 1% 至 3% 设置财政预算预备费，用于当年预算执行中的自然灾害救灾开支及其他难以预见的特殊开支"。另外，中央预算稳定调节基金为财政收入欠缺的年份或者遇到重大突发事件时准备动用的基金。这两项为主要的财政应急应灾基金。且自 2003 年至今的 20 年间，总体上来看广东省的预备费在逐步缓慢提高。

（6）财政风险巨灾保险

广东省现行的巨灾保险，主要有巨灾指数保险和农业保险自然灾害气象/天气指数保险两大类。

①巨灾指数保险

广东省巨灾指数保险，由省人民政府牵头财政和气象部门制订相关保险方案，灾后经由广东省气象中心对降雨量和/或风力进行认定并出具报告，保险人根据保险合同进行理算并赔付至相应地市。广东省现行的巨灾指数保险主要包括强降雨成灾指数保险和台风巨灾指数保险。

广东省 20 个地级市（不含深圳）中，除佛山市未启动巨灾保险外，其余 19 个地级市均已开展巨灾指数保险，包含强降雨和台风两类巨灾指数保险。其中人保财险广东省分公司参与其中 10 家承保。

②农险自然灾害气象/天气指数保险

农业保险自然灾害气象/天气指数保险，是由省人民政府或各地市人民政府组织制订方案，通过（如 70%～80%）财政补贴的方式推动，农户自然人或法人自愿投保并承担一定比例保费。农险指数保险可承保风险类型较广，包含了台风、强降雨等主要承保风险，覆盖了 5—6 月强降雨、7—9 月台风季等农作物的主要生长周期。

目前广东省的农险指数保险以种植险和养殖险作为重点，其中又以经济作物种植险和水产养殖险为主，近年来其业务量和赔款约占农险总量的 30%。其具体运营情况是，根据保险合同约定，相应省气象中心或各地市气象部门对成灾气象指数进行认定，保险人根据保险合同进行理算并赔付至被保险人农户。

（7）保险科技风险减量

人保财险广东省分公司近年来不断完善和优化大灾应对方案，整体防灾、救灾、减灾工作方案已趋近成熟。在 2018 年 9 月 16 日"山竹"台风、2020 年 5 月 22 日"龙舟水"暴雨、2022 年 6 月强降雨及"暹芭"台风等典型重大自然灾害应急和补偿中发挥了重要作用，并通过总结经验进一步完善。

①灾前精准防控，坚持防重于赔

结合气候及承保特点，人保财险广东省分公司常态化开展汛期、台风及秋冬季火灾三大专项排查，利用自主开发的风险预警系统，对高风险地区、高风险路段、高风险企业、高风险项目实行临灾巡查、专人值守。在专项排查中，每次专项排查为全省超过 5000 家企业提供风险排查工作及防台防汛建议。

②灾中灾后快速响应、全力救灾

一是护航农户，全力保障粮食安全。根据灾害季节性特点，广东省夏秋灾期覆盖了农作物主要生长周期，为保障夏粮收获，公司在受灾地区有针对性地投放化肥、农药等救灾物资，用于灾后作物复壮及病虫害防治。在灾区，联合农业农村局、农业生产托管服务中心共同启动收割机抢收活动，安排人员、收割机等深入村镇，全力抢收粮食。邀请农业专家指导受损地区及时应对台风暴雨对农业生产的影响，减少农户种粮损失。

二是主动对接，巨灾保险保障救灾。在灾害发生前，省市两级建立巨灾指数保险专人对接机制，确保主动、快速赔付，支持各地救灾。

③科技赋能，创新应用提效率

一是持续升级"粤农保"综合服务平台，"粤农保 + 遥感 + 测绘"三驾马车推动农作物快速定损。发挥按图承保、按图理赔的优势，结合无人机航拍、卫星遥感技术，快速核定农户损失，为灾后快速理赔和预赔付提供了坚实的数据基础。

二是不断升级大灾预警管理系统。实现快速识别灾害路径及影响，赋能灾情研判、标的识别及灾前预警，为 72 小时精准预警及防灾防损提供可视化、数据化技术支撑，向可能受影响的客户发送精准预警，持续提升防灾防损精准度及工作成效。

三是无人机巡检提供高效、精准风险排查服务。全省系统组建 150人的无人机专业团队，并采购各种类型的无人机 60 架，广泛应用于抗灾救灾中。目前，利用无人机开展工程险的汛期风险排查，风险查勘覆盖率达 49.3%，实现了重点高风险项目智慧巡检。

（8）效果评价

人保财险作为行业主体，针对地震、台风、洪水等缺乏传统风险转移市场机制的灾害，探索建设巨灾保险机制，致力于提升区域灾害管理水平。

2016 年 7 月，广东省财政风险巨灾指数保险的首单保险在湛江正式起保。2016 年 10 月，台风"海马"登陆汕尾，触发指数赔付条件。人保财险广东省分公司迅速与汕尾市政府、广东气象台取得联系，启动巨灾理赔程序，双方达成赔付协议后，只用了一天时间就将 2000 万元赔偿金按约定赔付至汕尾财政局账户。2018 年台风"山竹"触发阳江市和茂名市台风巨灾赔付 7500 万元，成为广东巨灾指数保险开办以来最大赔案。2018 年全年，广东历经台风"艾云尼"和"山竹"、"8·6"茂名暴雨和"8·26"粤东暴雨等多场自然灾害，多次触发巨灾指数保险赔偿程序，全省赔案超过 5 亿元。巨灾指数保险赔款的及时到位，有力协助了当地政府开展受灾群众生活救助、受灾地区的灾后重建工作。

2019 年 3 月 19 日，广州市巨灾指数保险试点正式启动。之后的 4 月 18~23 日，广州遭遇特大暴雨侵袭，多地发布黄色暴雨预警，市内部分地区出现严重积水和内涝。根据广东省气候中心出具的《广东省巨灾保险强降水指数计算报告——广州》，此轮强降水达到了约定保险合同的触发条件，人保财险之后根据合同约定赔付金额 400 万元。总结以上实践经验，取得的成效有以下三点：

第一，巨灾保险覆盖面不断扩大，抗灾能力提升。2015 年到 2017 年，广东省巨灾保险试点范围从 5 个地级市扩展到 14 个地级市，至今保险覆盖面仍不断扩大，有效提高了受灾地区整体抗风险能力。

第二，有效平滑重大自然灾害引起的财政支出波动。财政风险巨灾指数保险为广东首创，是政府运用商业保险机制防范和化解自然灾害类巨灾风险，为灾后损失提供经济补偿的重要手段。巨灾指数保险的推广和应用，一方面解决了地方政府涉灾财政预算波动和缺口的难题，确保政府遇灾时具备充足资金实现迅速恢复人民生活；另一方面也使当地受灾群众迅速恢复生产就业、迅速恢复公共服务的社会责任。

第三，保险赔付效率大幅提升。作为一种创新型风险分散方式，广东省自然灾害财政风险巨灾指数保险的赔付标准公开、透明，当其对应触发的巨灾参数如台风等级、连续降雨量等达到约定的阈值时，无须查勘定损便可快速获得相应的赔款，大幅缩短赔付流程，提升救灾效率。

4.1.3　宁波巨灾保险

宁波市倚山靠海，特定的地理位置和自然环境导致天气多变，面临多种巨灾风险，主要有台风、暴雨、洪水、雨雪冰冻等风险，其中台风发生的频率最高，影响最大。2003～2013 年 10 年间，宁波共遭受 5 次直接经济损失在 10 亿元以上的台风袭击，且损失金额呈逐渐攀升之势，特别是 2012 年的"海葵"台风以及 2013 年的"菲特"台风，损失均在百亿元以上，对宁波市生产生活产生了严重影响。

2014 年 11 月 11 日，宁波市政府全额出资为全市老百姓向保险机构购买巨灾保险，对因台风、强热带风暴、龙卷风、暴雨、洪水和雷击及其引起的次生灾害造成的居民人身伤亡抚恤和家庭财产损失救助进行保障。宁波市民政局与人保财险宁波市分公司签订了宁波市公共巨灾保险合同。人保财险宁波市分公司为"首席承保人"，份额为 50%。

巨灾保险的保额 7 亿元，其中，6 亿元为自然灾害险，1 亿元为公共安全险。根据保险合同的约定，因台风、暴雨、洪水、龙卷风等自然灾害造成住宅进水 20 厘米以上或房屋一定程度损毁的，居民家庭可获得 500 元至 3000 元不等的救助赔付；造成人员伤亡的，可获得 1 万元至 20 万元的抚恤赔付。

2019 年，宁波市公共巨灾保险在"利奇马"中赔付 2471.82 万元，第一笔赔款从启动赔付至到账仅用时 4 天，引起了国内众多媒体对宁波市公共巨灾保险的高度关注，随后跟进了大量宣传报道。《中国社会报》于 2015 年 7 月 27 日刊登《宁波：巨灾保险抚平"灿鸿"创痕的成功实践》一文着重报道了宁波巨灾保险工作，并作出了"不断完善，宁波奔跑在市场化应对自然灾害的路上"的评价。省委全面深化改革领导小组办公室主办的《浙江改革》简报也专题刊发了宁波市公共巨灾保险制度。网络舆论同样给予了高度关注，仅百度搜索关于宁波市巨灾保险的报道和评议就达上万条，总体给予积极评价。这说明，宁波巨灾保险的推广应用，从体制机制、实践应用等多个方面都有着好的经验做法。

①建立了广覆盖、低保障的保险救助体系，起到惠民生促稳定的良好效果。在公共巨灾保险实施之前，社区给予居民的一般是人道主义援助，比如帮着收拾房屋等，且由于社区工作人员有限，时效性和覆盖性并不足够。政府出资设立公共巨灾保险后，借助保险公司的理赔力量，实现快速、准确、透明的赔偿，对受灾群众既是救助，也是安抚，既体现了政府对受灾群众的关爱，也有助于快速稳定灾民情绪和开展灾后自救。

②增强了灾害救助效率和透明度，有效减轻政府救灾的压力。引入保险机制，制定理赔救助流程，保险公司按照统一标准进行查勘定损，理赔标准公开，定损结果公开，赔款逐一支付到户，受灾群众享受到保险业及时专业的理赔服务和公开透明的灾害救助，促进了巨灾损失补偿从以政府为主导向政府与市场有机协同配合模式的转变，有效减轻了政府抗御大灾时人力、物力及资金的压力。

③形成了政府、基层组织与保险机构各方密切协作的救灾网络，提高防灾减灾的社会合力。民政部门牵头组建了市、县（市）区、乡镇（街道）、村（社区）四级巨灾保险联络员队伍，保险机构也相应建立

市、县、镇三级巨灾保险服务团队。以公共巨灾保险制度为纽带，有机融合保险服务网络与民政灾害救助网络，提高了社会抗御风险的综合能力。

4.1.4 厦门巨灾保险

2017 年，厦门市巨灾保险试点项目落地，为厦门市居民提供全年20 亿元的巨灾风险保障，承保因台风、地震、暴雨、洪水等自然灾害造成的损失。

厦门市地处东南沿海地区，重大自然灾害频发，特别是 2016 年"莫兰蒂"强台风，给当地群众生命财产安全造成严重损失。作为厦门市政府为民办实事的项目之一，厦门市巨灾保险基于"保民生、保基本、稳财政"原则，采用"政府主导、商业保险经办、社会化参与"模式，具有"保障高标准、人群全覆盖、城乡无差别、责任范围广、风险机制新"等特点。

人保财险厦门市分公司成立了专门服务团队，主动与政府相关部门多方协调，开展了大量服务工作，包括开发巨灾民生服务平台、制作巨灾服务手册、设立专线电话及合署办公窗口等。

厦门市巨灾保险制度将保险这一市场化的风险管理机制引入社会治理体系，通过现代金融手段应对重大自然灾害风险，有效提升了灾害救助能力和水平。

4.1.5 住宅地震巨灾保险

原保监会、财政部等共同印发《建立城乡居民住宅地震巨灾保险制度实施方案》，2015 年 4 月 16 日，45 家财险公司共同发起，成立了中国城乡居民住宅地震巨灾保险共同体。各成员公司共同提供巨灾保障，参与损失分担。随后，中国城乡居民住宅地震巨灾保险产品全面销售，标志着我国城乡居民住宅地震巨灾保险制度落地。根据原保监会披露的数据，在落地后一年半的时间里，住宅地震保险就累计为全国 247 万户家庭提供了 1065 亿元的风险保障。截至 2020 年底，住宅地震共同体累计为全国 1280 万户居民提供 5250 亿元的巨灾风险保障。

2015 年，云南省大理州政策性地震指数保险落地，这是我国首款"指数型巨灾保险"。这一保险由大理州政府统一投保，将地震指数保险启动赔付震级设置为 5.0 级，并以每 0.5 级为一档，进行差异化赔付。5 月 21 日，云南大理州漾濞县接连发生多次地震，震级触发大理政策性农房地震保险赔付条件。根据中国地震台网公布数据和现场勘查确认情况，主承保公司诚泰保险于 5 月 22 日就将 4000 万元地震巨灾理赔款支付至大理州应急管理局。

中国城乡居民住宅地震巨灾保险产品是原保监会、财政部等相关部门推动行业开发的首款巨灾保险产品，于 2016 年 12 月在上海保交所正式上线。该产品由中国城乡居民住宅地震巨灾保险共同体承保，由上海保交所建设的巨灾运营平台提供数据系统支持，统一归集业务数据，集中开展资金结算。

2020 年 4 月 10 日，由中国城乡居民住宅地震巨灾保险共同体开发的中国城乡居民住宅台风洪水巨灾财产损失产品正式上线。

（1）实施原则

住宅地震巨灾保险坚持"政府推动、市场运作、保障民生"的原则。

①政府推动。政府主导可为地震巨灾保险制度的建立和稳定运行营造良好的制度环境、法律环境和政策环境。筹划顶层设计，制定地震巨灾保险制度框架体系，研究相关立法，制定支持政策。

②市场运作。充分发挥市场在资源配置中的决定性作用，引导商业保险公司积极参与巨灾保险制度建设，可以提高全社会灾害风险管理水平。发挥商业保险公司在风险管理、专业技术、服务能力和营业网点等

方面的优势，为巨灾保险提供承保理赔服务，利用保险产品的价格调节机制，通过风险定价和差别费率，引导社会提高建筑物抗震质量，运用国内外再保险市场和资本市场，有效分散风险。

③保障民生。通过先科学设计保险产品，合理厘定保险费率，住宅地震巨灾保险需要满足人民群众灾害风险保障的基本需求，为受灾地区提供快速且充分的经济补偿，加快恢复重建。同时，还要充分扩大保障覆盖人群，从而有效降低保障成本。

（2）运行模式

住宅地震巨灾保险采取"整合承保能力、准备金逐年滚存、损失合理分层"的运行模式。

①运行机制

首先，选择偿付能力充足、服务网点完善的保险公司作为巨灾保险经营主体，提供巨灾保险销售、承保及理赔等服务。保险公司通过销售巨灾保险产品，将保费集中，建立应对灾害的损失分层方案，分级负担风险。其次，计提巨灾保险专项准备金，作为应对严重灾害的资金储备。

②损失分层

按照"风险共担、分级负担"的原则分担损失责任。损失分层方案设定总体限额，由投保人、保险公司、再保险公司、巨灾保险专项准备金、财政支持等构成分担主体。投保人是巨灾保险产品的购买者，以自留的方式承担小额度的第一层损失；经营巨灾保险的保险公司，承担巨灾保险自留保费所对应的第二层损失；参与巨灾保险再保险经营的再保险公司，承担巨灾保险分入保费对应的第三层损失；巨灾保险专项准备金按照相关部门的具体管理办法提取，以专项准备金余额为限，承担第四层损失；当发生重大灾害，损失超过前四层分担额度的情况下，由财政提供支持或通过巨灾债券等紧急资金安排承担第五层损失；在第五层财政支持和其他紧急资金安排无法全部到位的情况下，由国务院保险监督管理机构会同有关部门报请国务院批准，启动赔付比例回调机制，以前四层分担额度及已到位的财政支持和紧急资金总和为限，对巨灾保险合同实行比例赔付。

运行初期，以"总额控制、限额管理"为主要思路，一方面，将全国范围内可能遭遇的一次性损失控制在一定额度内，确保保险公司、再保险公司和专项准备金可以逐层承担；另一方面，对地震高风险地区实行保险销售限额管理，避免遭遇特大地震灾害时，巨灾保险赔款超过以上各层可筹集到的资金总和。

③运行保障

一是住宅地震共同体。2015年4月，45家财产保险公司根据"自愿参与、风险共担"的原则发起成立住宅地震共同体。住宅地震共同体可以整合保险行业承保能力，搭建住宅地震共同体业务平台，开发标准化地震巨灾保险产品，建立统一的承保理赔服务标准，共同应对地震灾害，集中积累和管理灾害信息等。

二是巨灾保险专项准备金。巨灾保险专项准备金是巨灾保险制度运行过程中，为增强风险抵御能力、应对重大灾害专门提取的专项准备金，行使跨期分散风险等职能。巨灾保险专项准备金按照保费收入一定比例计提，单独立账、逐年滚存，并由专门机构负责管理。巨灾保险专项准备金的提取、积累和使用，按照财政部门制定的具体管理办法执行。

（3）主要内容

①保障对象和责任

中国城乡居民住宅台风洪水巨灾财产损失保险产品的保障对象为城乡居民住宅、门窗屋顶等室内附属设施以及家庭室内财产，在发生台风灾害（由国家气象部门发布的底层中心附近最大平均风速达到32.6米/

秒以上的热带气旋)、洪水灾害(在各省范围内由省级防汛抗旱指挥部启动防汛Ⅳ级或以上应急响应时的山洪暴发、江河泛滥、城市内涝、潮水上岸或倒灌等)及其引发的次生灾害并造成一定损失时,可以获得赔偿。

②保险金额

住宅及室内附属设施的最高保额不超过100万元,城镇住宅最低保额为每户5万元,农村住宅最低保额为每户2万元。住宅及室内附属设施的保险金额按比例分配:住宅墙体及承重结构占保险金额的50%、门窗占保险金额的10%、屋顶占保险金额的20%、室内附属设施占保险金额的20%。家庭室内财产为可选保障,保险金额不超过住宅及室内附属设施保险金额的20%(见图4-3)。

③条款费率

运行初期,以一款中国保险行业协会发布的适用于全国的城乡居民住宅地震保险示范条款为主,可单独作为主险或作为普通家财险的附加险。按照地区风险高低、建筑结构不同、城乡差别拟定差异化的保险费率,并适时调整。

④赔偿处理

由于各地房屋市场价值与重置价值差异较大,运行初期,从简化操作、快速推广的角度出发,产品设计为定值保险。理赔时,以保险金额为准,参照国家地震局、民政部等制定的国家标准,结合各地已开展的农房保险实际做法进行定损,并根据破坏等级分档理赔:破坏等级在Ⅰ~Ⅱ级时,标的基本完好,不予赔偿;破坏等级为Ⅲ级(中等破坏)时,按照保险金额的50%确定损失;破坏等级为Ⅳ级(严重破坏)及Ⅴ级(毁坏)时,按照保险金额的100%确定损失。确定损失后,在保险金额范围内计算赔偿。

中国城乡居民住宅台风洪水巨灾财产损失保险

住宅及室内附属设施的保险金额比例分配:

50% 住宅墙体及承重结构　　20% 屋顶
20% 室内附属设施　　　　　10% 门窗

城镇住宅
最低保额为
每户50000元

住宅及室内附属
设施的最高保额
不超过100万元

家庭室内财产为可
选保障,保险金额
不超过住宅及室内
附属设施保险金额
的20%。

农村住宅
最低保额为
每户20000元

投保方式:可通过中国人保财险App投保,也可通过中国城乡居民住宅地震共同体的部分成员公司营业网点线下投保。另外,共同体成员公司的线上投保渠道也将陆续推出。

图4-3　中国城乡居民住宅台风洪水巨灾财产损失保险产品方案

4.1.6　堤防巨灾保险

堤防保险模式构建起了三道防线,一是调动保险公司汛中参与堤防巡查、堤情监控、堤灾预警的自觉性和积极性,及时消除堤防存在的安全隐患,形成灾害防控"第一道防线";二是将年初全覆盖切块下达的财政支出转化为灾害点保险费的精准支出,可利用快速到位的保险资金对受损堤防进行抢修抢险,对重点环节和薄弱部分进行维修加固,及时消除堤防险情、减轻灾情,形成灾害防控"第二道防线";三是推动保险公司自觉参与堤防信息化及物联网建设,做好日常服务,共同提升汛后堤防风险管理水平,构筑灾害防控"第三道防线"。

2018 年福建省在全国率先开启堤防保险，通过对全省江海堤防投保，将不固定的灾害分散支出转化为可预算安排的固定保险费支出，帮助各级水利部门和水利设施管理单位更加有效应对自然灾害和意外事故，增强防灾针对性和有效性。全省 3300 公里 3 ~ 5 级堤防纳入堤防灾害保险范围，年保费近 3 千万元，每次事故赔偿上限为每县年保费的 18 倍，全年累计赔偿额度为每县总保费的 30 倍。

浙江省在使用保险机制参与沿海城市堤防灾害风险防控上也走在全国前列，台州、温州和宁波也相继出台了堤防保险。2018 年 4 月，浙江温州市水利局与人保财险温州市分公司等两家保险公司共同组成的承保机构签订协议，用千万元保费为温州全市范围内 1234 公里 3 ~ 5 级堤防投保，温州采用了全市统一投保的方式，用"全市一盘棋"来贴补部分重点受灾点，分散灾害风险，即温州全市 11 个县（市、区）和 1 个市级功能区打包为一个招标人，由温州市水利局统一招标后，各级水利部门与对应的保险公司签订协议，投保的堤防设施出险后，每次事故赔偿上限为每县年保费的 20 倍，全年累计赔偿额度为总保费的 30 倍。

4.2　安全生产责任险与城市治理

安全生产责任险的保障范围不仅包括企业从业人员，还包括第三者的人员伤亡和财产损失及相关救援救护、事故鉴定和法律诉讼等费用。具有事故预防和损失赔偿功能，其中事故预防是首要功能。

4.2.1　生命力在于事故预防

我国安责险制度的破冰之旅始于 2006 年。《国务院关于保险业改革发展的若干意见》（国发〔2006〕23 号）明确提出了要大力发展责任保险，健全安全生产保障和突发事件应急机制。自此，安责险制度的试点工作在我国拉开了帷幕。

2009 年，原国家安监总局为了更好地贯彻国发〔2006〕23 号文件精神，发布了《国家安全监管总局关于在高危行业推进安全生产责任保险的指导意见》（安监总政法〔2009〕137 号）；2016 年，《中共中央 国务院关于推进安全生产领域改革发展的意见》（中发〔2016〕32 号）提出"取消安全生产风险抵押金制度，建立健全安责险制度"。为切实保障投保企业及有关人员的合法权益，规范安责险工作，强化事故预防，2017 年，原国家安全监管总局、原保监会和财政部联合颁布了《安全生产责任保险实施办法》（安监总办〔2017〕140 号）。2018 年，中共中央办公厅 国务院办公厅印发《关于推进城市安全发展的意见》，要求"大力实施安责险，突出事故预防功能"。为确保中央有关决策部署及时落地见效，应急管理部在 2019 年制定了《安全生产责任保险事故预防技术服务规范》（以下简称《服务规范》），以行业强制性标准发布实施。

至此，我国安责险制度经历了 13 个春秋，完成了顶层设计，建立了制度体系，为安责险制度的推行发展打下了坚实的理论和实践基础。

安责险制度是我国政府转变职能的体制创新，是社会共治的模式创新，是利用市场机制和社会力量加强企业安全生产综合治理的制度创新。安责险的生命力在于事故预防，在落实《服务规范》的过程中，相关机构、企业、部门应处理好有关方面的关系，使安责险制度真正落到实处，为投保企业安全生产保驾护航。

4.2.2 同担风险，共享效益

《服务规范》充分体现了实施事故预防服务过程中对保险机构和投保企业的双向约束关系。保险机构与投保企业签订保险合同后，实际上两者就形成了风险共担的关系主体。双向约束关系，既是对保险机构和投保企业在事故预防方面各自的强制要求，也是双方风险共担，效益共享，提升企业安全生产综合治理能力的应有之义。

一方面，保险机构必须在拥有足够专业技术能力的基础上，根据投保企业的实际情况，分析风险特征，评估风险危害，寻找企业在安全生产管理中的弱项和短板。明确服务内容，制订技术方案，规范服务流程，建立管理制度，并依据企业的意见和需求，及时改进服务方案，切实做好事故预防服务工作，有效降低企业的安全风险，提高企业安全生产保障能力。另一方面，投保企业必须依据合同内容，全力配合保险机构在安全风险辨识评估、隐患排查治理、应急预案编制和应急演练、安全生产标准化建设以及安全宣传教育培训等方面开展服务工作。通过保险机构和投保企业的密切配合，共创企业安全生产的良好局面，从根本上提高企业安全生产管理能力和水平。投保企业必须端正认识，投保缴保费，并不意味着企业的安全生产就可以高枕无忧了。一切都交给保险公司了，淡漠甚至忘掉了企业应承担的安全生产主体责任。必须明确，在安责险实施过程中，保险机构为企业开展事故预防服务，保险机构和投保企业之间是委托关系，企业不能因为保险机构协助开展事故预防，就可以依赖保险机构而不作为，以保险公司的服务责任替代企业自身的安全生产主体责任。根据《中华人民共和国安全生产法》的规定，投保企业可以委托相关机构为企业的安全生产提供技术、管理服务，只要该机构是依法设立，并依照法律、行政法规和执业准则开展服务，但企业安全生产的主体责任仍由企业承担。

4.2.3　夯实服务，赢得市场

安责险是一种具有公益性质的强制性商业保险，具有在事故预防服务和事故赔偿基础上的市场化特征。保险机构与投保企业间的经济关系，要通过市场机制来调节，通过履行双方合约来维护相互的权利和义务。实施安责险，其核心就体现在事故预防技术服务。安责险要求保险机构必须从保费中提取一定比例的费用为投保企业开展事故预防服务，从而建立起事故预防工作机制，并通过《服务规范》约束保险机构的事故预防服务行为。

保险机构应正确处理好"挣保费"和"保安全"的选择性关系。市场不是靠吆喝、靠兜售就能获得的，靠的是实力、实效。盲目追求保费，单纯以保费的增长来确定保险机构的业绩，罔顾事故预防服务，存在收保费不服务或者多收保费少服务等现象，这既违背了国家建立推行安责险制度的初衷，也违背了市场规律，更是损害了保险机构的自身利益。

保险机构的经济效益要以降低赔付率为根本。保险机构只能以高质量的事故预防技术服务，降低投保企业的事故发生率，才能为保险机构自身赢得效益和声誉，自然也就赢得了市场，而减少赔付则是保险机构尽力提高事故预防服务质量的内生动力。同时，投保企业通过配合保险机构在安全生产诸多方面的事故预防服务，全面加强了企业安全生产管理，既减少了事故发生概率和损失，又降低了企业未来的安责险费率，为企业创造了良好的经济效益和社会效益，而降低事故率正是企业投保安责险，主动配合保险机构开展事故预防工作从外在强制转变为内生需求的动力。

在完善的以服务效果为导向的市场优胜劣汰机制下，保险机构高水平、高质量的事故预防服务必将获得市场的青睐、政府的支持和企业的认可；而水平不高、质量不好、服务缺失的保险机构势必受到市场的冷落甚至被社会淘汰。因而，安责险的市场竞争就将转变为高水平、高质量的服务竞争和品牌竞争，安责险制度的发展进入可持续的良性循环。

4.2.4 多元监督，摒弃短视，共治社会

没有监督的服务难免离弦走板，脱离轨道，这是不争的事实。保险

机构为投保企业提供事故预防服务工作，尽管有国家规范性文件的强制要求，但服务工作究竟做得如何，由谁来检查、监督和评价；从什么渠道，用什么方式方法来监督，以确保保险机构的服务水平和质量，这是值得人们思考的关键问题。在市场经济激烈竞争的条件下，为追求"利润最大化"，不排除保险机构会产生一些不利于事故预防服务的"短视行为"。事实上，有些保险机构在为企业提供事故预防服务过程中也确实存在思想认识不足，着力于兜售保险，调查研究不足，习惯于走马观花，服务深度不足，满足于常规检查等负面现象。能否处理好服务与监督的关系，事关安责险制度的推行与发展。因此，保险机构为投保企业提供的事故预防服务工作必须接受多渠道、全过程的监督。

为提高保险公司对企业提供事故预防服务水平，应急管理部门、银行保险监管机构和相关部门应加强对保险公司服务进行监督，可以要求保险机构每年度向属地相关公共监督部门提交年度评估报告，或通过官方网站等其他公共媒体向社会公布年度评估结果。主要的监督渠道可分为以下几种：一是安责险信息管理平台；二是委托第三方安全生产技术服务机构开展评估；三是对接受事故预防服务的投保企业进行咨询调查和现场考察；四是按照法定职责直接对保险机构进行监管检查。

在上述监督渠道中，安责险信息管理平台是安责险领域最为重要的专业性基础设施、数据基地和信息枢纽，具有基础性、服务性、准公共性的基本特征，是加强安责险监管特别是事故预防服务监管的最有力手段。通过平台，对事故预防技术服务的进展过程、服务内容、服务态度、服务时间、企业配合度和满意度、费用支出情况以及服务效果进行实时动态监督，痕迹化管理，防止监管失控，服务流于形式；通过平台，可为应急管理部门、银行保险监管部门以及第三方专业技术服务机构提供信息进行评估，形成对保险机构提供事故预防服务的多元监督和对企业安全生产多元共治的新格局。一旦发现问题，可及时提醒保险机构予以改正；重大问题或可采取行政及信用管理措施及时整改；若有重大违规违法行为，则应从重从严处理，追究相关责任人的法律责任。

4.2.5 治理灾害风险的源头

把安责险引入企业安全生产管理，是保险行业开展供给侧结构性改革的一项重大突破。它以风险减量管理理念为核心，在提供保险保障的基础上，把企业对保险的需求由事后赔偿扩增至事前预防。以市场化机制推动安全生产风险的源头治理，为投保企业创新性地引入了以保险机构提供的安全教育培训、安全风险评估、事故隐患排查等多种增值服务，并通过强制性标准予以规范，帮助企业提升安全生产风险防范能力和安全管理水平。

《服务规范》的实施不是一蹴而就的，它是一项长期的系统工程，而且《服务规范》本身以及相关的配套措施和政策还需进一步完善。一是要加强对保险机构在事故预防技术服务方面的监督、监管和检查；二是要结合保险公司自评、投保企业评价、第三方机构评估和主管部门考评，探索事故预防技术服务的有效模式；三是要以事故预防服务动态监管为重点，研究制定安责险信息化管理系统建设的标准规范；四是要建立以事故预防技术服务效果为导向的安责险业绩评价机制、业绩激励机制、失信惩戒机制和市场进入和退出机制，切实做好事故预防服务，全面提升以安责险为纽带的安全生产社会化服务效果。

4.3 保险公估参与城市风险评估

4.3.1 保险公估业

保险公估作为保险中介业的重要组成部分与保险产业链的重要环节

之一，以其独立性、客观性、公正性体现其社会价值，以产业分工服务的专业性体现其经济价值。保险公估的产生和发展，深化了保险理赔的专业化程度，提高了对承保前风险的识别、评估、控制等技能，增强了对受损标的的检验、估损的准确性，促进了保险业务和保险市场的良性发展。从国际保险经营现状来看，保险公估人是保险市场上十分活跃的因素。发达国家保险公司理赔业务的 80% 以上由保险公估人完成。保险公估在保险市场中的作用主要体现在以下几个方面：

（1）助推保险市场的快速发展

保险公估人利用自身高智能、高技术、高效率、低成本的优势，为保险市场经营主体牵线搭桥，为保险业发展提供资源，促进保险市场运作的规范化，对保险业的可持续发展起着重要的作用。

（2）协调保险双方的和谐关系

保险公估人站在独立于保险合同关系外的第三方立场，以专业技术和知识为基础，以保险合同为依据，以自身的信誉为保证，对保险事故进行客观查勘、检验、评估和理赔服务，提供具有公正性、权威性的公估报告。可以缓和、消除和化解保险人与被保险人双方为经济损失补偿导致的利益矛盾，减少社会摩擦，促进保险业与保险消费者之间的和谐关系，提高社会运行效率。

（3）解决专业技能的需求矛盾

保险理赔是保险经营的关键环节，它使得保险的经济损失补偿得以最终实现。实践证明，保险公司理赔人员往往偏重于对经济知识的掌握，缺乏对保险标的的精准检验、评估、定损所需的工程技术知识。事实上，保险公司要拥有各个领域的专家、技术人员和设备是不可能的。保险公估机构可以凭借本身所具有的复合型人才、已建立的专家网络系统和拥有的技术资源，处理那些技术难度较大的疑难赔案相对是容易和可行的。复合型的人才、技术和信息优势解决了理赔中的技能供需矛盾。

(4) 提供市场需求的特殊功能

在信息不对称的保险市场中建立保险公估人制度，利用其专业优势为保险关系双方提供信息服务，是加强双方信息沟通，协调保险双方关系，促进保险经济关系良好发展的最佳选择。保险公估人凭借其专业技术和专家网络优势为社会公众提供风险评估、防灾防损等风险管理咨询。这种服务于社会的特殊专业技术优势也是其他保险中介组织难以具备和做到的。

(5) 促使保险业的结构调整

过去三年，全世界人民都感受到了疫情风险对各行各业的重大冲击，气候变化导致的各类极端气候事件也使全人类体验了各类突发事件和灾难，见证了当今风险社会给人类造成的重大灾害风险。

抵御灾害风险，保险公估人始终深度参与其中。秉承"公正营造和谐，专业服务社会"的企业宗旨，保险公估人在各类风险事件的预防和处置中，运用科学有效的风险评估方法，采取高效合理的防灾减损技术，寻求公平公正的补偿理赔方案。他们以专业、务实、公正的态度高效地完成了各类公估任务，最大可能地减少了风险危机，降低了各方损失，化解了社会矛盾，促进了社会和谐。

随着世界经济的快速发展，科学技术水平的持续进步，保险种类日益增多以及城市灾害风险的不断加大，城市风险减量管理难度越来越大，这无疑会对保险公估人提出更高、更严格的技术要求。同时高新技术的发展，电子网络的兴起，各种领域的保险要求会变得越来越复杂。巨灾风险的产生，尖端技术的滞后及复杂多变的环境，使保险人需要更多地依靠保险公估人的帮助。保险公估人拥有的高新技术方法和手段，使保险人承保有了坚实的后盾。同时，城市化建设的高速发展，各类灾难风险的交叉重叠，以及保险业在纵横方向的深度发展，无疑会对保险公估业提出许多新的课题。同时，也赋予保险公估业更高的责任性和更高的期望值。这对保险公估业将是一个严峻的挑战，同时也为保险公估业的发展提供了更为广阔的空间契机。

4.3.2　参与城市灾害风险评估

随着经济社会快速发展，城市化进程不断推进，城市人口密度、建筑密度、经济密度、生命线系统的不断增大，城市灾害风险频繁引发公共安全突发事件，灾害后果日益严重，灾害损失呈指数增长，高速发展的城市普遍面临"致灾因子庞杂、孕灾环境复杂、承灾主体脆弱"的严峻挑战。各类风险日益累积、日趋复杂，城市公共安全面临新的挑战。

历经 30 余年的改革开放，深圳已由昔日的边陲小镇发展成为具有一定国际影响力的新兴现代化城市。多年来，深圳市委、市政府始终高度重视城市灾害风险管理工作，在大力发展经济的同时，积极推动社会建设，加强社会管理，不断健全城市公共安全管理体系，全力保障公众生命财产安全和社会稳定。深圳地处东南沿海，是地域狭小的人口大市、经济大市。迈入新的发展阶段，各种自然与社会的、传统与新兴风险矛盾交织并存，城市公共安全面临的问题依然突出。

2012 年"7·21"北京特大暴雨导致的严重后果引发了城市管理者们对城市公共安全的警觉和思考，同时，也触动了深圳市政府全面排查城市风险、排除风险隐患、编制城市公共安全白皮书的施政决心。2012 年 10 月，深圳启动城市公共安全评估工作。深圳市某保险公估公司凭借庞大的专家阵容与深厚的风险评估经验竞标承担了该项目，首次以风险评估的主力军进入城市重大灾害风险评估领域。

（1）摸底城市灾害风险

在深圳市政府的领导下，保险公估公司与参与单位联合开展深入细致的调研和资料收集工作，对贯穿于城市社会管理、城市运行和发展各个环节的各种潜在的灾害风险进行识别和评估，全面、客观地分析评估城市面临的各类灾害风险以及对灾害风险的承受能力、控制能力和应急准备能力，剖析存在的薄弱环节，针对可能导致重大突发事件的风险，明确提出了加强城市灾害风险防范体系建设的工作目标、指导方针、工作重点以及具体的工作措施和相关保障措施。

（2）提高城市灾害评估及防灾水平

城市重大灾害风险评估是城市公共安全管理的基础，实施该项工作需要厚实的专业知识与丰富的实践经验，保险公估作为服务于众多保险公司的风险评估与损失鉴定的平台，其执业的专业性、资源的集中性、经营的长期性，促使保险公估由保险风险管理向城市灾害风险管理全域递进。保险公估人在保险风险评估的长期实践中不断探索风险的内在规律，为风险管理提供了丰富的经验和科学资料。通过在经营中传播防灾防损技术，提高了社会的防灾水平，使大量的社会财富免遭损失，因此也造就了一大批熟悉各类风险发生变化特点的风险管理技术队伍。

（3）强化事前、事中、事后风险管理

无论是从城市公共安全的角度，或从保险承保的角度，都可将风险管理分成三个阶段，一是事前的灾害风险评估；二是事中的灾害风险管理；三是事后的灾害损失分析。

①灾害风险评估

风险评估是风险管理的第一道防线。开展城市重大灾害风险评估，是我国城市对接世界先进城市公共安全管理大趋势的主动作为。随着经济全球化和互联网时代的到来，人类社会已进入了高风险时期，城市更是处于"风险胶囊"之中。世界先进城市，如英国伦敦、日本东京、美国纽约等国际化大都市，它们结合各自的市情，建立了各具特色的城市风险评估体系，且其常态运作效用显著。将风险评估纳入政府管理职能体系并作为风险管理的第一道防线和核心分析框架，已成为全球共识。

目前，我国城市建设正朝着"安全发展示范城市"这一目标努力，然而，城市公共安全领域仍存在着诸多不安全的因素，屡屡发生重大灾害事件。这些事件暴露了在城市灾害风险评估上存在的诸多问题。开展城市重大灾害风险评估，正是基于对风险评估发展趋势的前瞻预判，因势而谋，顺势而为。

城市灾害风险评估一般可分为四类。一是专项风险评估，如社区灾害风险评估、安全生产领域灾害风险评估等；二是大型公共活动风险评估；三是重大工程、重大决策和重大事项风险评估；四是城市全区域全类别的风险评估，比如深圳市在 2012 年 10 月启动了全市公共安全风险评估，成为我国最早开展城市公共安全风险评估的地区。

将保险纳入国家治理体系，让保险公估人参与城市灾害风险评估就是为城市公共安全守门把关。保险公估的风险分析涉及包括电厂电站、电子设备制造业（印刷线路板 PCB 制程）、半导体、冶金、石油化工、电池、造纸、竹木制品、易燃易爆产品制造业、油气输送等行业。在大量的公估实践中，保险公估人对灾害的风险因子、致灾环境有着深刻的认识和剖析，丰富的风险识别的经验使其在城市重大灾害风险评估中具有得天独厚之优势，能够为城市风险减量管理提出更切实际、更高效率的措施建议，从而提高防灾防损的技术水平。如深圳某保险公估集团公司近些年参与众多的城市灾害风险评估，涉及洪涝、台风、山体滑坡等自然灾害及火灾、爆炸等事故灾害诸多领域。

②灾害风险管理

灾害风险评估只是一种管理手段，其目的和价值在于不仅要发现风险，还要建立风险减量管理机制，制定风险减缓的决策和措施，有效控制、化解风险，以防评估后的防范化解和动态跟踪等工作难以有效落实。灾害风险管理是在风险评估的基础上对现有风险有效处置的方法和手段，主要包括风险保留、风险转移、风险降低、风险规避。

根据风险等级，还可采取不同的策略，"一风险一策略"或多措并举，实现风险的标本兼治。具体内容包括风险跟踪监测、防灾减损技术应用、安全教育和技术培训、隐患排查和治理、安全生产标准化建设、应急预案编制与演练以及为城市公共安全领域提供防灾减灾技术咨询与培训服务和为互联网、大数据、云计算及相关技术开发提供技术转让、技术咨询与技术服务等。

由于物联网具有获取信息、传送信息、处理信息以及施效信息等强大功能，作为一种高效的风险管理技术手段，物联网技术已广泛应用于电网、铁路、桥梁、隧道、公路、建筑、供水系统、大坝、油气管道以及企业、社会公共场所等领域。比如，深圳某保险公估公司在为广东省东莞市部分高风险企业，如家具厂、粮食加工厂、烟草加工、服装加工、烟花爆竹、化工企业以及锂电池行业等，提供安责险事故预防技术服务过程中，就使用了烟雾报警器、温感报警器、气体浓度测量仪、粉尘浓度监测仪、水位监测器等，既取得了良好的风险监测效果，又激发了许多企业投保安责险的积极性。同时，该公估公司通过科技赋能，建立了"专业化+信息化+科技化"的风险管理模式，实现了对灾害风险的全过程管理，打造了一站式风险控制管理平台。

③灾害损失分析

灾害事件发生后，必须全面分析灾害的致灾过程，评估灾害所造成的损失，让人类从灾害中吸取血的教训，以便更好地应对以后还可能发生的地震、山洪、泥石流、台风、暴雨等各种自然灾害，以及企业的生产安全事故灾难。同时，为灾害救助、损失赔偿、恢复重建等善后工作提供重要的决策依据。

自2012年以来，主持参与了城市众多的重大灾害事件损失评估工作，范围包括自然灾害类的洪涝、台风、山体滑坡、地震、冰冻等灾害，以及事故灾难类的火灾、爆炸、建筑物坍塌等。如2021年，大连凯旋国际大厦"8·27"火灾事故；2020年，浙江海盐"7·9"填埋场技改项目爆炸事故；2019年，江苏响水天嘉宜化工有限公司"3·21"特别重大爆炸事故；2017年，山东潍坊"5·20"鞋城灯具城火灾事故；2015年，天津港"8·12"瑞海公司危险品仓库特别重大火灾爆炸事故；2013年，山东青岛"11·22"中石化东黄输油管道泄漏爆炸特别重大事故等。

4.3.3 城市防洪与防海浪、海啸灾害

（1）项目概况

深圳市是我国改革开放的前沿和人口密度最高、经济最发达的四大核心城市之一，由于地处水循环极其活跃的华南湿润气候区，伴随着气候变化和快速城市化的影响，本地区台风、暴雨、风暴潮等自然灾害事件频发，城市洪涝风险日益增大。主要灾害风险体现在以下几个方面：

①地势低洼。由于地势低洼，一旦遭遇超标准洪水和暴雨，常造成河道护岸坍塌或排水能力不足，引起洪水灾害或城市内涝。

②台风频繁登陆。台风伴随的海浪灾害破坏海堤防御系统会导致漫堤、溃堤的危险，严重危及沿海地区的经济发展和人民生活安全。

随着全球气候变化的影响，海平面上升以及自然灾害致灾因子的影响强度不断增大。若不及时采取相应的防灾减灾措施，在经济密度、人口密度如此之大的城市容量下，人民群众的生命财产安全、城市的经济发展和社会和谐稳定等都将面临重大灾害风险的影响。

民太安公估通过研究全面识别深圳市引发水库溃坝、河道漫堤、海浪灾害、海啸灾害的风险源，分析薄弱环节、存在问题与风险隐患，对各类风险事件进行区划分级，绘制风险等级地图。在上述工作的基础上，提出改进措施和建议，为逐步建立与完善深圳市重大灾害风险管理体系提供了科学依据和决策参考。

（2）风险评估方法

项目根据系统性原则、动态性原则和科学性原则，按照《风险管

理——风险评估技术》（GB/T 27921—2011）、《风险管理原则与实施指南》（GB/T 24353—2009）和《自然灾害风险管理基本术语》的要求开展研究。项目分为三个阶段。

第一阶段：风险识别。用感知、判断或归类等方式对现实或潜在的自然灾害风险进行鉴别。

第二阶段：风险评估。对可能发生的自然灾害及其造成的后果进行评定和估计。

第三阶段：风险治理。针对不同类型、不同规模、不同概率的灾害风险，采取相应的对策、措施或方法，降低自然灾害损失及其影响。如图 4－4 所示。

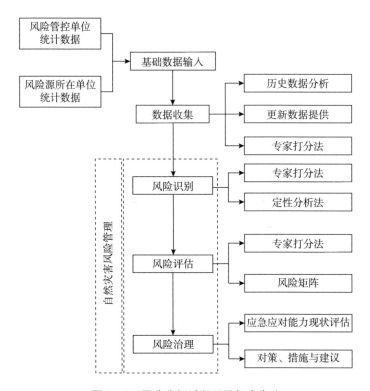

图 4－4　风险分析过程以及相应方法

　　根据评估目的和资料情况,本次灾害风险评估采用加权综合评价、专家打分和风险矩阵等模型和方法进行识别、分析和评价,并基于 GIS 技术平台对评估成果进行展示、查询和管理。

(3) 风险评估结论

①水库溃坝、河道漫堤

　　深圳市水库溃坝风险等级无极高、高风险级别。溃坝风险评估为中等、低等级的水库主要集中在深圳市的龙岗区、龙华区、光明新区、坪山区和大鹏新区。福田区、罗湖区、南山区、宝安区、盐田区本身水库数量不多,但仍然有中等风险等级的水库。总体而言,深圳市超标准水库溃坝的可能性等级为低等级,但综合可能造成的社会经济损失,部分水库风险等级为中等等级。

　　深圳市河道漫堤风险无极高风险以及高风险等级。大多数河道漫堤的风险均为中等,包括深圳河流域,观澜河流域、龙岗河流域、西部沿海流域、东部沿海流域,这些流域的影响区域分布在全市各区。因此,深圳市洪水风险水平为最低合理可行区域,需要进一步采取措施降低风险。

图 4-5　由台风、暴雨、风暴潮引起的城市洪涝灾害示意图例

②海啸、海浪风险

深圳市海啸灾害与海浪灾害无极高风险与高风险等级区域。除内陆地区外，沿海各区的风险等级均为中级或低级。其中，海啸灾害暴露区域主要为东部大鹏湾岸段的西侧，盐田集装箱港岸段起至东侧南澳镇与东部大亚湾岸段西侧的坝光盐灶至东涌近海道路。因此，深圳市大鹏新区的海啸风险等级为中等，其余沿海各区风险等级均为低级。

深圳市海浪灾害事件时有发生，除福田区，其他沿海各区总体风险等级均为中等。但空间上各区域防御海浪能力有较大差异，部分岸段可抵御 100 年一遇以上的海浪灾害，而部分岸段则相对脆弱。需要重点关注深圳机场岸段西海堤福永岸段，深圳湾重点保护岸段为蛇口码头邻近岸段，大鹏湾重点保护岸段为盐田港邻近岸段和大、小梅沙岸段及大亚湾核电站邻近岸段。

深圳市洪水风险与海洋风险风险点（区）以及影响对象的情况见表 4-3。

表4-3　深圳市洪水风险与海洋风险风险点（区）以及影响对象

灾害种类	风险点（区）	影响对象
水库溃坝	设计标准较低并且影响区域的社会经济较为发达的水库	下游房屋、建筑、公共场所、建设工程场地、交通、车辆、水电气等基础设施以及居民的生命安全
河道漫堤	各河流流域的支流（特别是茅洲河流域、观澜河流域、龙岗河流域，详见附录1）	
海浪	西海堤福永岸段，蛇口码头邻近岸段，盐田港邻近岸段和大、小梅沙岸段、大亚湾核电站邻近岸段	沿海基础设施，滨海地区的生产、生活设施，沿海地区居民以及自然生态环境
海啸	深圳东部大鹏湾、大亚湾岸段	

（4）风险管理措施

①水库溃坝、河道漫堤

加强水库达标建设，定期开展病险水库摸查工作，针对问题水库进行除险加固，有效降低水库风险；加快防洪不达标河道的防洪治理，继续开展界河段整治工程，疏浚行洪通道，增大行洪断面，拆除、改造阻水建筑物、提高河道行洪安全度；加强堤防的日常巡查，对险工险段、河流顶冲段重点巡视，及时发现问题，进行修复加固，消除隐患。

②海啸、海浪风险

对缺少海堤堤防的岸段进行新建，加高加固已有堤防工程，提高海浪、海啸灾害防御能力；加强海洋观测能力和海浪、海啸灾害预警预报能力；对沿海重大工程进行精细化风险评估和区划；根据评估结果设立撤退指示标识，编制避险撤退图谱。

（5）前海—蛇口自贸区风险评估

①项目概况

2015 年 4 月 27 日，中国（广东）自由贸易试验区深圳前海蛇口片区正式揭牌。该自贸区借助深圳市场化、法治化和国际化的优势与经验，发挥 21 世纪海上丝绸之路战略支点作用，整合深港两地资源，集聚全球高端要素，重点发展金融、现代物流、信息服务、科技服务及专业服务、港口服务、航运服务和其他战略性新兴服务业，推进深港经济融合发展，打造亚太地区重要生产性服务业中心、世界服务贸易重要基地和国际性枢纽港。

前海蛇口自贸区作为南山区"十三五"时期战略发展的重要助力引擎，该片区面积较大，填海区土体松软易沉降，大南山坡麓存在危险边坡，港口客运货运量大，人员、科技、资本、货物、信息等要素呈现高度聚集且流动性大，区域公共安全风险动态化管控难度大，开展重大灾害风险评估存在必要性。

结合南山区实际，针对前海蛇口自贸区开展重大灾害风险评估工作，深化分区域、分行业风险评估工作，部署"十三五"时期区域城市灾害风险防范体系和突发事件应急保障体系建设，具有十分重要的战略意义。

②评估目标和范围

·南山区前海蛇口自贸区重大灾害风险评估工作，旨在全面系统地排查前海蛇口自贸区内存在的公共安全风险隐患点，科学分析风险发生的可能性与后果，综合考虑风险承受能力和控制能力，评定风险等级。风险评估有助于相关片区统筹城市公共安全与产业、城市布局、基础设施（生命线）的协调发展，为相关片区今后一段时间的公共安全风险防控体系建设提供参考依据。

本次评估对象为中国（广东）自由贸易试验区深圳前海蛇口片区，如图 4-6 所示。区规划面积 28.2 平方公里，分为前海区块（15 平方公里，含前海湾保税港区 3.71 平方公里）和蛇口区块（13.2 平方公里）。

图 4-6　中国（广东）自由贸易试验区深圳前海蛇口片区布局图

③评估流程和方法

风险评估流程由前期准备、风险辨识、风险分析、风险评价、形成风险评估报告、反馈与更新等步骤组成。本次针对前海蛇口自由贸易片区的城市灾害风险评估采用图4-7的技术路线。为确保风险评估工作有效，应根据评估结果，有针对性地进行风险处置。

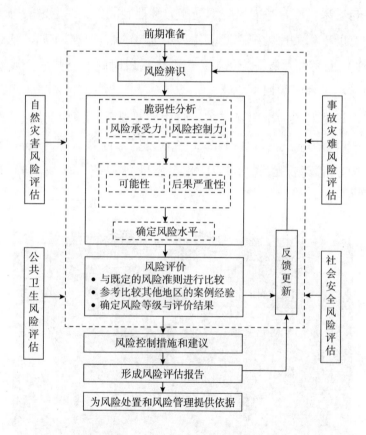

图4-7　城市灾害风险评估技术路线

本研究采用区域灾害系统风险演化论从整体上把握前海蛇口自贸区的灾害风险。区域灾害系统论原先主要用于描述和分析区域自然灾害的演化发展规律。区域灾害系统演化过程如图4-8所示。

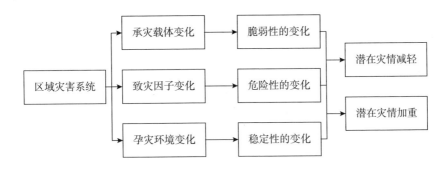

图4-8　区域灾害系统演化过程

针对区域公共安全危险源，基于区域灾害系统风险演化机理，从致灾因子危险性、承灾载体脆弱性、孕灾环境不稳定性等角度进行分类剖析，系统梳理风险隐患在灾害演化过程中表现出的特征要素及风险点。根据风险分析过程中推断出的事件发生的可能性以及后果严重性，采用风险矩阵法，确定风险等级。《中华人民共和国突发事件应对法》一般将风险等级划分为低、中、高、极高4等级别，见表4-4。

表4-4　风险矩阵——风险等级

风险等级		后果				
		影响特别重大（1）	影响重大（2）	影响较大（3）	影响一般（4）	影响很小（5）
可能性	极有可能发生 I					
	很可能发生 II					
	可能发生 III					
	较不可能发生 IV					
	基本不可能发生 V					
图例：	■ 极高风险（红）		■ 高风险（橙）		中风险（黄）	低风险（蓝）

确定风险评价结果，主要采用安全工程领域的"最低合理可行"ALARP法。这种风险可容忍性的概念如图4-9所示。

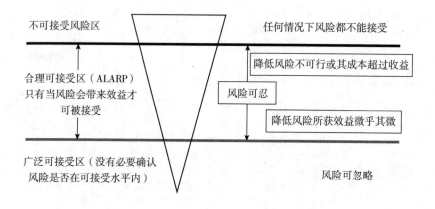

图4-9 风险可容忍性框架和 ALARP 准则

④评估结论及建议

a. 风险特征

从南山区前海蛇口自贸区综合公共安全风险评估结果中可以看出，自贸区整体风险水平中等，可控可防。前海蛇口自贸区存在 11 项高风险（台风、暴雨、危险化学品、斜坡边坡类、地面沉降、建筑施工安全、粉尘爆炸、燃气工程运行安全、交通安全事故、火灾事故和群体性事件），15 项中等风险（雷电、海水入侵、洪涝灾害、森林火灾、有限空间作业、人群拥挤踩踏事故、地面坍塌、传染病疫情、职业病、重大动植物检疫、重要人畜共患、网络舆情事件、市场供应突发事件、严重暴力犯罪、恐怖袭击）和 2 项低风险（重大医源性感染事件、食品安全事件/食源性疾病）。根据 ALARP 准则，再结合前海蛇口自贸区自身情况中、高风险属于尽可能合理降低的风险，保持已有的安全措施的同时，可再采取相关措施降低风险；低风险属于广泛可接受区，有必要维持现有措施以保持低风险。

从空间分布上来看，前海片区当前及未来主要面临八大高风险类别：危险化学品（仓储、公路运输及油气管线）、台风风暴潮、暴雨、建筑施工安全、燃气工程运行安全、交通安全事故（交通枢纽）、火灾事故（高层建筑）以及群体性事件。蛇口片区当前及未来主要面临九大高风险类别：危险化学品（仓储、公路运输及油气管线）、台风风暴潮、暴雨、粉尘爆炸、斜坡边坡地质灾害（40～80m 高程）、建筑施工安全、交通安全事故、火灾事故（高层建筑）和群体性事件。

从时间上来看：1）7～10 月为台风风暴潮气象灾害重点防范期；2）4～9 月为蛇口—赤湾南山坡麓片区暴雨气象灾害和斜坡边坡类地质灾害重点防范期；3）5～9 月为前海蛇口自贸区高温月份（平均气温高于 25℃），高温环境下更容易引发森林火灾、火灾事故、危险化学品爆炸、粉尘爆炸、有限空间作业等灾害。

b. 风险挑战

第一，危险化学品仍然是自贸片区很大的风险因素。前海蛇口片区共有港口危险货物仓储企业 7 家，其中危险货物集装箱堆存 2 家（4 个危险货物堆场，堆存能力 1246 个 TEU，集装箱吞吐量 5.69 万，占整个深圳港 80%），液体危险货物仓储 5 家（113 个储罐，总罐容 36.71 万立方米）；危险货物作业及仓储企业 9 家（月亮湾油料码头、赤湾石油基地）；经营码头及仓储的企业 13 家（海星、赤湾港航港务本部、招商港务、蛇口客运码头等）。

危险化学品主要分布在前海妈湾片区、蛇口赤湾片区、港口片区。推动广聚亿升、嘉实多公司的关停搬迁工作，启动中石油妈湾油库、中石化妈湾油库、中海油一湾油库搬迁选址工作，推动蛇口自贸区设施提前退租工作，推动 LNG 超高压天然气管线降压工作等都是前海蛇口自贸区公共安全风险防控的当务之急，同时也是前海蛇口自贸区向国际化港城迈进必须要走的一步。

第二，斜坡边坡类地质灾害风险形势仍然不容乐观。斜坡边坡类地质灾害隐患点位、不可控因素之多，使得蛇口—赤湾南山坡麓片区斜坡边坡类地质灾害成为自贸片区的重点防控对象。此外前海蛇口自贸区为港城，同时还面临暴雨、台风风暴潮等的灾害风险，暴雨、台风风暴潮带来的斜坡边坡地质灾害的影响将会更为突出。全年中 4 月到 9 月是斜坡边坡类地质灾害重点监控时段，此外还需要加强日常监测监控加固、健全群测群防体系以及加强宣传培训工作。

第三，高层建筑火灾风险日益突出。按照《中国（广东）自由贸易试验区深圳前海蛇口片区综合发展规划》，前海蛇口自贸片区的定位为高层建筑群。前海片区的三个消防站均规划在高层建筑区，蛇口片区共规划四个消防站，蛇口园区两个，蛇口港区两个。从整体布局来看，消防站空间规划合理，考虑了建筑高度及空间分布情况。但是由于前海蛇口自贸区的战略定位，以及现在高层建筑消防应急技术水平不足，前海蛇口自贸区高层建筑的消防安全将是很值得关注的灾害风险。

第四，粮食粉尘爆炸问题。前海蛇口自贸区范围内有深圳赤湾港航股份有限公司、深圳南海粮食工业有限公司、蛇口南顺面粉有限公司、深圳南天油粕工业有限公司、招商港务（深圳）有限公司等涉爆企业。粮食粉尘爆炸危险性极高，粉尘爆炸影响因素众多，推动粉尘涉爆企业的粉尘浓度自动化监测以及预警系统有助于更好地防范片区粮食粉尘爆炸的事故灾难。

第五，台风风暴潮气象灾害风险不可忽略。前海蛇口自贸区虽然有香港及大铲湾等的天然地理屏障，但仍然非常有可能经受热带气旋（台风风暴潮）的灾害风险。历史上 2003 年台风"杜鹃"就横扫南山区经过前海蛇口自贸区，桂湾片区的高密度建筑以及高人群密度，港口片区的高经济密度及易脆弱性的特点，使其受台风风暴潮受灾的影响更为严重。台风风暴潮受地形影响突出，前海片区为填海片区而蛇口片区根据规划也将会实施填海工程，大量高层建筑正拔地而起，有必要设立专项对该片区的台风风暴潮开展动态灾害风险评估。

第六，地面沉降常规监测网络仍需要进一步健全。前海基础设施轨道交通类共规划了10条轨道线路，总计里程长度约31公里，设车站20座。地铁建设过程中由于大量抽取地下水，导致地下水位下降，较之之前的地下水压力不平衡，从而导致地面缓慢沉降。尤其是地铁沿线地面沉降较为严重，甚至发生地面坍塌。由于填海造陆区，存在着大面积未经固结的淤泥质土和回填土等软弱土层，软弱土层在自然固结及开挖、降水等周边环境变化的影响下，均会出现不同程度的地面沉降现象。

（6）对策建议

突发事件的发生，就在于它的突发性、不确定性，往往小概率事件会造成非常惨重的损失，因此，南山区今后应就以下方面完善公共安全体系，尽可能减小突发事件对城市经济社会造成的影响。

①进一步完善应急预案体系建设

结合突发公共事件的调查，明确管理对象，对潜在危机和风险进行分析预测，修订完善各类区级应急预案。推动预案建设向社区、企业、学校等基层单位和重点部位延伸。加强预案的协同管理，明确操作规程，制定操作手册，建立预案修订、备案、评审、升级与更新制度。增强预案的针对性、操作性和实用性。

②建立健全综合应急管理体制

完善区级应急管理机构。通过南山区突发事件应急委员会和相应突发事件专业应急机构协调工作机制，进一步加强对全区预防和应对突发公共事件的规划、组织、协调、指导、检查和统一领导。不断增强区应急管理办公室对各类突发公共事件的综合协调和应对工作能力，同时也不放松区专项应急指挥机构建设。不断提高应急预案制订和演练水平，加强应对突发公共事件能力建设，强化宣教培训、信息管理、应急救援队伍建设等各项工作。

③加强应急工作机制建设

从预测预警机制、信息报告机制、应急决策和处置机制、信息发布机制、社会动员机制、恢复重建机制、调查评估机制建设等完善突发事件处理的各个环节。

④加强预测预警系统建设

进一步加强基础测绘工作，编制区级以及重点区域的自然灾害风险图和主要疫病疫情风险图。认真做好风险排查、分析、建档工作，建立自然灾害、重大事故隐患普查和重大危险源、社会安全隐患、重要传染病传染源、疫病疫源地等数据库。利用现代科技手段（GIS、RS、GPS等），建立较完整的灾害监测网络体系，提高各类自然灾害预测预警设备的集成化程度，促进灾害综合预测预警系统的建立。

⑤加强应急队伍的建设和管理

对各部门应急队伍的基本情况进行普查，建立基础数据库和调动方案。加强公安、消防、医护等应急救援专业队伍的力量，完善各类应急救援专业队伍的管理机制。合理规划应急队伍的布局，提高应急救援的覆盖面。从硬件设备和软件培训两方面加快形成具有高素质、高水平的各类应急救援专业队，不断提高应对突发公共事件的能力。

⑥加强应急物资保障系统建设

加强对储备物资的动态管理，完善重要应急物资的监管、生产、储备、调拨和紧急配送体系，有效满足处置突发事件的需要，确保自然灾害发生 24 小时之内，受灾群众得到食物、饮用水、衣物、医疗卫生救援、临时住所等方面的基本生活救助。合理规划建设重要应急物资储备库，按照分级负责的原则，加强南山区应急物资储备库建设。

⑦加强应急通信保障系统建设

通信保障实行分级负责制，按照"统一指挥，严密组织、密切协同，快速反应、保障有力"的原则进行。建立完善各级、各类应急管理和指挥机构通信网络，为各级应急指挥机构和应急队伍配备适用的通信装备，形成公用与专用、保密与非保密相结合的应急通信保障网络体系。

⑧加强恢复重建能力建设

加强水、电、气、交通和通信等城市生命线工程恢复能力建设，及时开展破坏情况调查和快速抢修。加强废弃物、污染物的清理和无害化处理能力建设，配备相应的工程装备和移动式无害化处理设备。

建立恢复重建标准和灾情评估机制，制定灾情评估标准体系，规范灾情评估程序、内容和方法，制定恢复重建规划，为后续恢复重建打下基础。

⑨加强科技支撑体系建设

根据应急管理科研发展的现状和需要，在原有基础和加速国家公共安全与应急技术支撑机构建设的基础上，加强应急管理科研基地、公共安全应急技术与装备研发基地、公共安全技术标准及测试基地、相关的大型软件系统研发、突发公共事件应急过程中的应急平台关键技术研发等科技支撑硬件系统的建设。建立以项目立项形式进行公共安全和应急管理基础研究和关键技术的研发，推动建设公共安全学科体系建设和人才培养体系，为灾害防御和控制提供理论基础。

⑩加强宣传教育和培训演练体系建设

进一步构建各级各类宣传教育平台，形成政府、社区、企业、学校有机结合的安全宣传教育体系。区政府根据地区特点，编发形式多样的公共安全知识读物或制品，建设应急管理宣传教育网站，开展公共安全主题宣传日（周、月）活动，强化公众的防灾意识，促进公共安全文化的形成。广泛开展基层应急演练活动以及初级救护培训工作，提高公众紧急避险和自救互救能力。

建立新闻媒体与应急机构联系机制，加强报纸、广播、电视、网站、手机等各类媒体对应急知识的宣传普及。实现突发公共事件预警预报、现场实况、灾难救援、应急知识普及教育等信息的全天时全天候播报。

　　多年以来，中国保险业始终积极响应国家和人民重大关切，通过提高自身科技水平，创新具有中国特色的巨灾保险制度、产品、模式，积极参与到城市治理当中，专注于提高民生福祉，构建平安、幸福、安全的生活环境，提高社会抵御大灾风险的能力。

5 城市治理面临的风险与挑战

5.1 城市风险分类

5.1.1 按照风险的来源分类

我国学者按照风险的来源把城市风险分为社会、经济、政治、文化、资源、生态环境、科技、信息八个方面[1]。

（1）社会风险包括公共设施、公共安全、公共卫生、食品安全、药品安全、养老等方面；

（2）经济风险包括经济增长、就业、对外经济、政府经济、产业结构等方面；

（3）政治风险包括社会冲突、社会经济特征、地方政府公信度等方面；

（4）文化风险包括物质文化、传统文化、制度文化、精神文化、文化开放度等方面；

（5）资源风险包括自然资源、人力资源、文化资源、信用资源、物质资源、社会资源等方面；

---

[1] 刘畅，徐映梅（2017）。

（6）生态环境风险包括空气环境、水环境、土壤环境等方面；

（7）科技风险包括科技投入产出、人员素质、高新技术产业、科技研发等方面；

（8）信息风险包括信息泄露、信息法规、信息管理、信息技术等方面。

5.1.2　按照城市系统的层次分类

有学者根据城市系统的层次将城市风险可分为生态本底、物质资源、经济运行、社会组织四个层面。

生态本底（自然层次）的风险。生态本底层面的风险主要是指在城市发展的进程中由于环境污染、生态破坏而引发的风险，包括环境质量因素、生态失衡因素、自然灾害因素等。

物质资源（基础层次）的风险。物质资源层面主要是指城市中的能源、粮食、交通、网络、通信等，这些是城市正常运转的基本保证，主要涉及基础设施因素、公共交通因素、能源安全因素、粮食保障因素等。

经济运行（发展层次）的风险。经济运行层面主要是考察当地的经济运行态势及经济发展趋势，从发展动力层面考量城市的可持续发展程度，涉及经济扰动因素、金融市场因素、产业结构因素、就业收入因素。

社会组织（主体层次）的风险。社会组织层面主要是指反映城市利益主体的政府、社区、居民和其他组织存在着的不稳定、不确定状态，并且可能带来的社会失序和社会危害，主要包括人口增长因素、组织制度因素、卫生安全因素、社会治安因素等。

5.2　重大风险识别

参考国内外专家和机构关于城市风险的分类，基于政府工作报告公布的情况，按照风险的来源把城市风险分为社会、经济、政治、文化、资源、生态环境、科技、信息八个方面。

按照重大风险识别步骤进行重大风险识别。

一是梳理风险点。梳理出 133 个风险点（详见表 5 - 1）。

二是专家评估。主要采用德尔菲法，对于第一步梳理出的 133 个风险点，征求 10 位来自业界和高校的专家意见，以获取专家对城市风险评价的集体判断。

以小型会议方式进行，讨论进行了两轮。第一轮是征求专家对于 133 个风险点的意见，进行汇总整理，专家一致同意把上述风险作为主要的风险。第二轮是对风险进行评估，对风险发生的频率、损失程度分别按 5 分制打分，二者之积为总分。反复几轮后，专家们对城市风险的意见渐趋一致，作出最终评估结论（详见表 5 - 1）。

表 5 - 1　梳理出风险点及相关内容

风险八大类	风险分类	风险条目	细分风险点	内容描述	发生频率	危险强度	备注
社会风险	公共设施	城市规划不合理的风险	规划风险	城市规划未能充分考虑现有条件和未来发展的风险	1	4	
		建筑设施施工风险	施工风险	公路、桥梁等公共设施和建筑施工中，产生的工程事故和各类人员、财产损失	3	3	

续表

风险 八大类	风险 分类	风险条目	细分风险点	内容描述	发生 频率	危险 强度	备注
社会 风险	公共 设施	倒塌、 掉落风险	广告牌、装饰 品等临街建筑 附属物风险	广告牌、装饰品等临街建筑附属物 在大风等恶劣天气或其他情景，倒 塌、掉落而造成人员或财产损失	3	4	
		地下管网 风险	施工风险	施工中意外事故造成的人员及财 产损失	4	3	
			破损和维护 风险	日常运营中因地质等意外事件或 质量等安全事故造成破裂、油气 泄漏等事故，引发的人员、经济 和社会损失	2	3	
		电梯风险	电梯坠落造 成的人员伤 亡风险	老旧电梯因年久失修或安全质量 问题产生意外事故，造成乘坐人 的人身伤亡风险	2	4	
		交通风险	交通事故风险	在日常交通和重大活动中因交通 事故等意外事件造成的身体损失 风险	4	3	
				快递小哥因交通事故等意外事件 造成的身体损失风险	4	4	
			轨道交通停 运风险	因故障导致轨道交通突然停运导 致的财产损失和可能发生的人员 受惊甚至受伤	4	2	
			网约车事故 风险	网约车等新型交通出行方式在交 通事故中造成的难以落实责任的 人员和财产损失	4	2	
			交通拥堵风险	因人口过多、突发交通事故而导 致交通高峰期交通大规模拥堵的 风险	5	2	

续表

风险八大类	风险分类	风险条目	细分风险点	内容描述	发生频率	危险强度	备注
社会风险	公共安全	火灾风险	山火风险	森林绿地遭受火灾造成损失的风险	1	4	
			营业场所火灾风险	使用液化石油气罐的餐饮经营企业、互联网上网服务营业场所、影剧院等行业涉及的风险	1	4	
			因居民燃气意外造成的火灾风险	居民燃气等非商业、工业设施燃烧、爆炸产生人员财产损失的风险	2	3	
		校园风险	食品安全风险	因变质等原因造成校园食品安全事故，损害学校师生身体健康的风险	1	4	
			体育活动风险	在体育课和课间活动等校内时间，学生进行体育活动时因意外造成的身体健康损伤	3	2	
			群体校外活动风险	在春游、社会实践等课外集体活动中，学生因意外产生的身体健康损伤	3	2	
			暴恐风险	恐怖分子或社会极端人员采取无差别袭击等方式对学生进行袭击的风险	1	5	
			踩踏事故风险	爆发踩踏事故造成大规模人员伤亡的风险	2	4	
		工程质量风险	房屋倒塌风险	因地质、大型火灾等事故导致的房屋倒塌风险	1	4	
			房屋损毁风险	因建筑工程质量潜在缺陷而导致的人员、财产损失和责任风险	2	5	
			管道破裂风险	房屋内水电气管道破裂造成的火灾、水灾、漏电、漏气和其衍生的人员财产损失	3	2	
			地面沉降风险	因地面沉降而造成的房屋楼壳变形风险	1	4	

141

续表

风险八大类	风险分类	风险条目	细分风险点	内容描述	发生频率	危险强度	备注
社会风险	公共安全	核风险	核事故风险	核事故带来的人员伤亡、财产损失	1	5	
		停电风险	电力中断风险	停电带来的人员伤亡、财产损失	3	2	
		农房风险	房屋意外损毁的风险	地震等自然灾害和火灾爆炸等意外事故导致的农村房屋和财产损失	2	2	
			农房年久失修的风险	农房年久失修自然倒塌造成人员和财产损失的风险	1	3	
			家庭财产的风险	家庭财产、大牲畜、现金贵重首饰、果木及成材树木等因失窃或其他原因的损失	3	1	
			房屋施工的风险	在农村房屋建筑、装修和维修的施工过程中，因意外产生的工程风险和人员财物损失	3	1	
		社会治安风险	盗抢风险	偷盗、抢劫、恶意破坏带来的财产和人员损失	3	2	
			精神病人肇事肇祸风险	精神病人肇事肇祸带来的财产和人员损失	1	2	
		公共场所安全风险	踩踏风险	在日常交通和重大活动中因人流踩踏等意外事件造成的身体损失风险	1	4	
		重大赛事风险	踩踏事故风险	爆发踩踏事故造成大规模人员伤亡的风险	2	5	
			恐怖袭击风险	开幕式、重要比赛场次遭受恐怖袭击的风险	2	5	
			交通瘫痪风险	因人流过大、交通事故导致的交通系统负荷过大，运行不畅的风险	2	3	
			重大工程施工风险	场馆等建筑施工中，产生的工程事故和各类人员、财产损失	1	3	

续表

风险八大类	风险分类	风险条目	细分风险点	内容描述	发生频率	危险强度	备注
社会风险	公共卫生	援外防疫人员感染风险	在国外传染病暴发区域感染疾病	援外防疫人员属于高危人群	1	4	
		重大传染病风险	管理控制风险	市域内暴发重大传染性疾病的风险，以及其导致的市民身体健康损失和社会经济损失	3	5	
	食品安全	食品生产加工风险	生产加工风险	食品生产安全事故带来的消费者人身伤害或财产损失	3	2	
		食品原材料风险	原材料安全风险（80%的外地食材）	农药等化学物质残留于食材、食品添加剂不合格或受污染等原因导致的人员和财产损失	3	5	
	药品安全	运输保存风险	疫苗、药品运输保存风险	疫苗等易变质药品在运输和储存中，因温度、光照或外部动力导致的药效消退或副作用，以及失效后疾病发展的新损伤的风险	2	4	
	养老保障	老龄化风险	老龄化风险及其衍生风险	社会面临未富先老的现状，存在社会化的及其衍生风险	3	3	
			老年护理风险	老年人享受机构和家庭护理服务的需求无法获得满足的风险	4	4	
		养老金不足风险	市民生活下降风险	因保险金额度较低、替代率不足，导致退休后市民收入水平大幅度下降的风险	2	3	
			养老基金偿付风险	养老基金偿付压力大，长时间不可持续的风险	1	4	
		养老机构与体系风险	养老基金统筹风险	地方养老基金和财政偿付能力不足，无法从中央获得充足调剂的风险	1	3	
			养老机构供给主体发展不充分	养老机构数量少、提供服务差，无法满足社会需求的风险	2	3	

续表

风险八大类	风险分类	风险条目	细分风险点	内容描述	发生频率	危险强度	备注
社会风险	养老保障	养老机构与体系风险	养老院床位不足	医院及养老机构提供的护理床位不足的风险	2	3	
			机构职业责任风险	养老机构及其从业人员因职务行为造成养老客户人身损伤或财产损失的风险	2	4	
			机构欺诈风险	养老机构对消费者进行欺诈、降低服务质量、非法集资等损害消费者利益的风险	1	4	
	健康保障	医疗服务获取风险	挂号难、住院难等看病难风险	医疗资源不均衡，患者无法便捷挂号、享受专家诊疗的风险	3	2	
		慢性病高发风险	费用风险	慢性病的发病与扩散导致特定人群的健康下降、健康费用增加	4	4	
			医保基金风险	慢性病管理服务不足导致基本医保基金超支	1	4	
		大病风险	费用风险	罹患重大疾病导致患者需支付高额医药费用	1	2	
			挂号难、住院难、看病难风险	医疗资源不均衡，患者，特别是高端患者、疑难杂症，无法获取针对性治疗的风险	3	2	
		责任风险	职业责任风险	医务人员非故意造成的患者损失，如手术失败、手术意外等，面临诉讼和巨额赔偿的风险	2	3	
	安全生产	生产事故风险	矿山安全事故	矿山安全事故造成人员或财产损失	1	4	
			加油站等设施	加油站、使用液化气罐的餐饮企业等发生风险事故引发人员和财产损失	1	5	
			工厂生产企业事故	安全事故造成人员或财产损失	1	5	

续表

风险八大类	风险分类	风险条目	细分风险点	内容描述	发生频率	危险强度	备注
社会风险	质量安全	产品伤害风险	消费者伤害风险	产品质量问题给消费者带来的人身和财产损失	3	2	
		产品召回风险	召回风险	产品质量问题给企业带来的产品召回损失	2	3	
经济风险	金融安全	金融市场崩盘	系统性风险	本国股市、外汇市场价格急剧下跌给公众或企业带来的损失	1	5	
		地方政府隐性债务风险	无法偿还的风险	地方政府隐性债务无法按时偿还、大规模爆发债务危机的风险	1	5	
		互联网金融风险	非法集资的风险	互联网金融机构以各类明目进行非法集资，造成公众和金融体系损失的风险	1	5	
	经济发展	发展指标风险	地区生产总值	地区生产总值未按目标增长6% ~ 6.5%的风险	2	4	
			一般公共预算收入	一般公共预算收入未按目标增长4%的风险	2	4	
			居民消费价格	居民消费价格涨幅超过3.5%的风险	2	3	
			城镇调查失业率	城镇调查失业率超过5%的风险	1	4	
			人均可支配收入	全市居民人均可支配收入增长与经济增长未能基本同步的风险	1	4	
	融资风险	企业融资难风险	小微企业融资难风险	小微企业无法获得充足贷款、无法顺利进行再生产的风险	3	3	
	商务风险	服务贸易	从业人员责任风险	金融、科技、信息等服务贸易从业者在保税区等创新试点区域因专业责任产生的财产损失	2	3	
		上市公司	企业董事、高管人员责任	企业董事、高管人员专业责任带来的损失	1	4	

风险八大类	风险分类	风险条目	细分风险点	内容描述	发生频率	危险强度	备注
经济风险	农业风险	农户贫穷风险	脱贫失败风险	农户因缺乏教育和劳动技能或身体原因,无法通过劳动获得报酬、通过农业种植养殖获得合理收入,无法脱离贫困的风险	2	3	
		农产品病害风险	减产风险	农产品因恶劣天气及病虫害等原因而减产的风险	2	4	
		牲畜病害风险	减产风险	非洲猪瘟等暴发并蔓延造成牲畜大规模死亡的风险	2	4	
政治风险	社会冲突	暴恐风险	重大活动的暴恐风险	冬奥会等大型活动和典礼、运动会等大型群众性活动中,遭受恐怖分子恶意袭击的风险	1	5	
			标志性建筑和密集区域的暴恐风险	政治和社会标志性建筑以及人口密集的商业、学校区域遭受恐怖分子袭击的风险	1	5	
		群体性事件风险	群体性事件风险	因社会热点问题造成大量人员在政府及其他标志性区域或网络聚集,公开发表负面言论,威胁公共秩序的风险	1	5	
	地方政府公信度	权力行使风险	违规风险	因未按法定规则和程序提供公共服务或行使权力而导致的政府公信度下降风险	1	3	
			贪腐风险	政府机关工作人员因个人贪污腐败而导致的政府公信力下降风险	2	4	
		舆情事件风险	舆论风险	舆情控制与危机公关不当导致的政府公信度下降风险	2	3	
		立法风险	法制不完善	立法不及时、立法不完善造成公信力下降的风险	2	3	

风险八大类	风险分类	风险条目	细分风险点	内容描述	发生频率	危险强度	备注
政治风险	管理机构	防灾减灾救灾能力不足	风险识别能力不足	预警和监控系统不完善	2	3	
			事发应对能力不足	应急管理预案有待完善、应急协同联动机制不健全	1	4	
			事中处置能力不足	应急演练机制不健全	1	3	
			事后补偿能力不足	过于依赖财政救助支出	1	3	
		应急管理体系不完善的风险	机构设置不足	政府机构设置中没有对应个别具体风险的专业管理机构	2	3	
			机构职能重叠	风险管理与应急管理中不同机构职能重叠，造成资源浪费和多头领导的风险	2	3	
			机构职能矛盾	风险管理与应急管理机构管理目标与职能彼此矛盾，发生反方向决策与执行	1	4	
文化风险	物质文化	博物馆风险	收藏品被盗风险	艺术品遭受盗窃所造成的公共资产保护不力的财产损失和责任风险	2	3	
			收藏品损坏风险	艺术品遭损毁所造成的公共资产保护不力的财产损失和责任风险	2	3	
			古籍善本损坏风险	因保护不力受潮、受蛀或失火导致的财产损失和责任风险	1	4	
		古建筑安全风险	建筑质量风险	古长城、故宫等经久失修造成的文物损毁风险	1	4	
			火灾风险	古建筑遭遇意外火灾而损毁的风险	3	5	

风险八大类	风险分类	风险条目	细分风险点	内容描述	发生频率	危险强度	备注
文化风险	精神文化	电影完工风险	延期风险	由于意外导致电影拍摄不能按时完工带来的损失	2	2	
		演艺人员风险	意外风险	演艺人员意外事故带来的损失	1	3	
			健康风险	演艺人员健康原因带来的损失	1	3	
	文化交流	文化活动风险	踩踏事故风险	爆发踩踏事故造成大规模人员伤亡的风险	1	4	
			恐怖袭击风险	开幕式、重要比赛场次遭受恐怖袭击的风险	1	5	
			交通瘫痪风险	因人流过大、交通事故导致的交通系统负荷过大，运行不畅的风险	2	3	
			延期风险	由于各种意外导致电影拍摄不能按时完工，带来的主办方和购票者损失的风险	3	2	
			公众责任风险	主办方或其他主体因非故意行为造成人员受伤和财产损失的风险	2	3	
资源风险	自然灾害巨灾风险	地震风险	财产损失风险	地震造成的房屋坍塌损毁、损坏，交通事故及其他事故而造成的财产损失	2	5	
			人员伤亡风险	地震造成的房屋坍塌损毁、损坏，交通事故及其他事故而造成的人员损失	2	5	
		风灾风险	财产损失风险	暴风造成的房屋坍塌损毁、损坏，交通事故及其他事故而造成的财产损失	2	5	
			人员伤亡风险	暴风造成的房屋坍塌损毁、损坏，交通事故及其他事故而造成的人员损失	2	5	
		洪水风险	财产损失风险	洪水造成的房屋坍塌损毁、损坏，交通事故及其他事故而造成的财产损失	2	5	
			人员伤亡风险	洪水造成的房屋坍塌损毁、损坏，交通事故及其他事故而造成的人员损失	2	5	

风险八大类	风险分类	风险条目	细分风险点	内容描述	发生频率	危险强度	备注
资源风险	自然灾害巨灾风险	内涝风险	财产损失风险	内涝造成的房屋坍塌损毁、损坏，交通事故及其他事故而造成的财产损失	2	4	
			人员伤亡风险	内涝造成的房屋坍塌损毁、损坏，交通事故及其他事故而造成的人员损失	2	4	
	财政资金	救灾资金风险	资金不足风险	巨灾发生后，涉灾财政预算不足以支持救灾和重建	1	5	
生态环境风险	空气环境	大气污染风险	大气污染风险	冷库氨气泄漏、车辆等排放源排放废气，对大气造成污染，进而威胁市民身体健康	3	5	
	水环境	工业废水污染	工业废水污染	相关企业违规排放工业废水，对河流及地下室造成污染的风险	1	3	
		水生生物污染	水生生物污染	外来物种入侵等原因造成的生态环境恶化，以及对河流及地下水水质的负面影响	2	3	
	土壤环境	废物堆集和泄漏风险	废物堆集和泄漏风险	固态污染物堆集或泄漏对周边环境产生的危害风险	2	4	
		固废处理和销毁风险	固废处理和销毁风险	深埋、焚烧后对环境产生的持续性影响，可能持续十余年甚至更久	1	4	
	危化品	爆炸、污染风险	生产的安全风险	危险化学品企业生产过程中意外爆炸产生的人员、财产损失	3	5	
			运输的安全风险	危险化学品企业运输过程中意外爆炸产生的人员、财产损失	4	4	
			销毁的安全风险	危险化学品企业销毁过程中意外爆炸产生的人员、财产损失	3	5	

续表

风险八大类	风险分类	风险条目	细分风险点	内容描述	发生频率	危险强度	备注
科技风险	技术风险	科技企业风险	研发失败风险	研发费用损失	2	2	
			营业中断风险	科技企业营业损失	2	2	
			产品责任风险	科技企业产品安全问题带来人员和财产损失	3	2	
		知识产权风险	企业因知识产权被起诉的风险	企业非主观故意的行为造成对已有知识产权方的权利侵害,被知识产权所有者起诉的风险	4	4	
			企业知识产权被侵害的风险	企业的知识产权被其他人侵犯,造成的经济损失和诉讼费用	2	3	
			知识产权代理人的责任风险	知识产权代理人在帮助客户处理知识产权事宜时因故意失误造成客户损失,而承担巨额赔偿的风险	1	3	
	责任风险	科技企业董事、高管人员责任	科技企业董事、高管人员责任	科技企业董事、高管人员专业责任带来的损失	2	3	
信息风险	信息法规	法规完善风险	法规完善风险	信息法规不健全带来的损失	2	3	
	信息管理	管理完善风险	管理完善风险	企业信息管理不健全带来的损失	1	3	
	信息技术	网络风险	网络攻击风险	企业遭受网络攻击而造成商业机密泄露、社会声誉受损等巨额经济损失	1	4	
			隐私泄露的风险	在网络购物等行为中公民储存在网络和网络公司数据库中的个人信息遭到泄露,从而造成的隐私侵害和衍生的欺诈损失	2	3	

风险八大类	风险分类	风险条目	细分风险点	内容描述	发生频率	危险强度	备注
信息风险	信息技术	网络风险	企业信息泄露风险	在推行网上报税等环节中政府网站遭攻击，企业和政府数据信息泄露的风险	2	2	
			网络转账、支付风险	公民在进行网络转账、移动支付时因网络病毒等原因，被他人恶意盗刷或转账，造成密码泄露及资金损失	2	4	
			云计算服务风险	由于软件、硬件故障导致云计算服务中断带来的损失	1	4	
		信息中断风险	信息技术服务中断风险	由于信息技术服务提供商发生故障导致服务中断带来的损失	2	3	

三是参考以上表对专家评分情况进行修正。城市重大风险如下：自然灾害巨灾风险（地震风险、洪水风险）、重大赛事活动安全风险、城市建筑工程质量风险、食品安全风险、电梯安全风险、安全生产风险、网络安全风险、环境污染风险、快递小哥交通事故风险、预付卡履约风险、老龄化—老年护理风险、慢性病高发风险、援外防疫人员感染风险、疫苗安全风险、医疗责任风险、传染病风险、知识产权风险、民营企业和小微企业融资风险、科技企业融资风险、古建筑安全风险、演艺活动公众责任风险、电影制作风险。

5.3　公共安全风险管理

城市安全指城市在经济、社会、文化、健康、生态环境以及资源供给等方面保持的一种动态稳定的状态以及自然灾害和社会经济异常或突发事件干扰的一种抵御和恢复能力。城市安全是城市可持续发展的必要条件，没有城市经济、社会和生态环境的稳定与安全就不可能有城市的可持续发展。

城市的公共风险管理，是指在群体聚集、公共设施、公共卫生等公共风险事件、环境污染、恐怖暴乱发生前，采取有效措施，避免或降低事故损失和影响范围，实现城市综合性防灾防损的目标。

5.3.1　城市公共安全风险的特点

（1）风险具有复杂性

城市风险的主体十分复杂，有个人也有群体，群体既有社会团体，也有偶然聚集的群体。我国人口基数大，城市人口密度大，城市扩张十分迅速。风险的客体更是多样，既有城市能源资源安全，也有各种公共设施的安全，还有公共活动安全等，这些风险横纵交错，牵一发而动全身。

（2）风险具有不确定性

和单一的风险事故不同，因为风险的复杂性，一个风险可能因为多种因素的参与，导致风险发生的方式和后果难以预测。城市规模越大，风险发生的可能性、发生频率、灾难后果就越难估量。单体事件如果不能及时预防、处置，其风险后果可能迅速放大，造成不可预估的巨大损失。

（3）风险具有国际性

随着全球化进度的深化，中国越来越难独善其身。不论是公共安全事件，还是全球疫情，不论是国际恐怖组织，还是大气海洋污染，都在风险预防与管理中发挥着日益重要的作用。对这些风险不承担责任，只能导致风险扩大，造成更严重的后果。

5.3.2　城市公共安全风险的内容

（1）群体聚集风险

城市举行商业活动、文化活动、娱乐活动、体育活动等都会带来人群聚集。因人群聚集带来的拥挤踩踏风险、群体传染病风险时有发生。有时候火灾、爆炸等灾害也会带来群体踩踏等次生灾害。城市在高速扩展的过程中，配套设施和风险预防系统的发展存在滞后性，无法满足各种场所，尤其是车站、码头、体育馆、剧院、大型商城、学生宿舍等人员密集的地方的需要，存在着各种安全隐患。比如消防通道堵塞、指示不明确、安全设施陈旧等。这些都会增加群体聚集风险。

（2）公共设施安全风险

城市存在各种公共设施。以城市综合管廊为例，集合了城市水、电、气、网络等各种管线设施，一旦管廊遇到自然灾害或者火灾，就会破坏城市供水、排水、供电、供气、网络安全等系统，进而带来停工、停业、废料、机器损坏等一系列损害，医院如发生停水、停电，甚至会影响病人的生命安全。

（3）公共卫生安全风险

以新冠疫情为代表的传染病，导致了许多行业的停产停业，收入急剧下降，严重影响了国民经济和地方经济，影响了老百姓的健康生活。流行性疾病的广泛传播，对城市公共医疗系统带来了极大的考验，挤占了正常的医疗资源。还有一些群体性食品药品中毒事件、动物疫情等也对广大人民群众的生活带来了极大的危害。

（4）城市生态环境风险

城市生活带来大量的废气、废水、废品，还有声音、光线、核能等污染，如果不能合理管理与规划，将会带来难以估量的损害后果，给人

153

民的生产生活带来极大危害，有些污染事故发生是不可逆的，其后果难以估量，甚至会将整个城市毁掉。

(5) 罢工暴动骚乱和恐怖袭击

和平和发展是当今世界两大主题，也是矛盾集中所在。各个国家和地区因为员工福利问题、民族问题、信仰问题、领土争议等问题，矛盾层出不穷，罢工、暴乱、骚乱和恐怖袭击每天都在局部地区发生。这些极端事件对一个城市的正常运行损害极大，各国、各地政府都在城市安全上殚精竭虑，采取一切管理手段预防、分散、降低这些极端事件造成的损害。

5.3.3 城市公共安全风险管理体系

为应对城市公共风险，我国已经出台了一系列法律法规，包括《中华人民共和国突发事件应对法》、《中华人民共和国安全生产法》、《生产安全事故应急条例》、《中华人民共和国防震减灾法》、《中华人民共和国环境保护法》、《中华人民共和国传染病防治法》、《中华人民共和国动物防疫法》、《中华人民共和国治安管理处罚条例》、《中华人民共和国地质灾害防治条例》、《中华人员共和国消防法》等，这些法律法规为我国城市防灾防损奠定了制度基础，确认了责任主体，责任范围，违法违规后果等，有力地推动了我国城市防灾防损体系的基本建立。

各个城市依法成立应急指挥中心，及时应对城市中突发的各种公共风险事故。建成了国家突发公共事件预警信息发布系统，及时发布预警信息。运用大数据等技术手段，监测灾情发生全过程，提高灾害应对效率和应对能力。通过多种手段，最大程度地预防和减少突发公共事件及其造成的损害，保障人民群众生命财产安全，维护国家安全和社会稳定。

5.3.4　我国城市公共安全风险管理的不足

（1）对城市公共风险的预测和评估不足

城市公共风险的种类和形式不断变化，风险预测的经验、技术往往跟不上风险的发展，预测的准确性和精度仍然欠缺，对一些非常规的风险认识不够，存在知识盲区。部分城市公共警示监测设备不足，导致无法正确评估，及时预警。

（2）风险的责任主体不明确

主体空白或者责任主体重叠的问题，导致一些公共风险无人负责，无人管理，而另一些公共风险责任主体相互推诿的情况。在一些存在多方责任主体的情形中，责任主体之间还存在沟通不畅的问题，延误了防灾减损的最佳时机。

（3）区域协作、国际协作尚不成熟

我国在某些重大灾害中实现了区域协作、国际协作，提高了防灾减损的专业能力和应对效率。但这种区域协作、国际协作多是临时性的，一旦灾害过去，协作就终止了。事实上在重大灾害发生时，一个城市很难独立面对其损失后果，为了实现资源的有效整合，更好地预测、估量、警示灾害发生，事先签订跨区域的灾害防救相互支持协议很有必要。

5.4　城市保面临的新挑战

城市保作为一种专门针对城市风险管理和保障的机制，通过风险评估和管理、风险转移和保障、风险减轻和适应能力增强等机制，为城市提供全面的保障和支持，促进城市的可持续发展。与传统保险相比，城市保注重整体性和综合性的风险管理，以满足城市面临的特殊需求和挑战。

5.4.1 城市保的重、难点和需求

推动"城市保"项目落实，要立足新发展阶段城市更新行动带来的需求变化，找准保险服务的重点、难点，对风险保障的需求具有以下特点。

（1）城市人口众多，城市公共安全威胁的潜在诱因不断增加，聚集效应明显，对城市运行安全的风险保障需求更加迫切；

（2）事前防控重于事后赔付，重点在通过保险治理实现事故预防，而不是出事后的经济补偿；

（3）城市之间差异很大，需要有点有面，统筹构建综合服务方案；

（4）各地财政实力差距很大，可以承受的保险解决方案预算不尽相同。

"城市保"项目从城市基础设施建设、城市运行公共安全、居住社区运行安全、次生衍生灾害四个角度，分析城市政府治理痛点和风险保障的需求。

（1）新型城市基础设施建设风险需求。新型城市基础设施既包含重大基础设施和公共服务设施，也包含城市信息模型平台建设、智慧城市构建等。与以往传统建设项目相比，大量新兴技术、材料的使用造成项目本身存在很多不确定因素，一旦出险可能对社会造成巨大的影响。

（2）城市运行过程中公共安全风险需求。"十四五"期间，在新发展理念指引下，城市发展将继续向地下空间快速延伸，城市规模将快速扩大，以国内大循环为主体、国内国际双循环相互促进的新发展格局将逐渐形成，工业企业和园区不断增加、体量不断增大，各类发展要素向城市集聚，城市的公共安全将面临新的挑战。未来，高层建筑火灾、电

梯事故的数量仍会呈上升趋势，中小化工企业的燃爆泄漏事故可能会出现某种程度的增长，燃气、桥梁、供水、电梯等城市生命线工程的事故灾害，尤其是耦合叠加灾害会有所增加。

（3）居住社区运行的风险需求。居住社区是城市居民生活和城市治理的基本单元，以安全健康、设施完善、管理有序为目标，把居住社区建设成为满足人民群众日常生活需求的完整单元。据不完全统计，全国范围内约有社区 11.3 万个，社区数量及规模持续增长，随之而来的火灾爆炸、高空坠物、传染病、食物中毒等灾害事故风险也在不断增加，给城市社区安全管理与防控带来新的挑战。

（4）城市次生衍生灾害的风险需求。近年来，城市重大灾害事故呈现出典型的次生衍生灾害与多灾种耦合等特点，具有多主体、多目标、多层级、多类型的复杂特征。目前针对城市安全问题的研究多集中在专业领域和单灾种，未实现系统性体系化应对，将成为制约城市安全运行与可持续发展的瓶颈。人保财险从极端天气灾害、安全生产、建筑领域等风险领域着手探索，由点及面，层层推进，细化专业领域解决方案。2021 年创新推出服务社区的"社区安全保"系列的 5 个微场景产品，为 282 万城市人口提供风险保障；首创国内城市生命线综合保险，在浙江、安徽相继落地，为城市生命线工程设施提供 3 亿元风险保障。

2022 年上半年人保财险以城市保战略项目为引领，重点打造"服务十局"行动计划，开发"守护、护卫、护航"三大系列营销方案，重点开展住建局、民政局、应急局、农业局、交通局、水利局、城管局、工信局、教育局、卫生局十个政府渠道营销活动，针对每个主管部门的治理难点，制订定额化保险方案和标准化服务方案，通过新的互动形式将保险机制转化为政府社会治理的手段，为近 7 万个客户提供风险保障。

5.4.2　参与城市全面风险减量管理的挑战

（1）数据不完整和不准确。获取准确、全面和实时的数据是城市保实施的一大挑战。许多城市面临数据不完整、不准确或分散的问题，这对风险评估和管理产生负面影响。解决这一挑战需要投资和技术支持，以确保数据的质量和可靠性。

（2）城市保险产品的设计和定价困难。城市保险产品的设计和定价复杂，需要综合考虑多种风险因素。城市面临的风险多样化且具有不确定性，因此保险公司面临难题，如何量化风险、确定保险责任和制定合理的保费。解决这一挑战需要保险行业与城市管理机构共同努力，建立灵活、可调整的保险方案。

（3）不同利益相关者之间的合作和协调问题。城市保涉及多个利益相关者，如政府部门、保险公司、市民社区和非政府组织。不同利益相关者之间的合作和协调是城市保实施的关键。然而，由于各方利益的差异和合作机制的不完善，可能存在合作困难和协调问题。解决这一挑战需要建立跨部门和跨机构的合作机制，促进信息共享和资源整合。

（4）金融和市场的不稳定性。城市保涉及金融和市场的因素，金融和市场的不稳定性可能对城市保的实施产生负面影响。例如，金融危机和经济衰退可能导致保险行业的不稳定和市场变动。解决这一挑战需要建立稳定的金融和市场环境，加强监管和风险管理机制。

还需要强调的是，尤其是在国内，缺乏综合性的城市保框架也是一个挑战。城市保需要综合考虑各种风险，并将其纳入城市规划和政策中，但目前缺乏统一的框架来指导城市保的实施。此外，政府和保险公司之间的合作也需要进一步加强，以实现有效的城市保机制。

6 空间信息技术助力城市风险减量

城市发展不断面临安全风险挑战和威胁，空间信息技术作为重要信息手段，通过全面感知和动态监测来识别、评估、控制和监测城市面临的各种隐患和风险，为城市风险管理实现"空—天—地"一体化综合监测，实现城市风险监测分析。

中共中央办公厅、国务院办公厅印发《关于推进城市安全发展的意见》，从加强城市安全源头预防、健全城市安全防控机制、提升城市安全监管效能、强化城市安全保障能力等方面提出了明确要求。

6.1 卫星技术助力城市风险管理

卫星技术作为国家战略性工程，融合了遥感工程、导航工程及卫星通信工程，利用多信息源、多传感器融合，形成米级、分米级、厘米级、毫米级的多源产品服务能力，构建时空基准统一的、连续可靠的全空间服务体系，以及"空—天—地"一体化全域覆盖的灾害事故监测预警网络，广泛应用于我国城市的事先预警、事中管控、事后评价风险管理之中。

6.1.1 卫星技术

（1）卫星系统

卫星、卫星地面站和卫星运控系统是相互关联的三个组成部分。卫星是卫星系统中的核心组成部分，用于在地球表面上的两个或多个点之间传输信息和数据。卫星地面站是用于向卫星发送信号并接收卫星转发信号的重要设施，其基本作用主要包括向卫星发射信号、接收信号以及进行信号处理。卫星运控系统则是卫星系统中的核心控制部分，用于控制和管理卫星的运作，包括轨道控制、信号传输、数据处理等。卫星运控系统通过与卫星地面站之间的交互来协调和管理卫星的运作，确保卫星系统的正常运作。

随着技术突飞猛进、大国博弈加剧，卫星在通信、导航、遥感等领域的应用场景正发生着激烈变革，它不仅是大国科技"竞技场"，也关系着国家安全，同时也成为了拉动国民经济增长的新引擎。随着低轨卫星互联网建设、"北三"产业化应用、遥感卫星商业化运营，我国卫星产业有望迎来黄金发展期，开启"大航天"时代。

卫星产业是航天工业重要组成部分，已形成完整产业链，规模超万亿元。2022年全球航天工业规模达到3840亿美元，其中卫星产业规模达2811亿美元，约占航天工业的73%。通信、导航、遥感是卫星应用的三大领域。

①全球通导遥卫星数量占比高达92%：据UCS数据，截至2022年，全球共有6718颗在轨卫星，其中6170颗为通导遥卫星；②卫星互联网具有广覆盖、低延时、宽带化、低成本的优势，有望与5G/6G融合发展；③卫星导航系统是重要的军民两用设施，解决了陆、海、空军事运载体、武器的定位和导航问题，也广泛应用于民用运输。

（2）卫星导航系统

卫星导航系统是一种全球性的无线电导航系统，可以提供精确的三维位置、速度和时间信息。其基本原理是利用卫星发射的信号进行定位和导航，信号包含卫星的位置、速度和时间等信息，用户通过接收卫星信号，可以计算出自身的位置、速度和时间等信息。

卫星导航系统与技术的发展进入了新阶段，目前主要由北斗卫星导航系统（BDS）、美国全球定位系统（GPS）、俄罗斯格洛纳斯系统（GLONASS）以及欧洲伽利略系统（Galileo）构成的四大全球卫星导航系统，以及印度区域导航卫星系统（IRNSS）和日本准天顶卫星系统（QZSS）这两大区域卫星导航系统，共同为用户提供定位导航授时服务。

根据《2021卫星导航与位置服务产业发展白皮书》和《2022卫星导航与位置服务产业发展白皮书》的统计数据，2006—2021年我国卫星导航与位置服务产值由127亿元增至4690亿元，2025年将有望达到8000亿~10000亿元。

（3）卫星通信广播系统

卫星通信广播系统是一种利用卫星传输信号的通信系统，可以实现跨地域、跨国家的通信和信息传输。其基本原理是将信号发送到卫星上，由卫星转发到接收端，从而实现信号的传输和接收。

通信卫星是卫星通信系统中的核心部分，其作用是转发信号，将信号从地球表面发送到另一个地方。通信卫星通常位于地球静止轨道上，以保证信号传输的稳定性和连续性。

（4）卫星遥感系统

卫星遥感技术是一种通过卫星对地球表面进行观测和测量的技术，它利用卫星搭载的各种传感器，对地球表面的物理、化学、生物等特征进行探测和分析，从而获取地球表面的信息，实现对地球资源、环境和灾害等的监测。目前，遥感卫星主要有气象卫星、陆地卫星和海洋卫星三种类型。

卫星遥感技术原理主要包括电磁波辐射原理、光谱分析原理、多光谱遥感原理、雷达遥感原理。所有的遥感卫星都需要有遥感卫星地面站，从遥感平台获得的卫星数据可监测到农业、林业、海洋、国土、环保、气象等情况。

卫星遥感技术受到国家政策的大力支持，市场规模或将持续扩大。

我国卫星遥感技术发展与应用从无到有实现跨越式发展，现阶段我国卫星遥感技术已达世界先进水平，形成了丰富的遥感卫星系列，截至2022年12月我国拥有在轨遥感卫星332颗，位居全球第二。

我国卫星遥感产业的市场需求由政府主导，市场规模持续扩大，且根据共研网数据，2015—2022年中国遥感卫星行业市场规模由56.1亿元增长至130.8亿元。

6.1.2 卫星互联网技术

(1) 卫星互联网

卫星互联网的概念被业界普遍划分为狭义和广义两个维度。狭义上，卫星互联网以构建太空高速通信网络为目标，通常采用低轨通信卫星进行组网的方式，实现地球全覆盖通信，从而去除地面互联网的覆盖与访问盲点，满足偏远地区、空中以及海上通信盲区的互联网需求，从而实现弥合数字鸿沟的最终目的，典型模式包括 SpaceX 的星链等。广义上，卫星互联网指的是基于通信、导航以及遥感等多种技术，使用卫星网络为多个行业提供了解决方案，促进各行业的创新发展，其特色是以卫星为基础设施，将其形成太空移动铁塔，同时伴随技术创新可实现多元载荷和多种传感器的负载，搭建太空分布式计算平台。

(2) 星时代系列卫星星座

国星宇航是一家 AI 卫星互联网科技公司，已完成12次太空任务，成功研制并发射16颗 AI 卫星及载荷，国星宇航通过低成本快响应卫星研制技术体系、全栈 AI 卫星网络技术体系、面向未来的可信共享互联通信技术体系，形成了面向 B 端、G 端、C 端的"1+4"业务体系，其中"1"是指 AI 卫星整星研制交付，"4"是指四大卫星互联网服

162

务——智慧城市、安全应急、出行业务、元宇宙。该体系或将成为政府决策、现代化社会治理、生态文明建设、经济转型升级、新一代制造业发展不可缺少的重要战略性信息资源。

6.1.3 遥感影像大数据技术

遥感影像大数据技术是指利用遥感影像获取和分析大量数据，以实现更高精度的地理信息提取和应用。遥感影像大数据技术包括以下6个方面。

（1）数据获取。利用卫星、飞机等遥感设备获取大量图像数据，包括可见光、红外、高光谱等不同类型的数据。

（2）数据预处理。对获取的原始数据进行预处理，包括辐射定标、大气校正、正射校正等，以提高数据质量和分析结果的准确性。

（3）数据存储与管理。建立高效、可扩展的数据存储和管理系统，以支持海量遥感数据的存储、检索和管理。

（4）数据挖掘与分析。利用数据挖掘、图像识别等技术，从海量遥感数据中提取有价值的信息，例如土地利用、植被覆盖、水体变化等，从而进行分析和决策。

（5）可视化技术。将遥感数据分析结果转化为可视化的图表、报告等形式，以方便用户理解和使用。

（6）人工智能和机器学习。将人工智能和机器学习技术应用于遥感影像分析，可以实现更高精度的地理信息提取和预测。

遥感影像大数据技术的应用范围广泛。随着遥感技术的不断发展，遥感影像大数据技术的应用前景也将越来越广阔。

6.1.4 助力城市风险管理

卫星技术可以在城市风险管理方面发挥以下作用。

（1）自然灾害监测和预警。卫星可以实时监测地震、洪水、风暴等自然灾害的发生和演变，提供及时的预警信息，使城市能够采取相应措施来减轻灾害对居民和基础设施的影响。

（2）城市规划和用地管理。卫星图像可以提供高分辨率的城市影像数据，用于城市规划和用地管理。通过分析这些数据，城市决策者可以更好地了解城市的发展趋势，合理规划城市空间，提高城市的抗灾能力。

（3）环境监测和污染控制。卫星可以监测城市环境和空气质量，通过收集大量的数据，分析环境变化和污染源，帮助城市管理者制定环境保护和污染控制政策。

（4）交通管理和道路安全。卫星技术可以提供实时的交通信息，包括道路拥堵情况、交通事故发生地点等，从而帮助城市管理者优化交通流量，提高交通安全性。

（5）城市监测和综合管理。卫星技术可以实现对城市的全方位监测，包括建筑物、基础设施、土地利用等。通过及时掌握城市运行状态，城市管理者可以及时发现问题，采取相应的措施，提高城市的运行效率和安全性。

综上所述，卫星技术在城市风险管理方面具有广泛的应用前景，可以提升城市的安全性和可持续发展能力。

6.1.5 应用案例

国星宇航自主规划了由 192 颗 AI 卫星组成的"星时代"AI 卫星网络，形成卫星组网服务，利用编队飞行的卫星星座来增强数据获取能力并提高城市风险监测的能力，实施对观测目标频繁且有规律的观测，及时掌握城市风险事态发展。同时，AI 卫星网络还形成了城市级、行业级、消费级等多层级、零门槛、低成本的卫星互联网产品和服务，覆盖上百家 B/G 端用户，数千万 C 端用户，是国内用户数量最多的商业卫星互联网公司之一。

围绕卫星技术在城市风险管理中的应用，打造自主可控的卫星技术开发与应用已成为保障国家信息安全，提升国产卫星应用水平和规模，增强自主卫星技术在境内外市场竞争力的重要支撑。

（1）城市地质灾害监测

城市地质灾害主要包括地面沉降、滑坡、泥石流等，它不仅危害人类生命，破坏房屋、道路等工程设施和各种产品，会造成严重的直接经济损失，还严重破坏了人类赖以生存的资源与环境。卫星技术是防治城市地质灾害的有效手段，采用卫星技术可有效快速获取灾害隐患点和灾害发生位置。

卫星技术在大面积城市地质灾害隐患识别中可以发挥较大优势，采用卫星 InSAR 技术可快速识别地质灾害隐患点位，为政府决策提供数据支撑。国星宇航公司为云南省自然资源厅国土资源信息中心开展了云南省全省地质灾害隐患识别工作，利用覆盖云南省 2015 年至 2021 年 Sentinel－1、Radarsat－2 SAR 数据共 2400 景，完成了对全云南省地质灾害形变的隐患普查，圈定了疑似变形区域和重大风险隐患点。其中，提取形变大于 5 厘米的形变点及像元，结合光学遥感图像，圈定全省隐患区共 794 处，具体情况如图 6－1 所示。

识别工作完成了东川和永胜两个县域共计 7 个野外核查点的实地勘察工作。7 个点在 InSAR 数据的分析结果上，都存在超过 10 厘米以上的形变，现场的勘察数据显示，形变定性的数据准确性达到 95% 以上。局部形变图与光学影像展示如图 6－2、图 6－3 所示。

以 InSAR 技术为代表的遥感技术，作为新型技术手段能够较好地解决"群测群防"等传统量测技术手段存在的不足，能够有效解决全面覆盖难、定期更新难等困难，具备在大尺度范围上进行地质灾害隐患普查的技术应用和业务推广的价值。

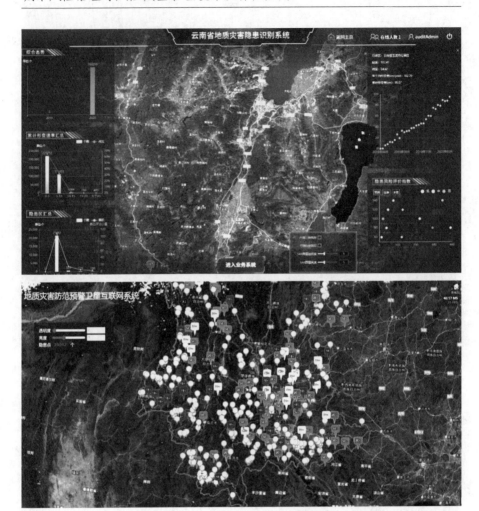

图 6-1　地质灾害隐患早期识别系统

图 6-2　云南省昆明市东川区隐患区

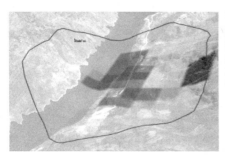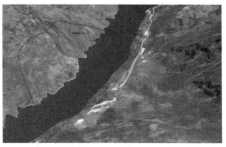

图6-3 云南省丽江市永胜县隐患区

该项目协助云南省自然资源厅建立了高效科学的灾害防治体系，充分发挥了卫星技术应用在防灾减灾中的"倍增器"作用。在社会效益上，它可以减轻地质灾害对人民生命的威胁，避免人员伤亡和促进社会稳定，保证社会正常的生产和生活秩序。在经济效益上，项目的建设实施显著提高了地质灾害防御的支撑和保障能力，进一步完善了减灾体系，可以有效减少地质灾害造成的经济损失。在环境效益上，通过实施地质灾害监测防治项目，减少了地质灾害对生态环境的破坏。

（2）城市港口桥梁监测

国星宇航公司参与了科技部国家重点研发计划"地球观测与导航"重点专项"分布式极化三维成像雷达系统技术"项目（2022YFB3901605-5），承担了重点港口和桥梁等大型目标三维重建的应用示范。

项目采用卫星遥感影像数据、分布式极化三维成像雷达数据、基础资料、外业调查数据等相关数据，利用目标监测、对比分析、质量检测与评价、优化处理与迭代评价等技术方法，通过目标参数最优参数设定模型，对辽宁营口和山东东营地区的重点港口和桥梁等大型目标开展监测，完成重点港口和桥梁大型目标精细监测，实现对港口与桥梁等交通基础设施安全状态的综合评估服务。该模型将应用于交通

167

大型港口决策支持与数字重构实时三维运行系统、北斗高精度边坡桥梁形变监测系统等，识别安全风险隐患，提升交通运营养护部门的精细化管理水平。

①港口空间格局监测与评估。首先，对卫星遥感影像数据进行预处理，包括大气校正、辐射校正、几何精校正；其次，通过深度学习模型算法、目视解译和现场调查等方法对港口空间格局进行界定与分类，获取港口内部空间格局以及各组成单元特征，包括码头、港池、堆场、道路和港口管理基础设施；再次，对港口的装卸设备、集装箱堆场、闸口、岸桥等目标进行模拟仿真，建立港口地表类型分类知识库，同时，创建了码头岸线指数、码头岸线利用指数、码头指数、堆场指数和港池指数等港口空间格局评估指标，再根据获得的遥感影像特征库来定义样本对象，同时插入分类器对尺度分割后的影像进行面向对象分类；最后，采集地面验证点，并对分类的结果进行精度验证，保证遥感影像分类的准确率达到90%以上，确保利用遥感技术对细节信息进行监测识别，识别港口安全风险隐患，提升港口风险管理水平。

②桥梁监测与评估。首先，汇聚卫星遥感影像数据、分布式极化三维成像雷达数据、基础资料、外业调查数据等相关数据；其次，经过数据预处理，引入卫星遥感技术、GNSS 技术、InSAR 技术以及三维激光扫描技术等融合技术手段，可实现交通桥梁大型目标识别以及桥梁的高频次动态监测，见图 6-4、图 6-5；最后，对识别和监测结果精度进行检验与评价，包括地物分类体系、遥感分类结果、对应真值数据、初步检测与评价、三维雷达数据修正、二次迭代检测与评价、最优模型固化、产品生产与服务、用户最终评价等。对基础设施进行实时、全面、高效、准确的形变状态监测，加强基础设施安全形变监测和预警，是确保交通安全和桥梁结构的重要手段之一。

图6-4　基于高分辨率光学遥感技术的大型桥梁监测

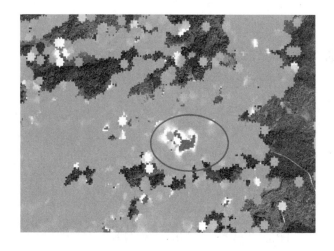

图6-5　基于InSAR技术的桥梁区域形变监测

通过港口空间格局监测、评估和桥梁监测、评估，完成子课题在重点港口和桥梁大型目标精准识别和精细监测应用能力检验，实现对重点港口和桥梁大型目标精准的三维重建，验证系统关键技术指标。最终支撑项目在陆表结构特征三维测量和应急减灾三维测绘的迫切应用需求，为星载分布式极化三维成像雷达在全球获取和处理陆表三维结构信息提供技术支撑，全面提升我国高效能对地三维成像能力。

（3）影像数据管理与服务发布系统

城市多时间尺度的遥感影像、专题地图、基础地理信息等数据，具有时间序列长、现实性强等特点。但这些影像数据分辨率差别大，主要以文件方式进行组织管理，数据存储、更新操作复杂，随着影像数据的快速增长，管理越来越费时费力且容易出错；数据查询效率低下，难以实现多条件组合查询；数据分发服务采用传统的线下审批方式，数据管理总体上信息化管理水平不高，难以满足城市风险管理海量多源异构影像数据信息化管理以及不同权限用户对数据的申请、下载等多样化需求。

城市风险管理需要建设影像数据管理与服务发布系统，从而满足海量数据有序规范的质量检查、存储管理、查询浏览、统计分析、动态切片、多方式查询、动态对比和展示等功能的需求，实现城市风险管理基于三维地球的基础支撑、卫星影像和多种监测成果的一体化集成展示。

国星宇航公司的"影像数据管理与服务发布系统"可以解决城市风险管理中影像数据管理问题，其核心能力包括即时服务、动态增强和自定义波段组合、遥感影像自动化调色匀色、高性能可视化低损压缩技术、在线化遥感分析等五大核心能力。

即使服务功能通过替换"镶嵌－预切片"工艺实现免切片发布、建立统一时空网格索引实现多时相调度、参数驱动的多规格动态服务实现影像动态处理等（见图6-6和图6-7）。

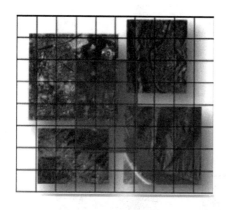

图6-6　免切片发布　　　　　图6-7　多时相调度

表6-1为免切片发布与常规切片发布技术对比，通过对比发现国星宇航免切片发布较切片发布而言，发布效率提升了1000倍，数据成果可以更快服务具体应用。同时，它大大节省了硬件资源。

表6-1　免切片发布与常规切片发布技术对比

类别	切片发布	免切片发布
数据量	406景/1TB	11365景/135TB
瓦片级别	17	22
硬件环境	3台Windows服务器	1台Linux虚拟机
发布耗时	238小时	48分42秒

动态增强和自定义波段的组合缩短了处理流程，节省了60%的处理和存储时间（见图6-8）。

遥感影像自动化调色匀色可实现自主选择模板，将16位影像自动化调色匀色，快速支撑大体量数据的可视化场景。

在高性能可视化低损压缩技术中，原始遥感影像数据被压缩到4%以内，且可以满足目视解译和浏览的需要（见图6-9）。

在线化遥感分析中，同一套数据既可支持可视化，也可支持在线化

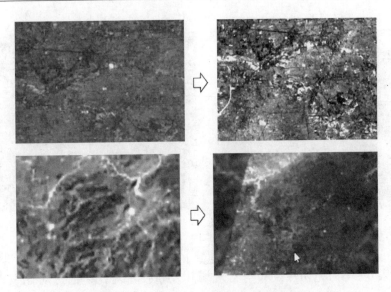

图 6-8 动态增强和自定义波段组合

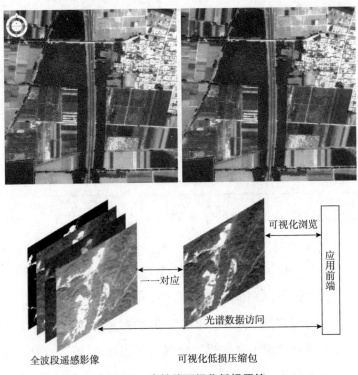

图 6-9 高性能可视化低损压缩

分析。通过全波段原始数据进行光谱分析、遥感 AI 分析、机器学习等，并将分析结果自动发布，它可以供不同应用调取使用（见图 6 – 10）。

图 6 – 10 在线化遥感分析

系统采用产品销售、定制开发、模块销售等多种合作模式，已在多个遥感数据中心、多个大型卫星数据中心成功运行，包括国家高分中心、国家基础地理信息中心、生态环境部卫星应用中心、水利部信息中心等大型遥感数据中心，以及广东、海南、青海、宁夏、烟台、青岛、内蒙古等多个省、市级数据中心。

同时，上述五项核心技术为"国家高分遥感卫星数据与产品共享服务平台"的业务化运行提供了充分支持，实现了城市风险管理构建多类型数据资源的统一管理，提升了个性化服务能力，同时还大幅降低了遥感使用门槛，扩大了应用范围，实现了"找得着、看得到、用得上、成本低"的应用模式（见图 6 – 11）。

（4）城市综合治理指挥平台

国星宇航公司为贯彻落实党中央、省、市深入推进市域社会治理现代化工作的要求，提升城市社会治理体系和治理能力现代化水平，通过

图 6 – 11　国家遥感数据与应用服务平台——一键查系统

（资料来源：国家航天局对地观测与数据中心）

"城市综合治理指挥平台"建设，利用"一张图"、"一个平台"实时查看城市实时综合治理态势，拓展提升城市基层综合治理服务功能，加强各方的统筹和协调，深度汇聚基层社会治理的资源要素，全面推进现代化指挥、前瞻化研判、扁平化管理、精准化服务、实体化运行、信息化支撑"六化融合"，着力提升城市治理现代化水平，进一步增强城市风险管理的应用服务能力。

城市综合治理指挥平台以卫星技术、网格融合、大数据和物联网等科学技术为依托，横向汇聚城市各部门相关数据资源，纵向贯通镇街、村居，通过对海量数据的整合、关联、挖掘和分析，为城市风险管理提供基础支撑。总体框架为"133"结构，即一个一网统管展示平台、三个专题应用模块、三个支撑系统模块。

平台已服务于广东惠州市惠阳区城市综合治理智慧平台项目、广东惠州市镇隆镇综合治理平台项目、广东惠州市惠阳区智慧淡水卫星综合治理平台项目等，建设综治网格化城市管理的可视化应用体系，推动视频监控、大数据及人工智能等技术在城市管理业务中的应用落地，通过系统精细化感知、智能化应用、数据化研判，解决城市管理中的各类"城市病"，提升政府治理能力和公共服务水平，助推产业转型升级，为区域精细化管控和决策提供全面客观的数据支撑和展示平台，从而大幅提升城市风险管理水平。图 6－12 为广东惠阳区城市综合治理指挥平台。

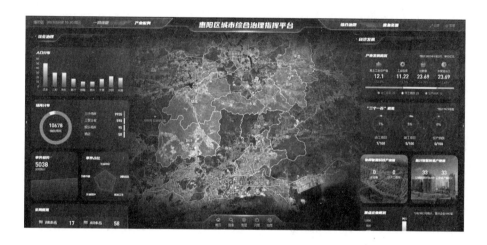

图 6－12　广东惠阳区城市综合治理指挥平台

通过该平台可实现七大块城市综合治理能力建设。

①搭建"一网统管"展示平台，实现了对社会治理、应急指挥、产业服务各项指标数据的一屏统览，为领导决策提供数据支撑。

②搭建社会治理专题应用，实现了市/区/县/镇多级部署，打造多级一体化社会治理新体系。

③搭建产业服务专题应用，实现了对城市产业发展数据的统览、分析和应用。

④搭建应急指挥专题应用，实现了对应急基础数据的一张图掌握和应急资源调度的初步应用。

⑤搭建了城市视频汇聚支撑平台，汇聚一、二类监控视频，实现对城市视频的统一管理和基于视频流的共享应用，为各部门应用视频

数据开展 AI 分析和应用提供了平台支撑。这将极大助力各部门开展基于视频数据的智能分析和应用，为推进市域治理现代化提供重要支撑。

⑥搭建了基础数据支撑平台，开展基于城市治理基础数据的治理工作，依托该平台汇总各项治理所需的基础数据，进行整合、清洗、标准化，为辖区各部门共享这类基础数据提供了支撑。

⑦搭建了 GIS 地图支撑平台，统一城市全域卫星地图（每季度更新），通过该平台的相关接口，提供给各部门共享，为各部门快速搭建基于地图的应用提供了支撑。

6.2　SAR 技术助力城市风险管理

InSAR 技术是基于雷达遥感的新型空间对地观测技术，具备全天候、全天时的特点，无须地面部署任何设施和人工投入，就可以高精度地监测大面积微小地面形变，实现对地表形变毫米级的几何测量。该技术通过对地面同一区域进行持续重复观测，可以测量得到地面固定目标每年度毫米级别的形变数据，通过分析所积累的大量历史数据，可以得出地表出现的细微形变，用于发现地面形变灾害征兆，并对灾害进行预报和预警。由于 InSAR 技术的数据源为雷达卫星遥感影像，因此该技术具有相当可观的测量范围，相对于传统人工调查而言成本优势明显。

6.2.1　SAR 技术原理

(1) SAR 定义

合成孔径雷达（Synthetic Aperture Radar，SAR）是一种主动式利用雷达技术实现地面成像的对地观测系统，它通过对多次回波信号合成和处理，从而实现高分辨率地表信息获取。

SAR 通过利用微波波段的电磁波进行探测，与光学遥感技术相比，SAR 能够穿透云层、雨雪和烟尘等大气干扰，并且不受地面光照条件的限制，可以独立于日照时间和地理位置进行观测，实现全天候、全时段的连续观测。得天独厚的数据采集方式使得 SAR 技术能够获取不同大气和光照条件下的地表信息，为监测动态变化目标和进行时间序列分析提供了宝贵的数据资源。SAR 示意图见图 6 – 13。

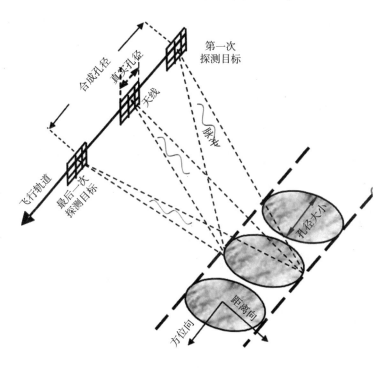

图 6 – 13　合成孔径雷达示意图

（2）SAR 技术

与光学影像的"所见即所得"不同，作为主动式遥感，星载合成孔径雷达通过发射脉冲微波成像，能够弥补光学卫星在云雨等天气条件下的缺陷以及夜间成像困难的短板，成为自然资源调查、应急灾害管理、环境监测等领域重要的数据来源。通过干涉测量技术能够实现地表高程信息的提取，对于地质勘探、地表形变场测定具有重要作用。多时相 SAR 数据与多极化 SAR 数据能够为单一像元赋予更丰富、更立体的地表信息，进一步实现精细化地物识别与长时序的变化监测。

（3）处理流程

①数据处理

1）数据获取。通过合成孔径雷达系统获得原始 SAR 数据，主要包括接收回波信号和相关的辅助数据（如卫星轨道信息、传感器参数等）。

2）数据预处理。对原始数据进行预处理，包括系统校正、干扰校正、多普勒频移校正和噪声滤波等，以提高数据质量。

3）多视点处理。在原始 SAR 数据中，单视点处理是将数据分为窗口或像元，并将每个窗口或像元视为单独的观测点，每个观测点的幅度和相位信息独立地表示了该点的特征。而多视点处理的关键是将多个单视点处理的观测点合并成一个平均观测点。这是通过对一定数量的相邻观测点进行空间平均实现的。在每个窗口内，多视点处理通常将相邻观测点的幅度和相位进行平均，这样可以减少噪声的影响，并可以提高图像的信噪比。由于相位是一种反映地物形状和位置的信息，因此在多视点处理过程中保留相位信息非常重要。

4）影像配准处理。核心配准是一种图像处理技术，用于将多幅图像在几何上对齐，以消除它们之间的空间或时间差异，其主要目标是通过对齐图像的几何特征，使得相应的地物或特征在不同图像中的位置对应一致。这种对齐通常涉及图像的平移、旋转、缩放和畸变校正等变换操作，以使图像在相同空间坐标下具有一致的投影关系。实现不同图像之间的对比分析、地表变化检测、特征提取和数据融合等应用可以为遥感图像处理和分析提供准确的基础数据。

②精度评价

评价 SAR 正射影像的纠正成果是否满足精度需求，通常采用三个指标：几何绝对精度、几何相对误差、辐射精度。

1）绝对误差属于数字正射影像产品的系统误差，受到微波传感器的成像质量、影像纠正过程以及输入的其他辅助数据精度的影响。

2）几何相对误差属于正射影像产品内部的偶然误差，受影像中控制点人工刺点定位准确度的影响，反映内部的畸变大小。

3）辐射精度属于考察正射影像的色调准确性，受 SAR 传感器成像质量、纠正中重采样算法的影响，多用于规范不通过传感器产品的一致性。

6.2.2　人工角反射器测量

InSAR 技术广泛应用于地表形变测量的探测中，然而受到地形及区域相干性的限制，在低相干区域无法获得足够的相干信号。而角反射器干涉测量技术研究架设在野外的人工角反射器（CR 点），从 SAR 影像中识别、提取 CR 点，通过对 CR 点进行差分干涉、相位解缠，来解算 CR 点的形变速率以及高程改正值。

人工角反射器通常由二面角、三面角和四面形的铝制材料组成，具有高信号反射强度的稳定特性，且角反射器架设位置可根据研究区域的实际地理环境而定，架设位置灵活，可以对桥梁、边坡、高形变风险房屋、城市重点基础设施、工程项目施工基坑、山体滑坡等进行监测预警。

CR‐InSAR 技术能够解决传统 InSAR 技术在大气、植被覆盖、地表变化等因素干扰导致相位不稳定的问题。无须长时间累计数据，只需要获取前后两期影像就能高精度解算出监测位置的形变情况。因此，这项技术通常应用于大面积形变普查后，对较高风险的设施提供稳定的形变监测预警。

6.2.3 土地利用变化监测

土地利用变化监测的目的是了解土地利用的演变和变化趋势，揭示人类活动对土地资源的影响，以及评估土地利用政策和规划的有效性，这对于监测城市扩张、农田面积变化、森林砍伐、自然灾害影响等方面具有重要意义。

在土地利用变化监测中，常用的数据来源包括卫星影像、航空摄影图像、遥感监测数据和其他地理数据。通过对不同时间点的影像数据进行解译和分析，可以确定土地利用类型的变化，例如农田转变为城市用地、森林退化为草地等。

由于 SAR 受到时空气候等外界因素影响较小，因此，在监测时能够较为准确地按照拍摄计划获取高质量的影像数据。通过多时相相干技术，分辨出前后时相的雷达影像中信号变化的部分，从而实现对特定地物范围内变化图斑的提取。

6.2.4 典型案例

SAR 技术是保险服务的一种创新，能够为客户提供防灾防损增值服务，提高风控能力。通过 SAR 技术获取大范围地表沉降变形信息后，人工地面服务再对重点区域进行实地考察，大大提高了防灾减灾效率，降低了防灾减灾成本。

（1）城市内涝应急监测

灾害发生后，SAR 能够迅速采集图像，识别洪水浸泡的区域，同时提供基于雷达遥感技术得到的十年来建筑物的风险状况图，并进行叠加分析，预判风险扩散源。

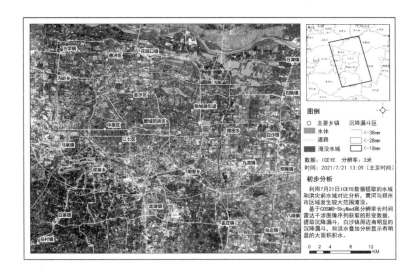

图 6-14 "7·20"郑州暴雨湿陷沉降风险监测图

通过结合 SAR 卫星影像、气象雷达、地面内涝检测系统传感器等多元化监测数据,形成"天—空—地"一体化城市内涝风险感知大数据,服务于城市管理者能够提前获知内涝风险,并采取相应措施,如协调疏散人员、调度抢险力量等。

通过风险感知大数据的获取,有助于评估城市内涝风险区域和薄弱环节,基于评估结果,城市规划部门可以更有针对性地布局排水设施、绿地和雨水管理系统,以减少因周期性自然灾害造成的城市内涝的发生,并减弱其影响。

在灾后应急响应及评估方面,SAR 卫星影像通常作为恶劣气候条件下能够获取到的第一份城市尺度内涝灾害"一张图"的原始数据,为城市道路积水评估、指导抢险救援和资源调度提供着不可或缺的数据支撑。灾后,通过结合多源数据对内涝监测成果叠加分析与评估,SAR 卫星影像也为城市管理者总结经验教训,优化城市规划和内涝管理策略。

（2）城市违建监测

违建监管受到人工成本高等因素的限制，存在监测时效性较差、监测区域较小、监察受人为因素影响而依据不全等问题。SAR 高分辨率遥感影像能够作为广域、客观、准确的数据源基础，为城市违建监测提供有力支撑。

通过长时间序列 SAR 影像变化监测，对特定关注建筑加盖、违建等现象的具体时间及所作所为进行溯源，同时结合 InSAR 时序形变监测排查，分析违建行为是否造成了建筑物在形变趋势上的影响。

以新建建筑为例，建筑在雷达影像中表现为强散射体，通常为规则的高亮显示，图 6 – 15 中可以看出前时相影像无明显建筑物，后时相影像有建筑物新建。

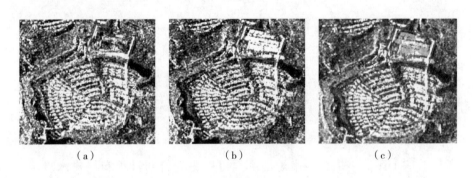

（a）　　　　　　　　　（b）　　　　　　　　　（c）

注：图（a）为前时相影像，（b）为后时相影像，（c）为 MTC 多时相相干影像。

图 6 – 15　新建房屋前后时相示意图

"两违"遥感监测能够实现城市地域范围内，固定时间周期的横向筛查与纵向比对，其变化监测内容包括：违建位置、违建面积、变化情况（新建、拆除、改建、扩建等）。在摸清城市违建"家底"后，利用资产数据化手段，辅助联合管理部门的房屋建筑"一套数"，排查整治违法建筑，制订拆违计划。通过卫星遥感大数据动态监测，全周期跟踪"拆违计划"的执法进度，形成城市违规建筑"摸、查、改"一体化监管闭环。

（3）城市基础设施监测

人工角反射器安装后，雷达入射光线照射到角反射器表面后，经过几次反射会沿原路径的反方向被反射回去，能够在雷达影像上形成明显亮斑。由于这些点对雷达波束反射性很强，基于两期 SAR 影像数据就能解算出形变情况，同时满足长时间基线干涉测量对于稳定性与相干性的要求，因而可以实现对基础设施长时序毫米量级微观形变的监测。

①危房建筑形变监测

近年来，房屋安全事故造成了大量的财产损失与人员伤亡，面对早期房屋在结构设计、用料缺陷、非法改建和地质活动等方面的影响，亟须对房屋地基不均匀沉降、房屋基础结构损坏、结构形变等现象进行长期在线监测，实时掌握老旧房屋的形变和重要结构损坏情况，预防重大事故发生。

通常大量危房建筑会分布在年代久远、楼层低矮、结构老化、建筑密度高的区域范围内，人工布设角反射器所提供的强散射信号，能够很好地弥补 InSAR 形变解译困难的问题，将广地域、高精度的形变指标引入危房监测、管控、治理的体系范畴。

以肉联厂建筑角反射器监测为例，肉联厂中有两栋建筑为危房，分别在两栋房屋的四个顶角安装角反射器，用于监测房屋不同结构位置的形变差异情况，结果表明：两栋建筑的东侧沉降幅度略大于西侧，并且两栋房屋四个角点处结构的沉降存在不一致性。

基于 InSAR 技术实现城市尺度建筑安全普查后，对高形变风险建筑布设角反射器实现单体建筑物精细化评估，进一步推动资产数据化进程，使城市管理者更好地掌握潜在的房屋资产风险隐患，及时规划迁补措施，疏散劝导居民，避免危房相关事故造成的损失。

②基坑施工形变监测

城市发展伴随着大量的工程施工建设，地下环境发生着巨大的变化，地下施工对城市岩土地质、管线设施、地下水等多种要素产生潜移默化的影响。无论在环境污染层面还是地质应力结构变化层面，工程施工都为其周边地区埋下了风险隐患。

在基坑开挖及地下工程施工过程中，基坑监测工作应贯穿基坑工程和地下工程施工的全过程，以便于对工程的安全性做出提前预判，防止灾害事故的发生。

通过在基坑东北侧边坡位置人工架设角反射器，实现时序 SAR 卫星数据形变监测能力的更高效利用，在长时间周期的施工过程中能够节约人工监测成本，同时也确保了形变监测成果的客观性与准确性。基坑施工角反射器监测方式如图 6 – 16 所示。

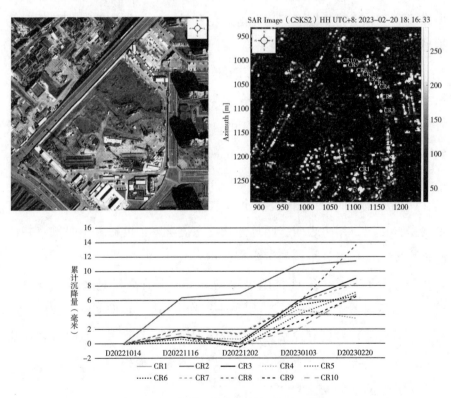

图 6 – 16　基坑施工角反射器监测示意图

以 2022 年 10 月数据为形变监测基准，对基坑边坡进行了为期 4 个月的形变监测，在基坑施工过程中，边坡整体保持稳定的抬升趋势，监测周期内出现的最大单月形变量为 8.0 毫米。

基坑开挖及地下工程施工造成的地下应力结构失稳，同样影响着施工周边已有建筑的形变情况。在工程建设周期内对影响范围的地表形变场进行监测，也能够为风险识别、监测及灾后损失定责提供有力保障。

③机场跑道形变监测

机场跑道形变对飞机起落的航向和姿态控制有较大的影响。跑道形变监测服务于机场更科学地制定维修策略和更准确地预测跑道寿命。这有助于机场管理方做出明智的投资决策，优化资源利用，并确保机场设施的可持续运营。

以鄂州机场跑道形变监测为例，通过对鄂州花湖机场内地面沉降特征信息的提取，获取到 2022 年 3 月 2 日至 2022 年 11 月 20 日机场跑道沿线六处角反射器的形变监测成果，其中角反射器 PT6 位置与其他位置相比出现了差异性的沉降（见图 6 - 17），为形变风险排查的重点区域，需要结合多元数据进一步评估跑道的健康状况。

CR - InSAR 技术为鄂州花湖机场，尤其是东西双跑道的地表形变的科学分析和及时防治提供了科学的决策依据和可靠的技术支持。机场跑道监测的作用是保障飞行安全、制订维修计划、提升运营效率和支持数据驱动的决策。及时发现和解决跑道形变问题，确保机场的正常运营和飞行安全，进一步将监测数据接入机场安全管理系统，从而健全安全管理体系，实现安全信息的统一管理，防范风险事故发生，最终提升机场的应急处置、安全监管能力。

（4）地质调查应用

传统的水准虽然测量的精度较高，可以同时兼顾地表形变和高程基准的建设需求，但也存在人力投入成本大、点位分布较为稀疏、作业周

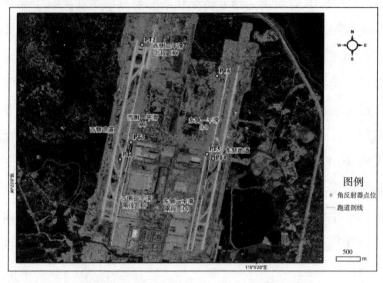

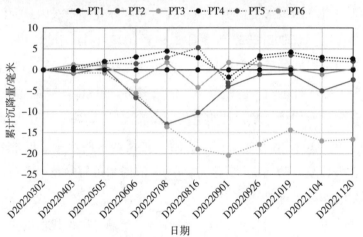

图 6 – 17　鄂州花湖机场角反射器监测示意图

期长等问题。面对日益扩大的区域性地面沉降趋势，越来越需要现代高新技术提供更全面、及时、科学的监测手段。

InSAR 测量技术已成为行业公认地表调查和监测的高效手段。相比传统的水准、GPS 形变测量、近景摄影测量、激光扫描测量等技术监测手段，InSAR 技术具有获取形变信息范围大、高精度、非接触、可回溯、全天候、适应广等优势，能克服地面形变测量、调查过程中易受天气影响、GPS 点位稀疏、地面调查通达不易等困难，极大地拓展了地面形变信息获取的手段。

以佛山市为例，通过对禅城区城市软土工程地质特性评价发现，禅城区第四纪松散沉积物广泛分布，以河口三角洲沉积为主，岩相岩性及沉积物厚度多变，厚度变化较大，物质组成复杂、侧向变化快，厚度自 0 米至 60 多米不等，沉积的第四纪厚度表现为大致以东平水道为界，自东向西递增的趋势，显示了东平水道以西为禅城区第四纪主沉积区，厚度较大的主要分布于禅城区西部南庄的湖涌、隆庆、吉利、恒头等地，厚度一般大于 30 米，沉积中心大致呈北西向展布，这说明第四纪沉积受北西向断裂控制显著（见图 6 – 18）。

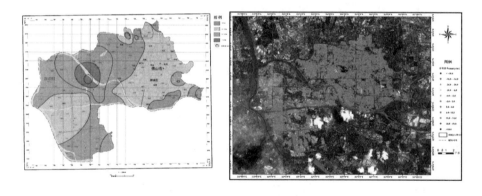

图 6 – 18　软土等厚线与形变监测成果示意图

InSAR 形变监测结果也表现出与第四纪沉积厚度、软土空间分布具有高度的吻合性，软土厚度较大的区域为地面沉降形成的有利位置；老城区低矮建筑使用的基础普遍较浅，且建设时填土较厚，可能未做充分夯实，使填土具有较大的可压缩性，是地面沉降形成的有利条件；当城市靠近河道时，地下水位受河道水位变化影响明显。同时，城市化进程的推进伴随着城市地下空间的开发，盾构施工过程抽排地下水也会使地下水水位短时间发生较大幅度下降，水位变化对软土自身固结有较大影响。

（5）沿海高速监测案例

针对广深沿江高速公路深圳段的宝安机场至月亮湾范围内共计约15.036 千米长度的高速公路，采用 PS－InSAR 技术获得高速公路建成后，5 年路面的沉降形变历史存档数据，并通过反演计算获得高精度沉降形变成果，对沿线整体风险进行识别和提取，分析其变化趋势，并对高速公路路面及收费站等沉降风险较大的区域开展变化趋势分析，为保险风险防控和防灾防损服务提供支持。

①沿线整体风险识别

基于 InSAR 数据，针对高速公路沿线路面、桥梁、收费站和服务区等对象，进行研究区域沿海公路总体风险进行识别和提取。通过分布在沿线地表不同位置的雷达干涉测量监测点，解算分析出各监测点的三维坐标并保存到数据库中。根据历史沉降序列情况，通过数据分析软件分析区域内目标设施各监测点的沉降变化量、变化趋势，并结合其他资料对沿线整体的稳定性及沉降情况进行分析。

广深沿江高速公路深圳段的总体情况如图 6－19 所示。根据 PS 计算结果，在高速公路沿线共获取 14124 个 PS 点，依据 8 毫米/年作为形变速率门限，在研究区内共发现 739 个形变速率大于门限值的 PS 点，占全段总数的 5.21%。总体来讲，路线穿过区域较为稳定，需要关注的是各收费站区域的建筑物，由于地质等原因出现较大的区域性沉降。

②主要潜在风险区域分析

通过对广深沿江高速公路深圳段"宝安机场—月亮湾"段全线沉降情况的分析，提取了西乡北收费站入口匝道、西乡北出口高速收费站、西乡至大铲湾段、大铲湾收费站、大铲湾至前海段、前海收费站、前海自贸区段、梦海大道交叉口高架等 8 处潜在沉降风险区域，并对这 8 个重

图6－19　广深沿江高速公路深圳段的总体情况

点区域进行沉降趋势分析。综合考虑广深沿江高速公路深圳段的工程地质条件，结合 PS－InSAR 监测分析结果，该区域沉降的主要原因如下：

一是填海区域土质松软。高速公路经过路面区域大部分属于填海区，填海区为软土地基，软土土质松软，地基不够扎实，易发生地面沉降，这是造成沿江高速沉降的主要原因。如西乡至大铲湾段、大铲湾至前海段以及前海自贸区段等均属于此类沉降。

二是桥梁的热胀冷缩。桥梁在设计的时候会预留伸缩缝，预防桥面形变造成的安全事故。但有时桥面的热胀冷缩也会引起桥面的周期性沉降，这种沉降会表现出明显的季节性，即"冬天桥面隆起，夏天桥面下沉"。但由于桥面的弹性逐渐减弱，整体呈现出沉降的趋势，如西乡北入口匝道处的高架桥即为此类沉降。

三是收费站沉降。本项目监测范围内的广深沿江高速公路共有西乡北、西乡南、大铲湾以及前海四个收费站，这四个收费站除了西乡南在本次监测时期内表现比较稳定外，其他三个收费站均出现了不同程度的沉降现象。因收费站为低矮建筑，地基较浅，高速公路的不均匀沉降有可能造成路面裂缝、不平，影响行车安全，严重的会进一步引发安全事故，甚至造成人员伤亡等后果。

6.3　无人机遥感技术助力城市风险减量

无人机遥感技术是利用无人驾驶飞行器技术、遥感传感器技术、遥测遥控技术、通信技术、GPS差分定位技术和遥感应用技术，快速获取国土、资源、环境等空间遥感信息，完成遥感数据处理、建模和分析的应用技术。它已逐步从研究发展到实际应用阶段，成为未来的主要航空遥感技术。

无人机遥感测量技术的迅速发展，为自然灾害及其他紧急情况的应急救援提供了有力保障。无人机具有机动、快速、经济等优势，它可搭载激光雷达或传感器，快速获取时效性强、分辨率高的遥感影像数据，为及时开展应急保障工作、准确定位受灾救援位置、了解实地情况，提供真实准确的数据资料，广泛应用于应急测绘保障、灾情评估、城市测绘等多个领域。

6.3.1　无人机遥感应用现状

无人机作为新型遥感和测绘平台，相比于地面静态观测和卫星航空观测而言更加灵活，分辨率也更高，数据信息也具有相当或更高的准确度。无人机技术在遥感中的应用满足了遥感技术在军事、农业、矿业、环境科学等多领域对监测和管理的不同需求。无人机拓宽了遥感技术时空的尺度，可以多时段反复探测，又能满足从局部到大区域的探测需求，在精度方面可以达到0.1米甚至0.01米级别，通过搭载不同探测器可以获得多层面的信息数据。无人机采集信息的能力有其突出特点，但其数据处理、分析模型建立、信息提取转译等后续技术仍在不断研发过程之中。

与传统遥感不同，小型无人机作为低成本的新型遥感平台，很好地弥补了传统遥感的缺陷，在局部遥感和应急监测方面取得了巨大成功。无人机遥感平台可以分为飞行器分系统、测控及信息传输系统、信息获取与处理系统及保障系统。

6.3.2 无人机遥感应用特点

（1）测绘成本较低

无人机遥感测量技术可以低空、连续、低成本、低风险采集数据，相对于传统航测和卫星遥感而言，可以进行云下低空飞行，提高了分辨率。通过地面遥控减少操作人员的训练投入和安全风险。监测区域设定更加灵活，可以连续或者周期性监测，实时传回分析数据。无人机运行成本明显低于卫星和载人飞机，无人作业方式大幅降低了人力和安全成本。无人机可以获得更为精细的数据，对地形地貌的时空变化监测精度可以到达 0.01 米级别。

（2）时效性高，快速响应

无人机体积小，便于操作、转场，对于起降场地要求也相对较小，可以依据需求短时间准备后迅速起降，实现遥感数据的快速实时获取。

（3）工作效率高，突破作业条件限制，灵活作业

相较于卫星遥感和飞机航空拍摄，无人机摄影测量获取数据的工作效率会更高。首先，当前所采用的卫星遥感测绘和航空拍摄会受云层遮挡的干扰，在云层比较厚的时间段无法进行测绘，而低空无人机获取数据不受云层厚度的影响，可以保障测绘工作的正常进行；其次，飞机航空拍摄受到起飞地点和空中管制等因素的影响，空中拍摄的时间有限，拍摄时间不长，而无人机不受其他因素干扰，只要备用电力充足，就可实现 24 小时不间断测绘工作，获取更多影像数据信息。

（4）使用维护便捷

无人机相对于大型飞机和卫星的使用，调试及维护都更加方便快捷，可以根据需求及时调整，使用灵活精确，出勤率高，设备维修相对容易。无人机这种局地尺度、连续起降、多时空、多信息维度重复信息采集的特点，使其在农用领域有着极大的发展空间和应用效益。

6.3.3 无人机遥感城市应用

无人机遥感技术在城市风险减量管理的应用领域，尤其在智慧城市、平安城市及应急管理方面具有突出的作用。

（1）城市智慧监测

近年来，我国基层社会治理方式和手段不断创新，基层社会治理体系日益完善，基层治理能力不断提高。中共中央、国务院《关于加强基层治理体系和治理能力现代化建设的意见》中提出，加强基层智慧治理能力建设，提高基层治理数字化智能化水平，同时还要求"做好规划建设"、"统筹推进智慧城市、智慧社区基础设施、系统平台和应用终端建设"、"健全基层智慧治理标准体系，推广智能感知等技术"。

城市风险减量管理中，智慧城市、平安城市等现代化的基层智慧治理体系的建立与应用，通过智能化的遥感感知技术，使得城市从规划，到智慧城市、数字城市建设，进而到智慧监测与治理，均具有了精细化、高质量管理的基础。

（2）平安城市智慧监测建设

围绕贯彻落实中央关于城市安全的要求，一些城市率先在城市安全风险综合监测预警平台建设方面进行了积极探索，形成了符合本地实际情况的建设和运营工作模式，为开展城市风险监测预警提供了有益借鉴。平安城市建设是建设智慧社会的重要组成部分，而时空大数据平台是智慧城市建设与运行的基础支撑。

无人机数据采集方便快捷、数据形式多样，可根据使用需求拓展应用领域，如交通、应急、农业、水利、消防等，为提升城市基础治理与管理能力发挥了重要作用。通过合理布置无人机的分布范围，可实现城市内网格化覆盖；通过设定各领域的巡查任务，定期巡查，可将所得成果自动分类、归档，根据需求推送相关部门；结合平安城市智慧监测平台（见图6－20），利用无人机采集的数据信息，可以在管理系统中将现状、规划数据叠加，以三维模型为辅助，直观反映出地貌与建筑信息，从而为自然资源规划、城市管理提供可视化信息与准确的数据支撑，实现城市自然资源数据统一标准化建库管理、空地无人机统一管理调度、全自主自动定期巡检巡查、土地利用变化自动识别、耕地保护开发利用变更预警、执法督察取证留档等功能；通过实时可视化展示，确保执法人员快速高效地完成各项业务采集及管理调度工作，准确、科学、高效地实现自然资源的综合精细化高质量管理。

图6－20　平安城市可视化系统

图 6-20 平安城市可视化系统（续）

6.3.4 三维倾斜摄影技术应用

（1）应用背景

灾害发生后，卫星数据受天气、重返周期、云层覆盖等诸多因素影响较大，而无人机则可以灵活、机动地飞抵调查人员难以到达的地区，第一时间快速到达受灾现场，替代卫星、人工无法进入的复杂场景，快速获取地质灾害调查区的高分辨率影像数据，全面、清晰、高精度地感知目标物的真实情况，获取第一手超高分辨率的采集数据。

基于无人机数据的倾斜摄影、三维建模重建可以快速、高精度地反映受灾区域的真实状况，相比于数字正射影像，它可以从不同的角度去获取数据，显示效果更加真实、立体，从而极大弥补正射影像应用的狭隘性。在倾斜摄影测量工作中，通过无人机三维模型重建，可高精度还原现场所有要素，提供可以直接测量物体的角度、坡度、面积、长度、宽度、高度等各个方面的全要素信息，基于无人机多源数据的三维重建模型，为灾害的快速响应、准确评估提供了基础数据。

高精度受灾场景三维模型重建为定格还原灾害现场提供了真实、全面、可量测的场景，但如果依靠密集的人力来识别灾情，还远远满足不了应急响应的需求。利用机器学习的方法自动检测建筑物并评测损害程度，建立适用于无人机三维模型的灾害损失标注数据，建立交互式的训练、验证和专家系统，并通过迁移学习等算法，提高机器学习识别的效率与精度，提高灾后报告的生成速度，用于协助救灾团队迅速开展施救和定损工作。

传统深度学习人工智能模型依赖大量标注数据，但实际灾情多样复杂，标注数据稀缺，需要研究建立面向灾前、灾后图像的自动学习算法，真正将无人机遥感影像、地理信息和人工智能技术有效融合，为灾害现场数据采集、场景还原、快速识别与量测、应急救援及最终灾情评估提供全场景依据与技术支撑。

（2）应用目标

基于无人机、遥感卫星的多源多模态大数据和机器学习技术，实现对灾情现场的快速 3D 重建，实现灾前、灾后对应位置的标注和对比，利用深度卷积神经网络实现对现场房屋、道路等的实时识别，实现受损标的长度、面积、土方体积等的快速测量和评估。中国人保财险公司与深圳大德众和科技公司选取典型灾害场景和典型区域开展试点研究，验证方法的适用性和准确性，探索保险应用模式。

（3）技术现状

倾斜摄影测量、三维建模技术是摄影测量领域近十几年发展的一项高新技术，该技术通过从一个垂直、四个倾斜、五个不同的视角同步采集影像来获取建筑物顶面及侧视的高分辨率纹理。该技术不仅能够真实地反映地物情况，高精度地获取物方纹理信息，还可通过先进的定位、融合、建模等技术，生成真实的三维模型。

三维建模可视化是以计算机设备为基础，利用不同的软件平台将地球表面二维数据信息转换为三维形态，通过不同的设备屏幕显示出来，能够进行交互式处理的新型技术，是反映人类对客观世界认知的一种体现。

无人机低空航拍技术凭借易操作、灵活性高、低成本、可控性强、角度多等优势成为了获取三维空间信息的先进手段，国外研发生产的无人机设备较多，例如法国 Parrot 公司的 Bebop、德国 Ascending公司的 AscTec、瑞士 SenseFly 公司的 eBee、加拿大 Aeromao 公司的 Aeromapper X5 等。我国自主研发的无人机设备也日益增多，如深圳市大疆创新科技有限公司的 Matrice 300 RTK、Matrice 200 V2、精灵4rtk、深圳市大德众和科技有限公司的 Master X5、Master X6、北京红鹏天绘科技有限责任公司的电动六旋翼无人机、广州极飞电子科技有限公司的 M500 等。

无人机低空遥感系统平台主要包括固定翼、多旋翼、飞艇、直升机四种类型，由于目前研发的无人机设备以电能运行居多，搭载的重量有限，因此传感器类型主要以体积小、重量轻、采集数据高清的相机为主。

倾斜摄影技术是指根据不同的需求和无人机的构架搭载不同型号、不同个数的数码相机，通过多角度获取高清的数码照片。无人机倾斜摄影系统能够从垂直和倾斜角度获取地面的信息，确保地物侧面纹理信息能够采集完整，通过这种全方位、高重叠度的方式将地面形状还原，生成仿真三维模型。较早的倾斜摄影技术由莱卡公司于 2000 年提出，发展至今根据搭载的相机数量不同，又分为三相机系统和五相机系统，目前较为常用的是五相机系统，即中间一台为垂直拍摄，其余四台分别从前后左右四个方向拍摄，倾斜角度在 40°到 60°之间，五台相机固定安装，同时曝光获取五个方向的地面信息。三相机系统与五相机系统安装的镜头不仅数量存在差异，而且左右两个镜头的倾斜角度为 30°到 40°，左右两个镜头是可活动安装方式，即曝光一次后自动旋转 90°，通过转动改变镜头方向获取侧面四个方向的信息。无人机倾斜摄影技术近年来快速发展，该技术有效解决了单镜头无人机拍摄数据生成的三维模型中出现弱纹理区域（水体、植被）空洞、具有高度地物侧面纹理缺失、地物扭曲等问题。

随着无人倾斜摄影系统的诞生，国内外研发了不同构建无人机三维模型的软件平台。国外以半自动、自动构建无人机三维建模平台为主，包括瑞士 Pix4D 公司的 Pix4UAV、法国 Acute3D 公司的 Smart3D（ContextCapture）、德国 INPHO 公司的 Inpho、美国鹰图公司研发的 ERDAS LPS、俄罗斯 Racurs 公司的 PHOTOMOD 等；国内主要有中国测绘科学研究院的 MAP－AT 和 PixelGrid、武汉适普软件有限公司的 VirtuoZo 和 DPGrid、北京吉威时代软件股份有限公司的 GEOWAY 等。利用这些专业的软件处理无人机拍摄的高新数码照片，生成的主要成果有 DOM、DSM、三维模型、三维点云、精度报告等。

在应用市场，法国 ContextCapture 软件发展得最好，这是一款全自动的三维场景运算软件，在没有人工干预的情况下，可将简单连续的数码照片生成真实的实景三维模型，生成的三维模型是由提取高密度的点云数据构成无数的三角格网而形成的，并在其表面贴上真实的纹理信息，构成的三维模型无限接近真实的景观。中国大部分主要城市都将智慧城市作为城市的主要工程，城市三维模型的建立对城市的智慧管理、国土测绘、城市规划及建设施工具有重要的价值。

6.3.5 典型案例

深圳市大德众和科技是一家基于无人机、遥感大数据应用技术服务的国家高新技术企业，主要从事地理信息技术（GIS）和农业数字信息化技术的研究开发、技术推广运用及咨询服务。主要业务包括：农业统计遥感调查、农业保险查勘评估、自然资源类调查、地理国情监测、无人机摄影测量与遥感数据处理；三维智慧城市、油气管线巡检、防灾减灾应急响应等。

研发的无人机及地面站系统、无人机调查监测调度管理云平台、无人机遥感实时监控调查系统、空间信息管理与展示 GIS 平台、农业保险灾情评估系统等产品，在遥感与无人机多光谱、高光谱数据在农作物分类提取、农作物面积估算、农作物长势监测、病虫害防治、产量评估等遥感技术及应用领域拥有多项专业科研成果，拥有自主核心技术与模型算法，取得了一批具有自主知识产权的研究开发成果。

（1）技术路线

重大灾害通常是一个大区域范围内的普遍性灾害，需要快速精准地定位建筑及工程损坏情况、滑坡塌方情况。基于需求该公司建立了一个基于高分辨率遥感数据及无人机数据的建筑物、堤坝等区域的快速变化检测的模型方法，以满足台风、暴雨、洪水、山体滑坡等重大灾害发生后，保险公司第一时间了解企业、建筑及工程等受灾标的灾前和灾后情况的需求，实现精确、快速评估标的损失的目标，以迅速开展施救和定损工作，减少客户损失，助力灾后恢复重建。

考虑到对全区域进行倾斜摄影航测及三维模型重建、损失标的标注提取等工作，需要海量的人力、物力、时间的投入，还可能会错失紧急救援和施救定损的最佳时间，该公司先使用灾前灾后二维高分辨率遥感影像和无人机数据、利用深度卷积神经网络实现对全区域进行变化检测，实现对现场房屋、道路等的实时识别，然后只对变化区域进行快速的 3D 重建，从而快速实现灾前灾后对应位置的标注和对比、实现受损标的长度、面积、土方体积等的快速测量和评估。

（2）三维建模

①五角度倾斜摄影航测

倾斜航摄仪搭载在飞行平台按设计航线进行连续摄影，在拍摄的过程中，同时记录航高、曝光时间、摄站点坐标及姿态等信息，同时五台相机同步曝光高度一致，有效保证了在曝光瞬间与 POS 系统获取的位置姿态信息的一致性。在一段时间内，五个镜头连续拍摄的影像不仅能真实反映地物特性，而且每张影像都有高精度的地理信息，同时多角度拍摄的影像也能满足生成建筑物表面纹理的需要，使得航摄影像处理速度提高，大大降低了城市三维建模的成本。

针对研究区域，利用五拼倾斜航摄仪对试验区进行倾斜摄影测量，根据实际情况规划飞行架次，以 1 亿像素的五拼相机，获取下视和斜视的仿真彩色航空影像及下视影像原始 POS 数据，其中飞行时设置相片航向重叠和旁向重叠度，设置五拼相机的摄影倾斜角。每个影像幅宽为 5472×3645，感应器尺寸为 12.8333 毫米，焦距为 8.8 毫米，35 毫米等效焦距为 24.6858 毫米；每次曝光为五镜头同时出发，从而确保位置姿态的一致性。

②构建 TIN 模型及实景三维模型构建

基于点云数据来构建地物三角网（TIN）模型，优化三角网，将内部三角的尺寸调整至与原始影像分辨相匹配的比例，分析连续曲面的变化，并简化相对平坦地区的三角网，降低数据冗余，构建 TIN 模型矢量框架。利用空三加密建立影像之间的三角关系形成 TIN，再由 TIN 构成白模，软件自动从影像中获取对应的纹理，并将纠正后的影像纹理赋予到对应的白模上，最终生成测区实景三维模型。

③基于遥感影像几何特征提取的受灾面积量算与估计

基于时空自注意力（STANet）模型的遥感图像深度学习自动变化检测，快速定位并标注出整个区域的建筑物变化（新建、拆除）的变化区域，快速提取出变化区域的空间位置信息、空间测量信息（长度、宽度、面积）等，采用对重点变化区域的倾斜摄影测量和三维实景建模，在重大灾害发生时，通过二维、三维相结合的方式，就可以快速定位受灾区域、受灾范围、受灾面积及灾害损失。

（3）内蒙古阿尔巴斯矿区工厂项目

①基础数据

项目内蒙古阿尔巴斯矿区位于内蒙古鄂尔多斯市，属于鄂尔多斯煤炭有限公司，煤炭企业的安全生产、安全防护及保险风险查勘评估，是作为城市重大突发事件的重要典型性区域。故我公司又选取了内蒙古阿尔巴斯矿区工厂作为财产险城市风险管理三维场景重建和智能评估的典型代表和样例区。

此次项目任务，所使用的数据包括多时相谷歌影像、无人机正射照片、无人机倾斜摄影成果等基础资料。

②研究成果

a. 灾前灾后高分辨率卫星（或无人机）影像处理结果

针对内蒙古阿尔巴斯矿区研究区，获取了2020年10月的卫星影像数据，并完成几何校准等基本工作。以垂直起降固定翼无人机搭载1亿像素的五拼相机，对研究区域三个矿场进行正射影像的采集，获取正射影像照片，拼接处理获得2021年5月的该区域无人机正射影像数据。为了与真实重大灾害现场场景一致，也为了机器学习模型算法数据尺度的统一性，我们将无人机正射影像进行了重采样，达到与2020年卫星影像同样的0.3m分辨率，并对两幅不同时相的影像进行了配准与标准化预处理。

图21 基于时空自注意力（STANet）的变化检测细节

b. 无人机实景三维建模结果

2021年5月，以垂直起降固定翼无人机搭载1亿像素的五拼相机，对试验区进行倾斜摄影测量，获取下视和四方向斜视上万张真彩色航空影像及下视影像原始POS数据，相片航向重叠和旁向重叠为80%，五拼相机的摄影倾斜角为45°、每个影像幅宽为5472×3645，感应器尺寸为12.8333mm，焦距为8.8mm，35mm等效焦距为24.6858mm，每次曝光为五镜头同时出发，可确保位置姿态的一致性。使用三维建模软件系统生成紫琅湖及周边区域三维模型成果，如下面图集所示。

图 22　2021 年 5 月无人机三维数据细节图

c. 受灾面积量算与估计结果

本研究针对二矿区的范围，通过时空自注意力算法的深度学习方法，快速、自动提取了全区域所有的变化建筑物，并且自动提取了其相关度量信息，通过三维模型的重建，可以清晰还原受灾现场，并提取受灾的建筑物的损失细节，包括建筑物面积、体积。

图 23

6.4 城市森林防火预警技术助力城市风险管理

　　森林火灾突发性强、破坏性大、危险性高，是全球发生最频繁、处置最困难、危害最严重的自然灾害之一，是生态文明建设成果和森林资源安全的最大威胁，甚至会引发生态灾难和社会危机。森林资源不仅具有极大的生态价值，同样蕴含着可观的经济价值，除了能为各个行业生产提供木材外，还能改善日益恶化的自然生态环境，是人类社会发展必不可少的物质基础。

我国总体上是一个缺林少绿、生态脆弱的国家，受气候影响显著、森林火灾多发。保护森林资源是社会发展的一项重要任务。中国人均林业资源拥有量较少，各行业的不断发展给自然生态环境带来了严重的负担，林业资源受到了一定影响，若不加以妥善管理，就难以使林业资源发挥重要作用。

城市森林防火就是防止森林火灾的发生和蔓延，即对森林火灾进行预防和扑救。预防森林火灾的发生，就要了解森林火灾发生的规律，采取行政、法律、经济相结合的办法，运用科学技术手段，最大限度地减少火灾发生次数。扑救森林火灾，就要了解森林火灾燃烧的规律，建立严密的应急机制和强有力的森林防火预警系统，组织训练有素的扑火队伍，运用有效、科学的方法和先进的扑火设备及时进行扑救，最大限度地减少火灾损失。森林防火是生态文明建设的安全保障，是森林资源保护的首要任务，是国家应急管理的重要内容，事关人民生命财产和森林资源安全，事关山水林田湖生命共同体安全，事关国土生态安全，因此，森林防火责任重于泰山。未来十年，既是加快推进生态文明建设的关键时期，也是林业发展和森林防火工作的重要战略机遇期。

6.4.1　城市森林防火现状

（1）森林资源匮乏

当前我国森林覆盖率远低于全球31%的平均水平，人均森林面积仅为世界人均水平的1/4，人均森林蓄积只有世界人均水平的1/7，森林资源总量相对不足、质量不高、分布不均的现状。

（2）森林火灾频发

2021年，中国全年共发生森林火灾616起，受害森林面积约0.4万公顷。2022年，中国全年共发生森林火灾709起，受害森林面积约0.5万公顷。

（3）森林防火管理标准出台

《全国森林防火发展规划（2016～2025年)》中提到要加大防火投入，加强森林火灾预防、扑救和保障三大体系建设，改善重点林区森林防火装备和基础设施建设水平，提高森林火灾综合防控能力。

涉及森林草原防火的单位应成立相应组织机构，建立森林草原防火责任制，划定森林防灭火责任区，确定森林草原防灭火责任人，明确森林草原防火责任。开展森林草原防火宣传教育和培训，定期进行防火检查，消除各类火灾隐患。

涉及森林草原防火的单位应编制森林草原火灾应急处置预案并定期演练，检查和维护各种灭火设施设备、器材装备，与地方应急救援部门建立联防联控机制。各个单位在进行可能引起周边森林火灾的靶场射击试验、弹药销毁等作业活动前，必须制定切实可行的防范措施，对周边林草进行覆盖、湿化或清理，配备防护力量进行现场保护。

各个单位燃爆品等危险场所周边有森林草原的，应商请属地政府和有关部门按照国家、地方相关规定和《森林防火技术标准》（LYJ 127—2012）沿场所外墙设置防火阻隔带，并定期清理。在重点防火季节和特殊时段，涉及森林草原防火的单位要加强防火巡查，做好重点季节的防火期护林防火工作。单位应结合森林草原火灾风险特点配备森林灭火装备、单兵远程灭火发射装置和灭火药剂，单兵细水雾灭火装置应不少于3套。单位燃爆品等危险场所周边有森林的，鼓励建设具有自定义巡航功能的风光互补高点云台火灾监控预警视频。

（4）生态文明建设加快推进

党的十八大，十八届三中、四中、五中全会把生态文明建设纳入中国特色社会主义事业五位一体总体布局，中共中央、国务院颁布《关于加快推进生态文明建设的意见》和《生态文明体制改革总体方案》，对生态文明建设做出顶层设计和总体部署，我国发展进入了加快推进生态文明建设的新阶段。建设生态文明，树立尊重自然、顺应自然、保护自然、绿色发展的理念，坚持保护优先、自然恢复为主的方针，必须像保护眼睛一样保护生态环境，像对待生命一样对待生态环境，生态保护任务日益繁重。

6.4.2　城市森林防火存在的问题

（1）防火意识较差，宣传教育力度不足

在当前我国已发生的森林火灾事故当中，引起火灾的主要因素是人员没有树立科学的防火意识。森林资源大部分位于山区和农村，而附近的居民防火意识较差，也有部分村民仍然有焚烧秸秆的习俗，随意焚烧秸秆不仅会引起大量的粉尘污染，也可能引发火灾。另外，农村地区仍有节日放鞭炮和清明祭祀的习俗，这些都是直接引起森林火灾的危险源，但部分农村群众意识不到这些行为的危险性。而且还有一些旅游地区存在烧烤或是乱扔烟头等现象，这些也会成为森林发生火灾的起源。换个角度看，这也是当地有关部门未能做好防火宣传工作的体现，从现场调查统计数据分析可知，有的地区森林相关防火管理部门甚至没有组织开展过森林相关防火防范宣传教育工作，而且有的防火部门工作人员的森林防火意识和森林救火减灾能力根本无法达到目前我国森林相关防火标准。防火宣传工作人员仅停留在报纸、电视等媒介，没有真正深入到群众内部，未能将引起森林火灾事故的因素以及火灾危害详细分析给广大群众，宣传教育工作没有发挥真正的效力。

（2）森林地势复杂，工作条件较差

目前，我国大多数森林位于偏远山区，地形复杂，交通不够顺畅，森林与山脉之间连成一片，山脉之间的起伏程度较大。因此，当发生火灾的时候，防火工作人员和设备不能及时跟进，缺乏良好的防火通道，无法及时排查道路的畅通程度，以至于在关键时期救援工作无法及时到位。同时，复杂的地形也大大增加了火灾排查的工作难度，火灾发生后，无法在短暂的时间内准确定位火灾发生的地点，扑火工作人员也无法在第一时间迅速奔赴现场，进而耽误了最佳的扑火时间，导致火灾超出了可以控制的范围，增加了救火的工作难度。

（3）森林防火安全制度建设不到位

森林火灾的频繁发生多数都是由于人为原因造成。一方面，由于我国个人对防火安全意识的认知比较差，在森林火灾发生之后反应较差，对火灾原因的发现较为困难，且对火灾造成者没有采取相应严惩措施。另一方面，森林防火工作中还存在着资金和技术装备的匮乏。在对森林防火工作实施过程中，除专业的工作人员要具有较强责任心和较高专业素养外，还需要相应的资金和技术设备予以支持，这样才可能保障森林防火工作的质量和效率。

6.4.3　整体设计及架构

为提高森林火灾综合防控能力，减轻林区工作人员的工作强度、提高森林综合管护成效、提升森林违法案件执法处置效率、完善科学防火体系为目标，应以空间地理数据、林业专题数据、视频图像数据为支撑，充分应用大数据、物联网、人工智能等技术，构建森林防火预警系统，从而形成全天候、立体化、智能化的森林火灾综合预警管控体系。

（1）构建立体监测网络

系统融合先进的卫星、无人机、视频等监测手段，构建全天候、全覆盖、全方位的森林防火立体监测网络，能够及时发现森林火灾，实现森林火灾的"灭早、灭小"。

（2）智能辅助扑火指挥

基于系统的火情研判、扑火指挥等预警决策支撑功能，为林火指挥人员提供准确、快速、实用的决策支持，确保森林火险的蔓延控制、及时扑救。

（3）林区人车动态管控

通过卡口视频监控，基于人脸、车辆识别技术，对森林出入口的人员车辆进行管控，辅助调查取证、林区管理，提升违法案件执法处置效率。

（4）全过程闭环管理

通过前端设备自动发现火情、系统平台辅助扑火指挥、移动 App 现场处置反馈以及人车动态管控辅助案件调查取证，实现森林火灾"灾前、灾中、灾后"全过程闭环管理（见图 6 – 23）。

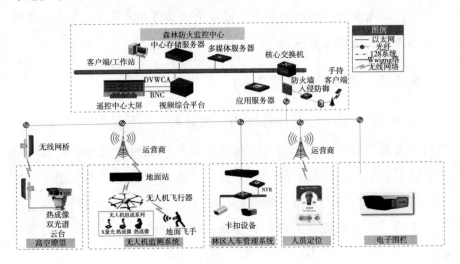

图 6 – 23　森林火灾综合预警管控体系示意图

6.4.4　森林防火前端感知系统

对森林防火前端感知主要采用地面林火监测系统，较传统模式而言，森林防火前端感知系统采用的双目模式识别在森林火灾的防灾减灾工作中具有较突出的优势（见图 6 – 24 和图 6 – 25）。

图 6-24 传统模式识别

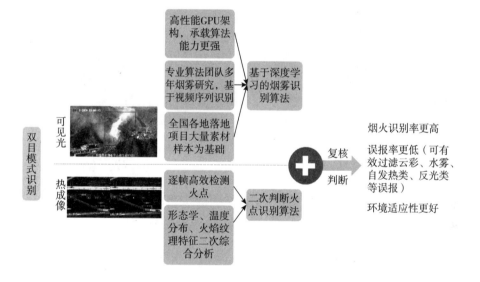

图 6-25 双目模式识别

（1）自适应快速扫描。可根据扫描距离的远近，自适应调整扫描速度，最高可到 50 度/秒，提升巡检效率。

（2）快速动态检测。前端相机可基于裸数据每帧进行火和烟的实时检测，40 毫秒内出结果，发现目标更快速、更准确，规避由于远距离传输图像延时、丢失带来的漏检，比后端检测更快速、可靠。

6.4.5 慧眼可视化分析预警系统

充分利用原有视频监控,对采集画面内容分析比对,自动识别抓拍烟火、吸烟、人脸黑名单等异常事件,实时预警。通过慧眼的抓拍与分析,可对进出森林主要道路实现智能布防,具备人脸名单,吸烟、烟火的自动识别、抓拍及管理,实现"管人管火,双管齐下"的可视化动态监管(见图6-26)。

图6-26 慧眼可视化分析预警系统示意图

(1) 进山设红线

架设热成像视频摄像机,由其防区相连组成护林防火的第一道红线,预警驱离为主要目的。

(2) 围山不围村

在不妨碍居民生活的前提下,以山林为防控核心,除留十处卡口做日常通行,绵延四十余公里围山封林。

(3) 禁行不禁路

化堵为疏,以电子围栏替代物理隔挡,以管控卡口替代全面封山,在预警限行的同时降低居民抵触情绪(见图6-27)。

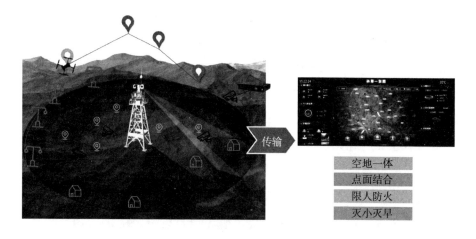

图 6-27　慧眼可视化分析预警系统效果展示

6.4.6　无人机巡航与救援、检查系统

森林火灾发生突然、蔓延迅速，难以控制，应对难度系数很高，扑救工作十分困难。但由于林区交通不便，山高坡陡，沟壑纵横，难以及时发现、定位，因火灾发生的区域经常通信信号不畅，应急救援会受到严重约束，森林火灾扑救危险性极高，救援面临挑战。

利用无人机遥感应用优势，从无人机高空视角优势，可以快速获取全局态势，助力灾情研判；从高空视野，直观查看周边环境与设置，确认水源等可用资源，实时监测火线动态，提前预警，避免救援人员涉险；从残火排查，红外无人机在烟点余火看护阶段，通过红外观察是否存在温升复燃现象；从指挥调度，快速获取全局态势，助力灾情研判，可视化指战、端到端信息同步，助力精准、高效救援；实施信息实时同步至指挥平台，如救援人员动态坐标、照片、全景图、视频、点、线、面等。

由于林区具有地域广、地形地貌多样的特点，利用无人机巡护具有效率高、视野广、机动性强等特点，尤其是在人、车无法快速覆盖的偏远区域等，可实现快速巡视。同时，无人机可以克服复杂的天气和复杂的起降场地等困难，不存在人员安全的问题。得益于覆盖面积广、工作效率高、监控严密的飞行监控系统，无人机能进行多批次、不间断飞行。针对不同性质的巡视任务，可对无人机更换、升级负载，方便执行巡航任务，能随时执行巡护监测任务。

利用无人机的上述特点，从1000米至5000米高空对地面进行不定时监控，巡查违规异常行为。通过中心管理系统，监测人员可在大屏前监测无人机传回的实时地面图像和预警信息（见图6-28）。当系统收到火点及异常事件后，主管部门也可利用无人机进行空中核查来锁定事件经过，全过程音视频可同步回传至监控中心集中存储。

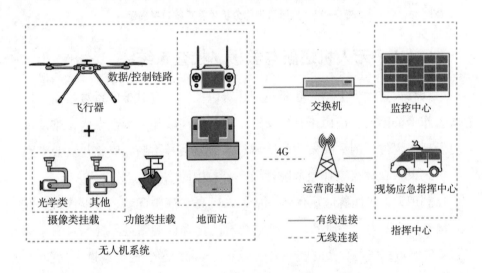

图6-28 无人机巡航与救援、检查系统示意图

（1）林区巡检。通过挂载光学仪器对林区进行全面巡检，提高日常巡护效率。

（2）余火探查。携带热成像云台对火灾发生区域进行二次探测，避免二次火灾。

（3）辅助救援。可携带多种功能类挂载传递灭火弹，辅助灭火救援。

（4）联合指挥。实时回传火灾现场画面，针对性部署任务，实现远程联合指挥。

6.4.7 人员定位管理系统

人员定位管理系统包含了上下班打卡、人员轨迹分布实时展示、远程调度与一键求救等功能，通过人员轨迹实时更新，掌握巡查人员工作情况，确定进山人员实时位置，保证人员安全，同时在发生紧急情况下能够做到及时调度人员，对相关火情及时展开救援，避免火灾的进一步蔓延（具体情况见图 6 – 29）。

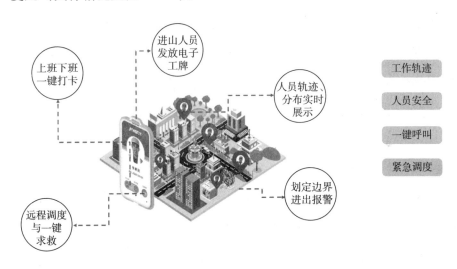

图 6 – 29 人员定位管理系统

给每一个巡山护林员配置电子工牌，利用电子工牌的 GPS 功能，护林员的巡山定位信息、巡山时长、运动轨迹、电话等相关信息都可在后方调度平台看到，防止护林员巡山时出现偷懒、出工不出力等现象。护林员一旦发现火情或发现护林员有缺岗等行为，系统立即发出预警信息。

6.4.8　城市森林防火应用平台

对森林火灾全天候监测、实时预警、智能决策，实现"灾前、灾中、灾后"全过程管控。

无人机监控等相关感知系统对森林进行全天候的巡查监控。当发现火情后，立即通知森林防火应用平台，平台将火点的具体经纬度、方位距离、燃物情况等具体信息下发到移动 App，同时辅助消防指挥部进行扑火指挥、火情态势标绘以及进行灾损评估，从而大幅度提升消防工作的效率，尽最大努力减少灾害损失。

平台的业务流程也做到统一数据，统一资源，将森林防火工作层级化、一体化、数据化，"一中心两队伍三督导"，指令一键下达，一网调度，实现责任细化、工作细化、结果细化的线上分级监管新模式。

6.4.9　城市森林防火预警系统及应用平台

(1) 火情发现及时

多维度构建全天候、高频次、大范围的森林防火立体监测网络，具备扑火指挥、态势分析等辅助决策功能。

(2) 业务流程通畅

支持省市县镇村多级部署，指挥中心统一调度，信息互联互通及多级业务协同，能够更快进行决策。

(3) 场景应用广泛

区别于单一的可视化森林火灾防控方案，将人、物、管、环全部纳入监测范围，提供全要素解决方案。

（4）运维服务强大

具备远程管理功能，设备适应高海拔、高寒冷、高潮湿等环境，并配备 7×24 小时第三方值守，为护林防火增添屏障。

（5）专业服务保障

有专业人员进行现场技术指导，让工作人员能尽快了解和掌握系统的相关操作和注意事项，并且也配备相应的人员根据当地实际情况进行研发。

6.4.10　典型案例

烟台森盾物联技术是一家以物联网、大数据、人工智能等新一代信息技术为支撑，向政府、行业主管部门、社会单位、居民家庭提供安全大数据应用、隐患监测预警、安全评估、安全培训、应急通信、应急救援辅助决策等安全技术服务的企业。

（1）项目背景

烟台市蓬莱区村里集镇辖区森林面积约 93 平方千米，森林覆盖率达 56.42%，有大小山头近 100 座，镇辖 46 个行政村，境内多山地，西邻龙口，南侧与栖霞毗邻，地势复杂，监控盲区多，且 2021 年降水较历年同期增多了 244.7 毫米，雨水充沛、草木丰茂、村落环绕等原因共同导致 2022 年森林防火形势尤为严峻。

近年来，在各级政府的领导和大力支持下，村里集镇森林防火工作取得了一定的成绩。首先，围绕艾崮山系设置日间值守卡口 48 个、夜间巡逻点 23 个、24 小时瞭望哨 13 个；其次，建立了 1 处镇级森林防火监控指挥办公室、1 个森林监控系统。现有的森林防灭火体系可在一定程度上满足辖区内森林防火需要，但对照上级要求，仍存在很多短板和不足。主要体现在以下 3 个方面：

①技防方面问题。现有监控大多集中在林区村内，且采用无线传输方式，受流量及信号强度限制，尚未实现林区全覆盖、实时预警和智能分析等功能，仅能提供"事后查询"功能；

②人防方面问题。由于村里集镇属偏远山区乡镇，人口流失及老龄化严重，现有的日间值守卡口、夜间巡逻人员年龄偏大，尤其是日间值守人员平均年龄为68岁以上（要求为65岁以下），且雇工难度逐年增大；镇级护林队收入低（年收入7000元左右），人员流动性大；

③灭火方面问题。25人的半专业消防队在镇驻地驻守、96人的镇级护林队分散于6处林管所，一旦发生火情，从接到报告到现场平均需用时20分钟左右，不利于"灭早、灭小"。

（2）项目建设目标

针对村里集镇防火工作中出现的技术手段缺乏、事故预警滞后、人员管理精细化不足、防范措施针对性不强等问题，镇政府高度重视，组织专班研讨镇林区防火工作开展现状，总结经验，直面问题，努力提升森林安全防护水平、提升人员管控能力，为火灾事故调查提供依据，为林火扑救提供辅助决策，全力解决传统森林防火工作中存在的监控覆盖率低、预警预测手段落后、护林巡护值守难、指挥扑救支持系统薄弱、灾后调查取证难等突出问题，为森林防火工作建立新的防线。

目前森林防火工作仍处于较低水平，现有管理方式仍存在一定不足，火灾仍保持一定频率发生，下一步目标是提升发现能力和发现效率。

①加强防火基础设施建设

大部分林区存在供电、网络等基础设施建设薄弱的问题，不能满足林区信息化管理的需要，需加强防火基础设施建设，为防火工作迈向现代化奠定基础。

②提高森林火灾防控能力

现有防控手段存在较大局限，需应用科学有效的技术手段，采用

"技防 + 人防"结合的方式来提高森林火灾综合防控能力。

③提高林区综合管理水平

与城镇交界的林区内人员流动频繁，烧荒、上坟、炼山、吸烟等事件时有发生，增大了森林火灾的发生概率和管控难度，需对林区人为活动进行管理，提高林区综合管理水平。

（3）总体架构

图 6-30　森林防火智能预警系统总体框架

①整合现有视频资源，汇聚融合、统一调度，辅之以可视化预警分析，对林火高发区、进山卡口等重点区域进行全时段监测，建设重点关注人员进山预警、烟火监测预警、吸烟监测预警、区域入侵预警等设施，实现进山人车精细化管理。

②采用无人机巡航，空地一体，提升巡查效率。日间巡航与人员巡防互补，达到空间无死角；夜间巡航与远程值守相结合，实现防火监控

不间断。无人机通过定点巡航，视频捕捉火情动态，定位火点，实时回传，快速响应，辅助灭火救援。

③实现人员高效管控。护林队员发放电子工牌，上下班一键打卡考勤；一键紧急呼救，及时回传现场信息；远程定位技术，实时查询巡查轨迹；双向通话，便于岗位抽查及人力调度，在保证进山人员人身安全的同时提高队伍组织效率。

④全面森林防火电子围栏建设铺开。以林为界架设热成像摄像机，筑就护林防火红线，一旦有人进入，即刻抓拍并语音警告驱离；围山不围村，无碍村民正常生活通行；禁行不禁路，以电子围栏管控替代全面封山，构建和谐有效的信息化山林防火屏障。

（4）技术路线

应用领先的视频采集、热成像感知、火点定位、视频智能分析能力，实现对全地形森林火点的全天候监测及实时预警，并具备火情处置、救援力量查找、预案管理等功能。森林防火智能预警平台（以下简称平台）落实对火情发现、火情交办、火情处置、火情持续监控全过程监测及监管要求，全面支撑火情的"灭早、灭小"（见图6-31）。

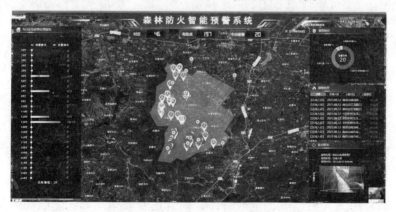

图6-31 森林防火智能预警系统

①森林防火一张图

系统具备以一张图的形式展现点位建设情况，包括点位总数、设备在线率、监控覆盖率、不同行政区域以及重点关注区域的点位情况。

②视频巡航

平台可对铁塔（瞭望塔）上摄像机的巡航方案进行配置，可使摄像机全天候 24 小时不间断巡航。巡航方式支持手动配置设备的水平俯仰角范围设置巡航条带，支持自动进行 360 度全覆盖巡航，也支持预置点巡航，同时还可以进行屏蔽区设置。

③火点定位

平台收到热成像双光谱设备上报的火情告警后，根据设备所在瞭望塔的经纬度位置，设备的水平俯仰角信息，定位出火情位置，并显示在电子地图上；当火情周围有多个瞭望塔时，可通过交叉定位，提高火点定位精度（见图 6 – 32）。

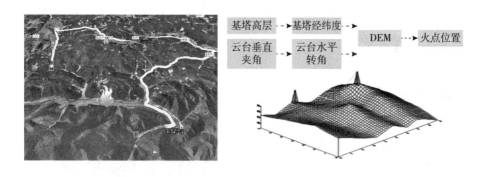

图 6 – 32　火点定位示意图

④火情预警

当前端感知设备探测到森林火灾发生时，平台会产生火情预警，并支持声音报警，火情预警信息包括告警抓图、告警录像、地理位置等信息（见图 6 – 33）。

图 6 – 33   森林防火智能预警系统火情预警

⑤火情上报

值班人员通过短信、手机 App 等方式将甄别后的火情信息上报给防火人员，系统也会自动上报给瞭望塔关联的防火人员。

⑥无人机轨迹

平台可接入无人机监测系统，支持显示无人机的实时位置和历史轨迹，支持查看无人机的实时视频画面（见图 6 – 34）。

1号：指挥无人机，携带高清高变倍相机做现场巡航，将实时画面回传指挥中心；指挥中心进行云台控制和语音对讲，为指挥判断提供依据

2号：侦查无人机，携带红外热成像，或双光云台，用于火场火源火点温度位置检测和火情状态监测

图 6 – 34   火情指挥、侦查无人机示意图

⑦蔓延分析

平台可根据当前火点的位置、风力、风向、温度、湿度、植被等多种影响火势蔓延的因素，分析出火势在几个小时内蔓延的方向和影响范围。

⑧态势标绘

支持二维和三维地图标绘，支持标绘火点、火场、火线、扑火线、扑火人员、行进箭头，支持标绘方案的保存、修改、删除，辅助森林防火指挥决策（见图6-35）。

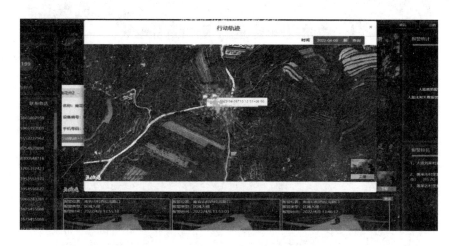

图6-35　森林防火智能预警系统态势标绘

⑨人脸识别

人脸识别功能分为人脸检测和人脸比对两个功能，人脸检测单独开启时可检测视频中是否有人脸，当开启人脸比对后可对视频中的人脸进行识别（见图6-36）。

⑩烟火检测

烟火检测主要针对烟和火分别进行识别，当出现明火或大量烟雾时会触发告警，及时响应，进而避免更大的人员财产损失（见图6-37）。

⑪移动侦测

移动侦测主要识别在静止场景中快速移动的物体。

图 6 - 36 森林防火智能预警系统人脸识别

图 6 - 37 森林防火智能预警系统烟火检测照片

⑫吸烟检测

吸烟检测基于人体骨骼架构，检测人体手臂放在嘴边的动作。通过对动作逻辑的多次设计优化，达到最接近真实场景的参数，降低误报率。支持左右手动作识别；支持人员静止、移动时的检测、支持对人员多角度识别。

（5）平台应用成果

村里集镇建设的森林防火智能预警平台，以分阶段、分步走的建设思路，边试点边建设，充分结合当地实际需求，整合资源、合理开发，实现经济效益与社会效益双丰收。

森林防火智能预警系统依托 AI 智能、无人机、物联网、大数据等技术，构建智能感知、无人机、热成像、多光谱和地面护林巡护为核心的"空塔地"一体化监测预警体系，加载"巡宣防"管控多样化手段，具备烟火智能预警、火点定位、辅助决策、指挥扑救、灾损评估、一张图监管等防灭火功能，实现及时发现、高效扑救、快速控制、降低灾损及维护安全等目标，切实贯彻"打早、打小、打了"的森林防火理念，为林区现代化发展保驾护航。

整个系统运行具备立体、可视、精确、快速反应、智能化程度高等特点，实现了无人值守，远程管理。具体说明如下。

①多系统整合全面监测。系统融合智能感知、无人机、视频监控、护林巡护等监测手段，构建全天候、全方位的森林防火立体监测网络，及时发现森林火情。

②多手段加载多重监管。通过卡口视频监控，基于人脸识别、行为分析、车辆智能识别技术，对森林出入口的人员车辆进行动态管控，辅助调查取证、林区管理，提高违法案件执法处置效率。

③全业务闭环高效灭火。融合智能预警、火情研判、资源查找、App 处置等功能，一张图完成操作；实现信息资源全面整合、可视化管理，为林火指挥人员及时、高效的处置提供支撑。

④各资源对接融合管理。整合现有前端资源和平台资源，全方位应对整合的复杂性与多样性；级联级控，实现视频上传、报警汇聚、权限管控和统计查询等功能，实现多级联网监管。

7 城市风险减量管理的
保险模式—城市保

中国城市化高速发展进程所带来的城市人口资产的快速、高度集聚，一方面使城市在各种传统和新型灾害面前的暴露度和脆弱性显著加大；另一方面，传统以工程性防御体系为主的灾害防范应对体系也受到严峻挑战。特别是当多种致灾同时发生，或一种灾害链式引发不同领域、不同部门灾害时，更使城市管理部门难以应对，城市灾害的影响效应也已经由过去的孤立局部危害转变为系统性的循环危害。

未来，城市保将进一步发展，依托技术创新、多利益相关者合作和区域国际合作，为城市提供更好的保障和支持。城市保的实施需要政府、城市管理机构、保险公司和其他利益相关者的合作和共同努力。同时，我们也强调了进一步研究和实践的必要性，以不断推动城市保的发展和创新。在城市化不断加速的时代，城市保对于确保城市的安全、稳定和可持续发展具有重要意义。

7.1 城市保综述

随着全球经济高速发展和我国城镇化进程不断加快，城市规模不断扩大、人口大量涌入，城市公共安全威胁的潜在诱因不断增加，导致城市突发事件频发，如生产安全事故、火灾爆炸、地震洪涝、传染病传播等。自然灾害、气候变化、交通拥堵、公共卫生危机等事件对城市的可持续发展和居民的生活质量构成了巨大威胁。

党中央、国务院高度重视城市公共安全治理，尤其是党的十九大以来，人民群众对美好生活的向往与日俱增，各级政府对城市安全的关注达到前所未有的高度。城市安全治理是一个系统工程，需要统筹规划、多方协调，特别是在风险防控、赔偿和灾后重建等方面亟须引入社会力量协助政府共同参与治理。

中国人保创新推出城市公共保险解决方案（以下简称城市保），针对城市公共安全、政府救助、建筑领域、特殊设备、环境污染等城市社会治理中的痛点、难点，以"承保＋科技＋理赔"的保险新逻辑，全面服务社会治理，实现保险深度参与社会治理，助力政府职能转型，提升城市管理水平，为城市经济建设全领域、社会治理全过程、民生保障全方位提供"人保解法"。

城市化进程的快速推进使全球各地的城市面临着前所未有的挑战和风险。自然灾害、气候变化、交通拥堵、公共卫生危机等事件对城市的可持续发展和居民的生活质量构成了巨大威胁。在此背景下，城市保成为了一种关键的概念和实践，旨在保护城市免受各种风险的侵害，并确保其可持续发展。

7.1.1 城市保概述

城市保是一种专门针对城市风险管理和保障的机制，旨在帮助城市应对各种风险事件，并提供相应的保障和支持。它涵盖了城市面临的各种风险，包括自然灾害、气候变化、人为灾害、经济风险等，旨在降低风险带来的损失，并促进城市可持续发展。

城市保可以被理解为一种综合性的保险机制，管理和转移城市面临的风险，并为城市安全发展提供保障和支持。它不仅关注自然灾害和环境风险，还包括城市基础设施的可靠性、公共安全、社会稳定等方面的风险。城市保的设计核心是风险评估、风险管理和风险转移，从而帮助城市实现风险减轻、适应能力增强和恢复力提升。

实践表明，城市保已成保险业参与社会治理的一个关键概念和实现路径。因此，其重要性不容忽视。

首先，城市保可以减少城市面临的风险和损失，保护城市基础设施、财产和人民安全。城市规模越大，其所面临的潜在风险就更加多样和复杂。自然灾害（如地震、洪水和飓风）以及人为灾害（如恐怖袭击和城市火灾）都可能对城市造成巨大破坏。城市保可以对城市所面临的风险进行评估和管理，并在事件发生时为受灾群体提供快速且充分的灾害赔偿和重建支持。

其次，城市保可以提供经济保障，降低灾后重建和恢复过程中的财务负担，使城市更加迅速地恢复正常运行。气候变化效应下，自然灾害和其他风险事件均可能导致巨大的经济损失，给政府的城市安全保障带来了前所未有的财政压力。城市保可以实现社会风险转移，将部分风险转移给保险公司，减轻政府及社会面临的自身经济负担，并在需要时获得资金支持，以更快恢复和重建。

最后，城市保还可以促进城市可持续发展，通过风险管理和规划，提高城市的韧性和适应能力，使其能够更好地应对未来的挑战和变化。城市保可以激励城市管理者更加重视风险管理和城市规划，以减少风险事件发生。通过投资和采取风险管理措施，城市可以实现更加可持续的发展。

较其他灾害类保险产品，城市保的承保范围更加综合和复杂，涉及城市规划、建设、管理、金融和保险等多个领域的协同合作。例如，一座位于地震带的城市可能面临地震、火灾和建筑物倒塌等多种风险。城市保的范畴将涵盖地震风险评估、建筑物结构规范制定、紧急救援计划建立以及相关保险产品和合作协议等。

7.1.2   城市保原理

（1）风险评估和管理

城市保核心机制之一是风险评估和管理。风险评估是通过收集和分析数据，对城市面临的各种风险进行评估，以确定风险的概率、强度和影响程度。这涉及使用地质、气象、人口统计和历史事件等数据来识别潜在的风险源，并评估其对城市的威胁程度。例如，城市保可以包括对地震风险进行评估，通过考虑地震发生的频率、震级、震中距离城市的远近等多样化因素，确定城市所面临的地震风险水平。这种评估可以帮助城市规划者和决策者了解潜在的地震风险，从而制定相应的风险管理策略和规划措施。

风险管理涉及采取一系列措施来减轻风险和应对潜在的风险事件。这包括在城市规划和建设中采用抗震建筑设计标准、改善基础设施的韧性、建立灾害预警系统、加强应急响应和救援能力等。

（2）风险转移和保障

城市保的另一个重要机制是风险转移和保障。通过与保险公司合作，城市可以将一部分风险转移给保险公司，并获得相应的保险保障。例如，地震保险可以转移地震风险；灾后的保险赔偿也可以帮助城市应对地震造成的物质损失和经济负担。保险公司将根据城市风险评估和历史数据来制订保险方案，确保城市在地震事件发生时得到及时赔偿和支持。

而与传统保险不同，城市保需要考虑特定风险特征和需求。例如，在地震保险中，保险公司需要考虑城市地理位置、建筑物结构和城市规划措施等因素，以确定保障范围和保费。

（3）风险减轻和适应能力增强

城市保注重通过风险减轻和适应能力应对风险。风险减轻措施，旨在降低风险事件的发生概率或灾害后果，包括加强基础设施韧性、改善建筑物抗震性能、制定适应性规划标准、改善城市排水系统等。例如，海洋城市面临海洋侵蚀和海平面上升的问题，城市保可以推动城市采取措施来减轻风险。包括修建防洪堤、提高海岸线稳定性、推广可持续的海岸管理实践等举措，减少海洋侵蚀影响。

适应能力则更强调城市应对风险的韧性和灵活性，包括建立有效灾害预警系统、制订应急响应计划、提高社区参与意识等。城市保可以通过支持这些措施来增强城市居民和组织的抗灾能力和抗灾意识，以更好地在灾前实现风险管理、灾后快速应对风险。

7.1.3 城市保特征

城市保与传统保险之间存在显著的不同之处。主要特征如下。

(1) 范围和对象

传统保险通常关注个人、家庭或企业特定需求和财产，提供对个体或特定财产的保障，例如车辆保险、房屋保险等。传统保险的目标是在意外事件发生时提供经济赔偿。相比之下，城市保范围更广泛，专注于城市层面风险管理和保障，涉及城市基础设施、公共服务、社区安全等多个方面，旨在确保城市居民的福祉和城市可持续发展。

例如，城市保可以对城市交通系统进行保障。城市交通系统面临交通事故、交通拥堵和交通安全等诸多风险，城市保可协助城市规划部门制定交通规划，改善道路和交通基础设施，推动可持续交通模式的发展，并通过提供交通安全培训和交通事故保险等方式降低交通风险的事故率和后果影响。

(2) 风险复杂性

传统保险往往面对单一风险或较为简单的风险情景。例如，车辆保险主要涉及交通事故的赔偿，而房屋保险主要涵盖火灾、盗窃等风险。

相比之下，城市保处理更复杂、更多样化且相互关联的风险因素。

城市保则更侧重于应对城市所面临的复杂和多样化的风险情景。城市作为复杂的生态系统，面临着自然灾害、气候变化、人为灾害和社会经济风险等多种类型风险，这些风险相互交织、相互作用，事故灾害链进一步加长，灾害耦合效应和级联效应进一步放大，可能导致更严重的后果。城市保考虑这些风险之间的相互关联和累积效应，以制定综合风险管理策略。

（3）综合性风险管理

城市保注重综合风险管理和规划，需要各个部门、利益相关者和社区之间的协同合作，需要与城市规划、建设、金融等领域进行协调，确保风险管理一致性和有效性。包括多个参与者，如政府部门、非政府组织、企业和社区等，共同参与城市风险管理和保障。

传统保险主要由保险公司提供，其风险管理主要集中在保险产品的设计、风险评估和定价等。保险公司通常根据被保险对象的个体特征、历史数据和行业统计信息等来制订保险方案。相对而言，城市保需要跨部门、跨领域合作，协调城市范围内的风险管理措施和规划策略。

（4）风险评估和定价

传统保险风险评估和定价主要基于被保险对象个体风险特征和历史数据。保险公司通过分析个人的风险因素和统计数据，确定保险费率和保险责任范围。传统保险相对于城市保，更注重个体风险评估和定价。

相较传统保险，城市保风险评估和定价更为复杂，需要考虑城市特定风险特征、历史数据和规划措施。城市保要综合考虑多种数据源，如地质、气象、人口统计和历史事件等，以提供全面风险评估结果。城市保风险评估还需要考虑未来的风险变化，如气候变化和城市发展趋势等因素。

(5) 可持续发展导向

传统保险主要关注经济利益保障，较少涉及城市可持续发展和社会影响。传统保险的目标是在意外事件发生时提供经济赔偿，以恢复个体或企业的经济损失。城市保更加注重综合风险管理和城市可持续发展，旨在提升城市整体的抵御风险能力和居民的生活质量。

城市保强调促进城市可持续发展。它注重提高城市韧性、降低碳排放、改善居民生活质量等方面。城市保通过整合风险管理、规划和发展策略，推动城市朝着可持续性目标发展。例如，城市保可提供包括对可再生能源的保障，促进城市绿色能源转型，减少对传统能源的依赖，并降低碳排放。

综上所述，较传统保险，城市保在范围和对象、风险复杂性、综合性风险管理、风险评估和定价以及可持续发展导向等方面均表现出显著优势。城市保的原理和特点使得它能够更全面地应对城市面临的多重风险挑战，并促进城市可持续发展。下面将结合保险产品，详细阐述城市保各个关键原理和重要组成部分。

7.1.4 风险评估和管理

对城市风险进行评估时，需要采用一系列方法和指标来识别、量化和评估不同类型风险，目前对城市风险指标及评估方法有以下三种类型。

(1) 基于历史数据和统计分析的风险评估

首先，收集城市历史自然灾害、事故和紧急情况数据，包括灾害类型、发生时间、地点、损失程度等。这可以通过政府机构、保险公司和其他相关组织的数据收集来实现。

其次，运用统计学方法分析历史数据，确定不同类型风险事件频率、概率分布和严重程度，包括计算风险事件的平均发生率、标准差和其他统计指标，以了解其分布特征和可能性。

最后，基于历史数据的趋势和模式，利用回归分析、时间序列分析等技术，预测风险事件发生的可能性，并为城市风险管理提供参考。

（2）利用模型和仿真技术进行风险评估

首先，建立综合性数学模型和计算模拟，模拟城市面临的各种风险情景，并评估其潜在影响。这涉及建立地理信息系统（GIS）模型、物理模型、社会经济模型等，以综合分析和评估风险事件的可能性和影响。

其次，结合地理信息系统（GIS）、遥感数据、气象数据等多源数据，构建综合性风险模型。模型集成城市空间信息和环境数据，用于分析城市风险的时空分布、关联性和影响范围。

最后，通过模型运行和仿真试验，评估不同风险事件对城市的经济、环境和社会系统的影响程度。通过模拟不同风险情景和策略，评估不同风险事件潜在影响，为决策者提供科学依据。

（3）综合指标评估

首先，利用综合指标来评估城市风险。建立综合评估指标体系，考虑多个维度和指标，如风险频率、风险严重程度、脆弱性、韧性等。

其次，运用定量和定性指标来衡量风险事件可能性和影响，以及城市的防灾减灾能力和恢复能力。相关的风险指标包括风险频率、经济损失、人口暴露度、基础设施韧性等因素，进一步利用指标加权和综合分析，对不同类型风险进行排名和优先级排序，以确定风险管理的重点领域和行动计划。

最后，综合利用历史数据分析、模型和仿真技术以及综合指标评估，全面、科学地评估城市风险。评估能提供决策者所需的信息，帮助制定有效的风险管理策略和措施，以减少风险概率和影响，保护城市和居民的生命财产安全，促进城市可持续发展。

同时，城市风险管理策略和实践还需要考虑以下几个关键方面。

一是建立风险管理框架和政策。首先，制定综合风险管理框架和政策，明确风险管理目标、原则和行动计划，包括确定风险管理的范围、目标和优先级，并确立风险管理法律、政策和行为准则。其次，设立专门的风险管理部门或机构，负责统筹协调城市风险管理工作。该部门或机构负责风险评估、风险管理计划的制订和执行、风险监测和预警等任务。最后，建立风险管理法规、标准和指南，规范城市各部门和利益相关方行动和责任。相关法规、标准和指南应涵盖风险管理各个方面，如风险评估方法、风险溯源和源头控制、紧急响应和恢复等。

二是风险溯源和源头控制。通过风险溯源方法，识别和评估风险事件的致灾机理和驱动因素。一方面，辨识和排查主要风险源，从环境风险、基础设施安全风险、社会风险等方面，对可能导致风险事件发生的因素进行深入研究和分析，并通过对城市内不同领域和方面的风险源进行全面调查和评估，识别可能导致风险的物理、环境和社会因素；另一方面，基于风险溯源分析结果，制定针对性的风险减轻策略和措施，通过采取工程措施、技术措施、管理措施等方法，以防范风险事件发生，降低城市风险的概率和后果。

三是增加城市韧性和应对能力。提升城市韧性，即其抵御、恢复和调整能力，以应对不同类型风险事件。包括加强城市基础设施韧性，提高城市的建筑、交通、供水、电力等基础设施的抗灾能力和适应能力。加强城市紧急响应能力和协同机制，确保在风险事件发生时能够及时、有效地应对，并开展相应的应急救援等应急处置措施。而要实现这一目标，还需要进一步建立健全应急响应体系、灾害管理机构和紧急联络机制，在日常管理中增加应急演练和救援技能培训。同时，还要增强公众意识并促进社区参与，提高居民和企业对风险管理的认知和行动能力，包括开展风险教育和宣传活动，提供风险信息和指导，通过鼓励居民和企业积极参与社区的风险管理行动，提高灾中自救能力。

综上所述，城市风险管理策略和实践需要综合运用风险管理框架、风险溯源和源头控制，以及提升城市韧性和应对能力等措施，充分发挥保险的风险分散和赔偿职能，保护居民的生命财产安全，提高城市抵御风险的能力和可持续发展能力。

7.1.5   风险转移和保障

城市保通过设置多种保险产品，实现风险转移和保障。产品一般分为基础保险产品和特殊保险产品两类。

（1）基础保险产品

财产保险旨在提供对城市建筑物、基础设施和其他财产可能面临各种风险（如自然灾害、事故或犯罪等）造成的财产损失的保障。例如，一座城市的公共建筑、道路和桥梁可能会因自然灾害（如地震）而受损，财产保险可以提供赔偿，以便进行修复和重建。

责任保险旨在提供对城市管理机构和企业面临第三方人身伤害或财产损失索赔的赔偿保障。例如，如果一座城市的公共交通系统发生事故，导致乘客受伤或财产损失，责任保险可以为城市提供对受害者的赔偿，并承担法律责任。

人身保险产品旨在为城市居民提供生命和健康方面的保障。例如，人寿保险可以为城市居民提供在意外身故时向其家庭提供经济支持，以弥补收入损失。医疗保险可以帮助居民支付医疗费用，并提供医疗服务。

（2）特殊保险产品

特殊保险产品可以根据城市需求和风险情况进行定制，并提供相应保障和赔偿。城市可以根据自身情况选择适合的特殊保险产品，以实现全面风险管理。

自然灾害保险旨在为城市面临各种自然灾害风险（如洪水、飓风、地震等）事件发生时提供经济保障。例如，一座城市购买洪水保险，以应对洪水灾害引发的财产损失和重建成本。

恐怖袭击保险旨在为城市提供在恐怖袭击事件发生时的经济保障。城市作为重要的经济和政治中心，可能面临恐怖袭击威胁。如果一座城市遭受恐怖袭击导致财产损失、人员伤亡或经济影响，恐怖袭击保险可以提供相应的赔偿和支持。例如，东京在准备 2020 年夏季奥运会期间，为奥运场馆和相关基础设施购买了恐怖袭击保险。这种保险帮助东京减轻恐怖袭击可能带来的损失，并为奥运会期间的安全提供额外保障。

环境污染保险旨在提供对这些污染事件的保障，并帮助城市承担清理和修复所需费用。例如，工业事故或化学泄漏可能导致水源、土壤或空气受到污染。

公共交通保险为城市公交车辆、地铁系统或轻轨系统提供保障，以确保公共交通运营的顺利进行，并在需要时提供赔偿。例如，城市公共交通系统可能面临包括车辆事故、损失或盗窃等各种风险。

城市活动保险旨在为这些活动提供保障，包括责任保险、取消保险和设备损失保险等，以应对可能发生的风险。例如，当城市计划举办各种大型活动，如音乐节、体育赛事或文化活动，就需要通过投保城市活动保险为活动期间的人员及财产提供必要的安全保障。

城市在数字化时代面临日益增长的网络安全风险，例如数据泄露、黑客攻击或网络犯罪。网络安全保险旨在为城市提供对这些风险的保障，包括数据恢复、调查费用和法律责任方面的支持。

以上是城市保险产品和方案的一些常见示例，不同城市根据其特定需求和风险情况选择不同的保险产品和方案，为城市提供风险转移和保障，确保城市在面临风险事件时能够得到适当的赔偿和支持。

城市保实现风险转移和保障的另一条重要途径就是签订合作协议与

合约。城市保险的实施需要建立城市管理机构与保险公司之间的合作关系。公私合作伙伴关系的建立可以促进信息共享、风险评估和共同决策，确保城市特定风险得到适当的保险保障。城市规划部门和城市风险管理机构可以与保险公司合作编制城市保险计划，确保城市风险管理和保险需求得到满足。

此时，城市保险合约需要明确规定条款和保障范围，以确保城市在风险事件发生时获得适当的赔偿。合约中的条款可以涉及赔偿金额、免赔额、赔偿责任限制等具体细则，以及理赔程序和赔偿时限等方面。合同应与城市面临的风险情况相匹配，并根据城市的特定需求和风险评估进行制定。

当城市面临风险事件时，保险公司负责处理理赔和提供赔偿。城市管理机构需要了解并遵守保险公司的理赔程序，并提供必要的证据和信息以获得赔偿。保险公司应及时处理理赔请求，并根据合约约定进行赔偿，包括损失评估、协调修复、保险赔付等环节。同时，保险公司应建立高效的理赔机制，以便城市在面临风险事件时能够及时获得赔偿，实现快速恢复和重建。

7.2　典型案例与模式分析

借鉴国际先进经验，基于中国国情，中国人保形成跨行业的风险解决方案，涵盖多个领域。在应急安全领域，公司与中国企业联合会共同探索《应急管理保险体系》；在住建领域，中国人保与住建部科技中心共同探索《住宅专项维修基金引入保险机制的新模式》，中国人保与中国建筑科学研究院共同探索《住宅工程质量潜在缺陷保险防水渗水风险》，中国人保与中国勘察设计协会共同撰写《建筑工程质量潜在缺陷保险技术风险管理服务规程》团体标准；在绿色保险领域，中国人保与清华苏州环境创新研究院共同发布《化工园区绿色保险与安环风险白皮书》，在"2021 中国金融学会绿色金融专业委员会年会"上发布《助力既有建筑节能改造的"减碳保"方案》；在特种设备领域，中国人保与中国特种设备检测研究院联合发布《中国电梯安全责任保险蓝皮书》等。

基于中国人保提出的"承保＋科技＋理赔"的保险新逻辑，以城市风险管理理论和城市风险治理理论为核心，应用城市全面风险减量管理框架，推出了适用于我国的城市生命线全周期风险减量管理方案，如图 7-1 所示，实现对城市生命线前端感知、风险定位、专业评估、预警联动、保险保障的"五位一体"全面护航，并以此方案推出了城市生命线综合保险。

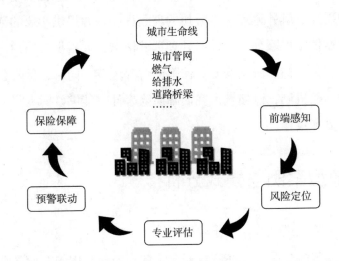

图 7-1　城市生命线"保险＋科技＋服务"全生命周期风险解决方案

7.2.1　案例一：北京人保　助力首都城市治理

北京市作为我国"四个中心"，正处于国家政策助力发展首都各产业的机遇期。在首都社会治理工作面临新要求、新挑战与新机遇之时，推动基层治理社会化、法治化、智能化、专业化成为建设国际一流的和谐宜居之都的必由之路。

人保财险北京市分公司聚焦北京市"四个中心"定位和"两区"建设，在助力北京市疫情防控、安全生产、建筑质量、医疗卫生、校园安全等多个领域取得显著成绩，积极发挥社会"稳定器"和风险管理的功能作用，助力北京社会治理现代化建设，辅助政府治理创新。2021年，人保财险北京市分公司与朝阳区政府签订《战略合作协议》，充分发挥保险机制作用，提高灾害救助参与度，完善多层次社会保障体系，共同维护社会和谐稳定。

（1）安责险助力安全生产风险防控体系，助力企业发展

安责险作为带有一定公益性质的政策性保险业务，开办期间全北京市累计承保企业数量近 30 万家，具有三大特点，一是承保体系服务划分更加明确，按每个保险机构在各区县的服务街道进行划分；二是制度建设更为完善，制定了承保理赔、事故预防、隐患排查等多项服务规范；三是参保率达到 49%，在全国各省市排名前列。人保财险北京市分公司承保企业 2 万多家，入户走访排查企业近 2 万家，排查一般隐患数量 26941 条，重点隐患数量 15490 条，提出整改意见 42431 条。

2022 年，新冠疫情再次影响北京，全市部分区域、行业企业，特别是中小微企业受到较大影响。人保财险北京市分公司联合出台多项措施，同心抗疫、共克时艰，支持参保安责险企业应对新冠疫情。对于部分行业领域的 2.68 万余家参保安责险企业（其中涉及年保费在 2000 元及以下的小微企业 2.5 万余家），免费延长 1 个月的保险期限。对于城市快递、物流、批发市场等行业的 132 家企业，给予新投保或续保 10% 比例的费率下浮优惠。分公司积极落实，8 月以来，安责险团队与应急管理部门一同向全市 16 个区、20 个街乡镇、5 家保供企业发放防疫物资 6.15 万件，支持参保企业和基层一线疫情防控工作。

（2）积极部署疫情防控保险工作举措，升级保障服务方案，护卫城市治理，助力解决政府痛点

新一轮新冠疫情暴发以来，人保财险北京市分公司一手抓疫情防控、一手抓业务发展，通过对疫情防控保险工作再部署，落实保险支持服务；通过统一方案设计，有序开展宣传推广。持续加强属地公司与政府对口部门之间的对接力度，保持紧密配合，通过精准高效的保险服务助力政府疫情防控工作开展，充分发挥保险保障功能。同时要求狠抓工作落实，强化工作举措。

人保财险北京市分公司成立疫情防控保险工作小组，要求各属地公司成立疫情防控保险工作推动小组。为朝阳区配置服务型企业疫情防控保险、开启理赔绿色通道，陆续为8千余家企业、3.9万余名员工完成赔款支付超7千万元；经与朝阳区政府深入沟通，从惠及民生的角度修改方案，预计赔款将超过8千万元。

人保财险北京市分公司上下齐心协力，共同推动疫情防控保险工作取得了全面成果。通过创新拓展保险产品，提升服务经济实体的能力，助力北京疫情防控大局。在业务发展中切实体现政治性和人民性，落实公司强化经营政治导向的要求，践行央企责任，帮助小微企业减负纾困，恢复发展，保驾护航。

（3）创新风控服务形式，助力平安校园建设，守护民生福祉，助力提升民众幸福感

人保财险北京市分公司自2018学年起，作为北京市校园方责任险服务供应方，为北京市提供校园方责任保险服务，为承保区域内院校提供了充足的风险保障和高效的保险服务。承保区域包括东城区、朝阳区等8个区县中小学、幼儿园和全市中专学校，每年承保学校数量近1700所，为96.54万名学生提供保险保障服务。自2018年起，为维护教师员工的合法权益、维持学校正常教育秩序，每年为房山区等近1.6

万名教职工提供责任保险服务，保险责任金额 180 余亿元，有效转嫁了校方责任风险。

为提升平安校园建设质量，进一步健全校园安全管理制度，建立健全学校安全风险防控体系，北京市分公司创新性开展全市范围内校园风险查勘工作。截至 2021 年，共完成近 300 所学校的入校查勘工作，帮助市教委全面系统梳理本市平安校园建设现状，发现问题，提出改进指导意见，推动各区平安校园工作再上新台阶。并通过"安心校园行动计划"为学校提供校园急救培训服务、创新校园方责任保险服务等内容，提高校园紧急救护能力，为学校提供一站式问题解决方案。

校园风险查勘成果及相关防灾防损服务得到了市、区各级教委的高度肯定，对助力学校风险管理，有效防范和妥善化解各类安全事故风险、强化教育教学安全管理工作起到积极作用，进一步提高了构建平安和谐校园的能力。

多层次医疗风险分担机制，服务首都人民健康。人保财险北京市分公司聚焦医疗领域风险分析和保险机制研究，逐步形成了"以医责险为基本、医疗意外险为创新、医师执业责任险为补充"的多元医疗风险分担机制。

将医责险视为基本，同时坚持专业引领，树立卓越品牌。截至 2022 年 9 月底，人保财险北京市分公司累计为全市 11538 家医疗机构提供医疗责任险服务，受理了近 2 万件医疗纠纷，为患者争取近 9 亿元的赔款，为医疗机构提供了 115 亿元的风险保障，有效缓解了医患矛盾，减轻了医疗机构面临的压力，维护了正常的医疗秩序。

将医疗意外险视为创新，始终坚持以病人为中心。人保财险北京市分公司贴合客户的保险需求，在医责险基础上创新研发手术意外险，与医责险相辅相成，协助医疗机构化解医疗纠纷。人保财险北京市分公司试点研发并开展了心血管内、外科，神经外科，骨科手术意外保险等产品，先后与协和医院、阜外医院、积水潭医院、安贞医院等医院开展合作。

自业务开办至今，累计签单数量 80 多万笔，承担风险总额超千亿元，已支付赔款 2 亿元，有效缓解了患者的就医风险，在一定程度上化解了医患矛盾，得到了患方和医务人员的广泛认同，维护了医患双方合法权益和社会的和谐稳定。以医师执业责任险为补充，进一步提升风险分担水平。作为医疗责任险的有效补充，医师执业责任险通过进一步的费用补偿，对化解医患纠纷、和谐医患关系起到重要的补充作用。2021年人保财险北京市分公司为全市 42 家医疗机构的医护人员提供保额累计 27 亿元的风险保障服务。

在此过程中，人保财险北京市分公司将直接对接医疗机构、面对患者、对应医师，始终坚持以人为本、以专业为大、以诚为基的有温度、有深度的保险服务，三重保障机制互为补充、彼此衔接，共同守护医患安全，赢得了政府、行业的普遍认可，"医责险北京模式"被誉为"平安医院"的践行者和守护者。人保财险北京市分公司紧密围绕北京首都城市战略定位，以改革创新为动力，升级产品服务供给，提升服务质量和效率，全力"守护民生福祉、护卫城市治理、护航实体经济"，助力政府职能转型，提升城市管理水平。

7.2.2　案例二：杭州人保　积极打造"三安"城市

"奋进新时代、建设新天堂"是杭州市当前的总体发展指引。在"后峰会、前亚运"的战略机遇期，杭州人保财险秉持浙江精神，努力践行"承保＋科技＋理赔"的保险新逻辑，始终以精细化的理念与原则，专业化的工作态度，标准化和科技化的手段，积极探索和推进保险融入城市经济社会发展的新思路和新途径，干在实处、走在前列、勇立潮头，不断推陈出新，发展出拱墅电梯全生命周期保险、萧山全装修

IDI 保险、"六个一"模式安全生产责任保险等创新典范，在建设经营安全、生活安心、社会安定的"三安"城市中彰显了人保精神，为打造产业兴盛、活力迸发、共享幸福、良法善治的新天堂贡献了人保力量。

(1) 以"经营安全"为基石，助力区域经济高质量发展

一是保障生产安全，多方共治降风险。2021 年 9 月 1 日起实施的《中华人民共和国安全生产法》将安责险的重要性提升到了前所未有的高度，明确规定了高危行业企业投保的法定义务，开启了多方共治的新篇章。

为了完善安全生产保障体系，充分发挥保险在安全生产中的经济补偿和社会管理功能。2021 年 1 月，杭州市应急管理局联合杭州市城乡建设委员会、杭州市交通局等六部门通过比选，依法依规确定了由人保财险杭州市分公司为首席的杭州市安责险共保体，并以共保体为基础组建了杭州数智安责险服务保障中心，负责全市投保安责险企业的服务工作。

在推进过程中，人保财险杭州市分公司以标准化为内核，以创新体制机制为手段，带领杭州市安责险共保体坚持"统一数智信息系统、统一指导费率体系、统一技术服务标准、统一监督考核体系"的四统一工作准则，逐步形成了"一个共保体、一个专班、一套方案、一个中心、一个系统、一套服务"的杭州安责险"六个一"工作模式。并积极推行"保险＋服务＋科技"模式，充分利用信息化、大数据等科技手段建立健全"线上＋线下"的服务方式，实现"投保出单、服务调度、事故理赔和考核评估"的闭环运作，力争实现各方信息互通、风险共担、利益共享的多赢局面。

安责险与其他保险最大的不同在于，保险公司可以在事故发生前聘请专业的第三方服务机构为企业提供事故预防服务，帮助企业发现安全

隐患，协助企业做好隐患整改，提升企业的安全生产管理水平，从源头上遏制风险的发生。人保财险杭州市分公司以杭州数智安责险服务保障中心为载体，至 2022 年 6 月底共为 1780 家企业和工程项目提供了 3350 次安责险事故预防服务，共排查出 14864 处风险隐患，其中包括 4 处重大风险，1922 处较大风险，7744 处一般风险，5194 处低风险。重大风险已实现闭环管理，均已整改完毕，目前总体隐患整改率接近 70%，有效降低了安全生产风险水平。

二是保障研发安全，坚实托底添动能。在习近平总书记要求杭州建设"硅谷天堂、高科技天堂"重要指示的引领下，创新活力之城已成为杭州的闪亮名片。然而，创新创业一直以来都是高风险领域，结果的高度不确定性始终是抑制创新创业企业积极性的重大阻碍。为破解研发风险难题，2021 年 12 月，浙江省科技厅联合银保监会浙江监管局、省金融监管局发布《关于做好"创新保"专属科技保险项目组织实施工作的通知》，指定浙江人保财险作为首批合作单位为企业研发损失提供专属保障，并由人保财险杭州市分公司负责落地。

"创新保"保障企业或科研机构在研发过程中因约定的不可预测风险导致科研项目无法完成所产生的损失。与同类产品相比，"创新保"拥有保额更高、费率更优、保障全面、申请便捷、办理快速等优势，同时还能配套"浙科贷"专属金融服务项目，创新灵活运用保险增信功能，推动银行加大对承担科技项目企业或科研机构的信贷支持力度，为创新提供持久动力。

此外，为了解决创业者的后顾之忧，2021 年 5 月，人保财险杭州市分公司加强版"人才创业险"在临平区科技人才月启动仪式上正式发布，针对创业失败的创客团队给予生活补助，保额最高可达 1000 万元，同时临平区政府对每张保单给予最高不超过 30 万元的 100% 保费补贴。自推出以来，人保财险杭州市分公司共护航了 23 个团队的创业之路，保额高达 1500 万元，为掀起"大众创业、草根创业"的新浪潮营造了热烈氛围。

（2）以"生活安心"为引领，助力社会治理先行典范

一是守护安心置业，确保"眼见为实"。杭州市目前实施住宅百分之百全装修交付新政，但随之而来的"货不对版"的投诉日益增加，住建部门压力空前。面对百姓之需、政府之痛，人保财险杭州市分公司提出以全装修工程质量缺陷责任保险来保障购房者权益的新模式，并在萧山区全面实施。

萧山区全装修采用"一实体、两公证"方式，以"所见即所得"为目标，通过保险公司聘用 TIS 机构全过程参与装修施工，对材料、工艺、流程进行全面监督，及时发现并消除质量隐患，从源头上消除了"货不对版"风险，确保"样板房"成为真正的"实景房"。业务开展以来，人保财险杭州市分公司共承保了 36 个小区，共近 3 万套房，发现并排除明显隐患近 4 万处，显著提升了住宅全装修质量，切实保障了购房者权益，极大降低了投诉数量，缓和了社会矛盾，体现了"民呼我应、民呼我为"的服务精神。

二是守护安心出行，保障"上下无忧"。近年来，电梯困人、电梯"吃"人等事件屡屡见诸报端，其背后是长期以来的形式维保、以修代保、小修变大修等行业顽疾。电梯是百姓出门的第一站，也是回家的最后一站，保障乘梯安全，事关千家万户的安定幸福，事关经济社会的和谐稳定。

人保财险杭州市分公司联合拱墅区市场监管局发起了"电梯安全社会综合治理三年行动"，并推出电梯全生命周期保险（又称"电梯养老保险"），在促进电梯质量安全管理和保障群众乘梯安全方面取得了显著成效，推动形成了监管、保险、物业、业主、维保、梯厂等相关方相互监督、相互制约、相互促进、互利共赢、风险分担、共同保障电梯

质量安全的有利局面，成为拱墅区城市安全风险综合治理工作中一道享誉全国的亮丽风景。

截至 2022 年 6 月，电梯养老保险守护了 3000 余台电梯，共发现安全隐患 6.8 万余处，整改闭环 6.4 万余处，整改闭环率 94.12%，承保项目平均月故障率下降 20% 以上，困人率下降 70% 以上。

三是守护安心就医，支持"救死扶伤"。作为省会城市，杭州聚集了全省的优势医疗资源，也随之集中了大量的医患矛盾。医患矛盾不仅源于医疗事故或意外带来的患者及其家人身心的痛苦，还来自事故责任无法清晰认定，经济补偿不能及时到位所引发的冲突。传统的医疗调解一定程度上安抚了当事人的情绪，在前端化解了医疗纠纷，但受制于调解机构的有效供给不足，社会亟须市场力量的参与。近年来，人保财险杭州市分公司先后在浙大医学院附属邵逸夫医院、浙大医学院附属第一医院、浙大医学院附属第二医院推广施行医责险，并驻点协助医疗调解，使医院及医护人员能够放下心理负担，专注于救死扶伤；也让患者及其家属能及时得到补偿，尽早走出疾病的阴霾。

在此基础上，为破解责任判定边界模糊、耗时过长的难点，人保财险杭州市分公司进一步推出医责险与手术意外险相结合的一揽子方案。该方案对于患者而言，能够赔偿前置，不再担心责任归属带来的不利结果；对于医院而言，能够进一步减少无责情形下仍要承担的多方面压力，显著降低纠纷应对成本；对于医护人员而言，能够心无旁骛，在更加包容、安定的氛围下施展技艺，从而开创了多方共赢、医患和谐的新局面。

（3）以"社会安定"为核心，助力共同富裕长效机制

一是广泛覆盖，织牢社会保障网。2020 年初，突如其来的新冠疫情牵动着亿万人民的心。人保财险杭州市分公司第一时间响应，推出针对疫情的保障全面、保额充足的"逆行无忧"产品，并赠送给杭州地

区奋战在抗击疫情一线的工作人员及其家属，向勇士致敬，为逆行者护航。

人保财险杭州市分公司紧扣痛点、按区施策，不断丰富产品体系、创新服务方式，责任范围从较为单一的传染病救助扩展到自然灾害救助、火灾爆炸救助、精神病人伤人救助、公共区域溺水救助、困难群众救助、应急费用补偿等多项责任组合的全面保障。

截至2022年5月，杭州政府救助保险已覆盖4个区县、62个乡镇/街道、142个村/社区，有力保障了200余万户百姓的安居乐业，并在6月底实现了杭州首批70个共富村保险全覆盖，有效提升了杭州市灾害和突发事故应对能力，更好地推进市域应急治理能力和治理体系现代化建设，有力守护了共同富裕建设成果。

二是创新方式，建设和谐大家园。随着"绿水青山就是金山银山"发展理念的深入人心，生态环境正在以肉眼可见的速度显著改善。然而环境好了，动物多了，野生动物致害事件却层出不穷，成为山区人民挥之不去的烦恼。

野生动物致害政府救助责任保险是指在承保区域内遭受野生动物伤害导致人身伤亡或财产损失时，由保险机构按照被保险人依法应承担的责任支付相应赔款和服务的保险。该产品的推出有利于进一步加强野生动物保护工作，缓解野生动物与农业生产的矛盾，打造人与自然和谐共处的美好生态环境。

2022年5月，杭州市富阳区洞桥镇洞桥村横洞山香榧种植大户成功领到野生动物致害政府救助责任保险赔款2万元。该种植大户表示，自己辛苦种植几年的香榧被野猪破坏十分心疼，现在有人为损失"买单"，还能这么快得到赔付，心里舒服多了。自2021年3月，杭州市野生动物致害政府救助责任保险在临安区首次落地以来，杭州市又相继实现淳安县和富阳区的该险种统保，最大限度维护和保障被保险辖内人民群众的生命安全和财产利益。自承保以来，野生动物致害报案不断，理赔工作有序推进，获得了良好社会反响。

三是贴心服务，守护晚年新生活。2022 年 5 月 16 日，人保财险杭州市分公司成功获得临平、桐庐、淳安、建德四区县（市）团体老年人意外险承保资格，将在接下来三年中守护 46.5 万名老年人的健康和安全。

为更好服务老年人群体，人保财险杭州市分公司进一步完善了服务能力。一是强化了组织保障，在市级层面专门组建了承保服务、培训推广、媒体宣传、投诉接待和理赔服务五大小组，并在各区县（市）组建落地服务小组；二是创新了宣传方式，不仅开展集中宣讲、张贴海报、发放告知单等活动，还将在当地电视电台、公众号等媒体投放宣传视频，进一步使该惠民政策家喻户晓、深入人心；三是延伸了服务内涵，一方面提供多样化的承保理赔渠道，确保老年人足不出户即可尽享服务；另一方面针对老年人需求，设计了丰富多彩的健康养生及金融反诈类课程，以提升老年人的参与感与获得感。

人保财险杭州市分公司以服务养老健康战略为指引，为老年人提供贴身、贴心服务，让老年人安享晚年，在连续 7 年的服务中不断总结经验，创新思路，提升服务质量，把民生工程进一步打造为民心工程。

人保财险杭州市分公司始终牢记"人民保险，服务人民"的初心和使命，以"四个杭州、四个一流"目标为指引，积极投身社会经济建设，在彰显历史文化名城、创新活力之城、生态文明之都的城市精神，助力共同富裕示范区先行市的道路上努力发挥保险新作用。

7.2.3 案例三：青岛人保　守护城市安全共建绿色城市

随着社会发展和人民群众需求的多样化，社会利益与政府管理之间的联系更加密切，但自然灾害等传统社会风险频繁发生，环境污染、社会安全等现代社会风险也在迅速上升，政府公共管理的成本在不断攀升，政府防范和化解公共风险的任务凸显繁重，仅仅依靠政府应对社会风险将使得政府压力不断增大，因此需要政府通过更加有效的公共管理和服务，提高公共领域资源的分配，对社会风险进行有效的管控，对经济损失进行及时补偿。

人保财险青岛市分公司秉持"为党工作、为国经营、为民保险、为人成就"的宗旨，把"服务群众、改善民生、利国利民"作为公司的社会责任，紧密围绕集团"卓越保险战略"要求，积极发挥央企在服务构建新发展格局中的关键作用，主动融入青岛区域"四新"经济发展、科技创新转型、经略海洋发展、城市品质提升、基础设施配套、数字经济发展、激发开放活力、乡村全面振兴、绿色环保治理和民生治理保障等重点领域。坚定履行保险企业保障职责，持续做好区域保险服务的保驾护航工作。坚持以改革创新为动力，升级产品服务供给，提升服务质量和效率，以"承保＋科技＋理赔"的保险新逻辑，通过发挥自身的社会管理、经济补偿等功能，来降低政府管理成本，减轻政府抵御社会风险的压力，为政府有效管理提供一种全新的方法和创新思路。

（1）助力城市更新，推动城市功能品质提升

建筑业是国民经济的重要物质生产部门，与国家经济的发展、人民生活的改善有着密切的关系。建筑工程的质量管理与安全生产管理直接关系人民群众的生命财产安全，更关系到国家改革发展和社会稳定大局，是党和国家高度关注的民生问题。保险作为市场化的风险转移机制和社会管理机制，可以有效防范风险，解决社会纠纷，护航建筑行业飞速发展。

人保财险青岛市分公司积极承接政府职能转变，积极拓宽城市治理保险方案，助力"放管服"改革。积极推动建筑工程质量缺陷保险在青岛市的试点工作，升级服务治理类产品，加强政府部门对接。2021

年住建局印发《青岛市住宅工程质量潜在缺陷保险试点工作实施方案》和《青岛市住宅工程质量潜在缺陷保险实施细则（试行）》，青岛市分公司在全市 IDI 试点项目中以第一名的成绩获得主承保资格，并依照文件要求完成青岛市统一条款及费率的报备。

2021 年 12 月，人保财险青岛市分公司配合崂山区住建局在全国范围内首创工程质量安全综合保险，创新性地将住宅工程质量潜在缺陷和工程安全责任纳入综合保障范围，形成"质安保"产品方案，在 IDI 保障基础上，增加了施工安全的保障内容，从"质量"和"安全"两个方面为施工项目和参建单位提供更全面的风险保障和风险管理服务。同时，还参与编制《建筑工程质量安全综合保险风险管理标准》，积极响应国家相关政策，有效推动 IDI 和建筑安责险相结合健康规范地发展。

2021 年 12 月 28 日，人保财险青岛市分公司首签了"沙子口天一仁和"这一全国第一个质安保项目，保障额度 9 千多万元，保费收入超 200 万元。2022 年 3 月在黄岛区签订第二单，为客户提供累计责任限额超 5 千万元。并通过第三方风险管理机构全程参与，完善质量保障体系，降低业主对房屋质量的投诉率，提升业主的宜居感和对政府工作的满意度。

（2）打造食责险风控服务平台，保障区域食品安全

当前，我国食品安全水平整体向好，但仍存在基层监管人员相对不足、食品生产经营者主体责任落实不到位、食品安全事故赔偿责任难以落实等问题。市北区将食品安全责任保险分为公共服务领域保险和商业领域保险两类，自 2018 年起在全区范围内同步推进，属于国内首推的创新模式。

人保财险青岛市分公司自 2018 年起承保市北区公共服务领域及商业领域食品安全责任险。公共服务领域由市北区政府全额出资，保险覆盖市北区辖区内全部的大中小学校食堂，幼儿园食堂，机关、企事业单

位食堂，建筑工地食堂，养老机构食堂，市北区内的批发、农贸市场、旅游景点内餐饮单位，文化经贸活动及其他重大活动等公共服务领域；商业领域由政府给予财政补贴，涉及生产企业、流通企业和餐饮企业，参保企业数量约 500 家。

保险公司除了发挥保险的赔偿作用以外，同时积极推进"保险 + 赋能 + 减损 + 理赔"的保险运营新逻辑，把过去侧重于风险发生时的资金补偿，转变为在日常中的风险减量管理。因此，人保财险青岛市分公司基于"食品公共领域 + 食品商业领域"承保方案，构建了全国首个"食品安全智能风控管理系统"风险数据管理平台，通过"一个中心 + 四支队伍"创新增值服务模式，助力食品安全管理再升级，充分发挥保险的风险控制和社会管理功能，进一步建立政府、保险机构、企业、消费者多方参与、互动共赢的激励约束机制和风险防控机制，提升食品安全保障水平。

该模式得到社会的广泛认可，《中国食品报》、《青岛日报》、《半岛都市报》、青岛电视台给予了肯定报道，山东省食药厅领导莅临市北区开展调研，将该模式作为优秀经验向全国介绍推广。根据近三年多的数据统计，每 100 家投保企业中有 2～4 家商户出险理赔，在案发消费者向商户提出诉求时，通过保险理赔的快速介入处理，以及赔偿金的快速支付，推动已参保商户降低 2%～4% 的投诉率，为构建和谐、诚信、互信、担当的市北营商环境贡献力量。

公司开发创建的"食品安全智能风控管理"系统，2018 年启用，2021 年已升级到 2.0 版本。该系统能助力市场监管局创新风险管理模式，提高风险检查质效，实现无纸化绿色办公，抓实过程监督管控，落实整改与结果评价，以更加透明、高效、直接的管理抓手，推动市场监管局逐步建立起以大数据管理为核心的数字化风险管控新模式，助力"食安青岛"建设和"全国食品安全示范城市"复审。

（3）服务绿色低碳发展，助力青岛绿色城市建设

青岛积极践行国家"双碳"战略，以获批全国唯一一个绿色城市建设发展试点和全国首批政府采购支持绿色建材、促进建筑品质提升试点为契机，青岛市住房和城乡建设局加快推进绿色项目落地，在绿色节能、绿色金融、绿色建造、绿色生活等方面创新突破，取得了积极成效，形成了走在全国前列并可复制可推广的"青岛模式"。人保财险青岛市分公司深化政府部门互动合作，与市政府签署绿色建筑保险战略合作协议，不断创新保险产品，支持绿色建筑发展。

一是全国首创"减碳保"保险产品，助力"双碳"目标的实现。2020年9月22日，习近平主席在第七十五届联合国大会一般性辩论上提出，我国力争于2030年前二氧化碳排放达到峰值、2060年前实现碳中和。2021年人保财险青岛市分公司与青岛市住建局建筑节能与产业化发展中心、清华大学合作，围绕青岛市绿色城市发展需求，持续探索"绿色保险"服务"绿色建筑发展"的有效途径，推出全国首个既有建筑节能改造保险——"减碳保"方案，将节能改造项目的节能目标与保险赔付挂钩，为节能改造项目提供直接、根本的保障。打通政府、银行、保险三方互信，补贴可以事前发放，绿色信贷认定可以事前确认，采用"承保＋科技＋理赔"保险新逻辑，为项目提供事前风控服务，降低整体风险水平，赋能节能机构，促进约定节能目标达成，保障节能机构信用。

2021年4月26日，签署全国首个"减碳保"建筑节能责任保险保单，为青岛蓝海大饭店（黄岛）节能改造项目运营期提供三年累计300万元、每年100万元节能指标风险保障，项目改造完成后预计年均减碳量可达542.62吨。

2022年5月，人保财险青岛市分公司向中节能唯绿（北京）科技股份有限公司签发全国首张公共机构类"减碳保"建筑节能保险保单，

为胶州市政府建筑能效提升项目提供为期三年、保额 76 万余元的风险保障，项目改造完成后预计年均减碳量可达 130 吨。为绿色金融发展探索出了崭新的路径，为建筑领域碳减排工作的实施质量保驾护航，为节能企业提供了创新性的背书增信机制。

二是全国首创"超低能耗建筑性能责任保险"，为绿色建筑发展保驾护航。2018 年青岛市城乡建设委员会等六部门联合制定了《青岛市推进超低能耗建筑发展的实施意见》，在全国率先开展绿色金融支持超低能耗建筑发展的试点工作。人保财险青岛市分公司积极与政府部门对接，在总部的大力支持下，全国首创超低能耗建筑性能责任保险。业主单位为建筑项目投保，保险公司聘请第三方风控服务机构，全过程监督超低能耗建筑的建造过程，通过"保险 + 服务 + 风控"的模式，将风险前置，保证在建项目在供暖年耗热量、供冷年耗冷量、气密性三项指标方面最终达到超低能耗建筑的相关性能指标要求，若未达标，保险公司将负责赔偿项目节能整改费用，或对超标能耗造成的社会损失进行经济补偿，最高赔偿限额达到保费的 10 倍，从而将项目建设单位的主体责任落到实处，充分保障房屋使用者的权益。2018 年 12 月 21 日，人保财险青岛市分公司与青岛德普建设发展有限公司签署了全国首个超低能耗建筑性能责任保险项目，为中德生态园被动房住宅推广示范小区（二期）提供累计 1600 余万元的风险保障。通过保险机制保障超低能耗建筑性能，促进这一新型建筑产品的市场推广，为推动超低能耗建筑发展提供了创新模式。

（4）推动安责险与双重预防工作相结合，服务政府职能转变需求

人保财险青岛市分公司以新《安全生产法》实施为契机，完善既有产品升级，不断扩大安全生产责任险承保面，高危行业覆盖率 92.55%，配合政府主管部门加大安责险宣导和执法力度，大力推广"保险 + 科技 + 理赔"服务模式。通过建立安责险风控服务中心，搭建

青岛安责险风控服务平台，提升风控服务效果，为企业提供风险预防及兜底保障。2021 年为全市 1241 家企业开展事故预防服务，为 1198 家企业开展安全生产培训，累计培训人数 3982 人。搭建全市专家库，通过招标形式选取 15 家风控服务机构，集合各行业专家力量，为全险种风险防控做好技术支持。招聘补充专业人员，扩大专家支撑队伍，在应急局的指导下，加强与来自一流设计院、高等院校、科研院所等单位专家的合作，向企业提供标准化、规范化的风控服务，从而形成多层次、专业化的风险管理体系。

（5）服务社会治理，助力建筑行业健康发展

人保财险青岛市分公司自 2018 年全市建筑业保证保险试点工作以来，一直作为主承保方积极运行。截至 2022 年 7 月 31 日，为全市 7279 家建筑业企业提供包括农民工工资保证、合同履约保证、投标保证、质量缺陷维修保证以及业主支付保证在内的风险保障，取代保证金金额共计 183.05 亿元。通过保险的保障功能，利用信用工具替代各类保证金，减轻建筑业企业经济负担。在工程建设领域引入具有社会管理功能的保险机制，促进政府职能转变和创新管理。完善建筑市场运行机制，提高建筑业企业风险管理能力和履约能力，有效解决赔偿问题，及时化解矛盾，提供风险管理意见，减少事故的发生。

2022 年 2 月，分公司及时处理了一起农民工工资拖欠案件，体现了保险公司服务社会治理的作用及力度。该案发生正值中国农历新年前夕，引起各方广泛关注，社会影响较大。分公司积极配合当地人社局、住建局、街道办等相关部门，做好善后工作配合。分公司成立服务小组会商案情，明确保险责任，开通绿色通道。仅用 1 天时间便将 116.62 万元的赔款支付到位，得到被拖欠农民工和政府相关主管部门的高度认可。

该案充分体现了在工程建设领域引入保险机制，通过使用保单取代保证金的缴纳，不仅在提高建筑业企业资金使用效率、减轻企业负担、

激发市场活力方面效果显著，而且可以有效保障农民工合法权益，及时化解社会矛盾纠纷，减轻政府主管部门压力，起到了社会稳定器的作用，具有显著的社会效益。

7.2.4　案例四：宁波人保　构建"点线圈面"立体风险体系

近年来，城市内涝、老旧房屋倒塌、电梯故障伤人等公共安全事故频发，人民群众的生命财产受到严重威胁。为有效抵御风险，人保财险宁波市分公司聚焦城市公共风险治理，将保险功能嵌入经济建设、社会治理、民生保障的方方面面，以点连线扩圈成面，全力助推国家治理体系和治理能力的现代化进程。

（1）强化环境风险防控，守护城市堡垒"点"

2020 年，因第三方环保服务机构没有及时检查出环保设施漏洞导致废气直接排放，新民电镀公司遭受了不小的经济损失。随后，人保财险宁波市分公司将 10 万元保险赔款交到公司负责人杨海蛟手中，宁波市首例生态环境绿色保险理赔案件顺利完成。一年之后，人保财险宁波市分公司加大生态环境绿色保险推广力度，新增了服务与补偿等保险保障，在全国开创了"保险 + 服务 + 补偿"的政策性商业保险模式先河，大大提高了企业环境风险防控能力。

（2）织密风险保障网络，贯通城市生命线

在台风频发的宁波，城市内涝、排水管网破损等市政管网问题无疑成了城市治理的两大难题。今年，全国首例城市排水管网综合保险项目正式上线。人保财险宁波市分公司承担了近 2.5 亿元排水管网财产风险保额，除了对城市排水管网、泵站、闸门等设施进行风险兜底，还为养护作业人员、第三者人身伤亡和财产损失提供了安全保障。城市排水设施完善了，居民们也更安心了。

（3）增强老旧房屋监测，打造城市保卫圈

宁波市老旧楼房巡查信息不断出现在城房风险实验室的大屏上，人保财险宁波市分公司的风险控制员紧盯屏幕，不漏掉任何一条消息，确保对紧急情况进行实时处置，把老旧房屋风险降到最低，保护人民群众生命财产安全。

（4）助力灾后高效理赔，构筑城市屏障面

为了让巨灾保险理赔更方便快捷，人保财险宁波市分公司开启"千里眼"自动化水位桩试点工作，实现远程实时监测，第一时间了解水淹高度，同时引入现代测绘技术和无人机技术，助力工作人员快速完成灾情险情及灾后损失评估。

同时，人保财险宁波市分公司通过公共巨灾保险、突发公共卫生事件保险、电梯综合保险、安全生产责任保险等一系列拳头产品，在城市风险解决方案的规划蓝图上，从"面"（公共巨灾保险、突发公共卫生事件保险）到"线"（道路桥梁保险、排水管网保险）到"圈"（城镇住房保险、建筑外墙保险、电梯综合保险）到"点"（安全生产责任保险、生态环境绿色保险），逐步推进城市管理颗粒的精细化，围绕政府在实施城市更新行动过程中的治理难点，成功构建了"政府引导、险企运作、平台调度、专家参与"的多主体合作共建的新格局，有效降低了风险发生率。

①公共巨灾保险

宁波市巨灾保险体系由公共巨灾保险、巨灾基金和商业巨灾保险三部分组成，其保障模式可概括为"三险、两补、一金"。"三险"即市财政从 2014 年起，每年出资 3000 多万元向中国人保购买巨灾险，为全市 1000 万城乡居民及外来人口因台风、暴雨和洪水三类宁波最易发、多发的灾害造成的人身财产损失提供赔偿。"两补"是指保险补偿范围包括家庭财产损失救助和人身伤亡抚恤两项费用，涵盖居民的人、财、物。"一金"即保险公司巨灾保险当年经营若有结余，则全额提取，作为巨灾风险专项准备金，每年累计滚存，以提高抗风险能力。2016年年初，宁波对巨灾保险方案做了进一步调整和完善，将社会关注度高的危险化学品公共安全事故、恐怖袭击等风险，也纳入了宁波巨灾保险的范围。

在查勘定损中，宁波开启"千里眼"自动化水位桩试点工作，实现远程实时监测，第一时间了解水淹高度，为风险减量提供技术支持；同时，与宁波市测绘和遥感技术研究院合作，引入了现代测绘技术，助力灾后损失评估，利用无人机，打开"空中之眼"，快速完成灾情险情评估，为防止灾情进一步扩大提供数据支持。

②突发公共卫生事件保险

突发公共卫生事件保险坚持"政府购买，社会受益"的原则，遵循"低起步、小切口、全覆盖"的设计思路，保费初步按照全市人口（约850万人）每人一元出资测算，以850万元保费撬动最大1.2亿元的风险保障额度。该方案首次推出"据实赔偿＋指数赔偿"双触发机制和"民众＋企业＋政府"三维度保障，开创了全国先河，把创新引入指数保险理念，将省、市政府对外发布的突发公共卫生事件Ⅰ级、Ⅱ级或Ⅲ级应急响应作为触发机制。方案保障内容具体包括三个方面：一是从民众维度给予人员病亡赔付，二是从企业维度给予停工损失赔付，三是从政府维度给予应急救援赔付。

该项保险作为全国首个社会治理领域的指数型保险产品，依托宁波市国家级保险综合示范区平台优势，通过财政资金前端引导，辅以市场化保险机制，可有效平滑财政年度资金预算，分散转嫁突发公共卫生事件风险，提高政府应对突发公共卫生事件的能力，从整体上提升政府公共治理能力和应急管理能力，更好地保障和改善民生。新冠疫情期间，该保险赔付近1.2亿元，有力地支持了宁波复产复工。

③市政设施保险服务

宁波保险行业深度参与城市道路桥梁安全管理的项目在江北正式落地。宁波属于台风地区，台风期间一些地势低洼地区容易发生井盖脱落，洪水漫过，城市内涝等灾害。理赔时第三方检测机构对道桥检测时发现某路段墙体有渗水现象，存在风险隐患。人保财险宁波市分公司第一时间将该隐患报告给江北区市政养护中心，为其后续修复提供技术支持，从而实现风险的减量管理。

道路桥梁保险探索了新的市政公用设施领域的保险应用路径。江北区市政绿化养护中心相关负责人介绍："借助这个道桥项目，我们建立了市政设施数据平台，通过前期的信息整理、采集、汇总、输入和中后期的巡检人员、管养信息、维修情况更新，建立每个受保设施的生命周期记录册，并串联起一张市政设施大数据地图。"

2021年，宁波人保财险承保了全国首例城市排水管网综合保险项目。该项目除了对江北现有、新增或临时移交的城市排水管网、泵站、闸门等设施进行风险兜底，还对设施管理及养护作业人员进行保障。保险保障责任涵盖自然灾害、意外事故、应急费用、管理人员意外、第三者财产及人员伤亡责任，承担2.4325亿元排水管网财产风险保额。

江北区公共排水管网管理中心相关负责人表示，宁波软土地基易产生地质沉降进而导致地下排水管网产生错位、坍塌、渗漏等一系列功能性缺陷，每年因台风等极端天气引起的城市内涝和排水管网破损引起的水环境污染等突发情况也时有发生。我们在公共排水管网检测修复和污染源改造完成后，由专业养护企业开展巡查养护工作，并对设施可能发生的缺陷及引起的水生态环境问题引入"综合保险＋服务"模式，倒逼保险公司和养护企业加强养护管理，提高管网质量，防治排水问题，织起一张从地上到地下的风险保障网，营造和美江北。

④居住社区运行保险服务

2016 年 7 月，宁波成为全国首个经国务院批准的国家保险创新试验区，一套针对老旧楼房倒塌风险设计的城镇住房综合保险也逐步推开，开创国内先河。这一保险产品由政府财政"买单"，将居民房屋倒塌损失、人身伤亡及临时安置费用等纳入保障范围，同时保险公司组建专业团队，对房屋进行动态监测和应急加固维修。

宁波全市老旧楼房每天的巡查报告，上传到人保财险宁波市分公司城房风险实验室的大屏幕上，构成宁波老旧楼房的"险情大数据"。风险控制员逐条查看数据，对紧急情况进行实时处置，防止重大灾情的发生。奔走在各个小区的 60 多名监测员，则是上门服务的"风险管家"。

在宁波的老城区，部分建筑外墙的质量管理、安全管理问题越发突出，小区想开展外墙维修，却受到经费制约。为解决外墙脱落修缮的问题，从 2020 年起，宁波在全市推广建筑外墙保险，通过三年的发展完善，逐步走出了一条"保险 + 服务"的破解之路，让居民获得实惠。建筑外墙保险采用"居民出资 + 政府补贴"的模式，引导小区业委会逐步推进维修责任险的投保。今年，这一创新型城镇住房外墙"保险 + 服务"项目将继续深化至普惠性商业外墙险。

2023 年初，鄞州区中河街道隆兴峰景苑小区通过无人机对刚刚完成翻修的外墙面开展安全动态监测。此前，该小区 6 幢楼的外墙出现空鼓、脱落等现象，得益于 2022 年 10 月在人保财险投保的商业性外墙维修保险，此次翻修最高可获得 40 万元的理赔，在一定程度上减轻了维修资金压力。一年来，鄞州区共发生 18 起外墙理赔事件，包括金地国际花园、甬城金大地、锦绣东城、君悦花园、江家新村、永佳苑、新时代等 10 余个小区获赔。

⑤城市安全运行保险服务

宁波的电梯保险制度可视为第三者责任险、维保费用和配件更换费用的横向合并，被业内称为"保险＋服务"的经典模式，即保险公司不但负责赔偿电梯安全事故造成乘坐人员的人身伤亡及财产损失，而且共同参与投保电梯的保养维护，并对维保单位的服务质量和配件更换进行严格监督。维保费用方面，由保险公司、使用单位、维保单位签署第三方支付约定，保险公司依据维保质量跟踪监测结果支付维保费，当维保质量不过关时，保险公司有权代业主对相关单位的维保费用予以减扣。同时，保险公司还可通过开展电梯维保质量实时监测、电梯安全巡查预警、维保信息及时公示，督促维保人员及时进行安全风险管控和隐患排查治理。宁波的电梯"保险＋服务"项目，做到了维保监督到位，相比未投保前，电梯的平均故障率下降 30%，这是风险减量管理的又一成功典范。

宁波市应急管理局在《关于明确 2023 年安责险工作要求的通知》中要求，高危行业要应保尽保。一般工贸行业涉及危险化学品使用、"三场所三企业"、近三年发生过伤亡事故、高温熔融和厂中厂等五类风险较高企业为投保重点。各承保机构要严格执行"谁承保、谁服务"责任制。各承保机构要将高危行业和一般工贸行业投保有关信息按照有关要求实时同步录入省安责险服务平台和市安责险智控系统。

作为项目负责人，人保财险宁波市分公司牵头组建了一个民办非企业组织——"宁波市安责险风险防控服务中心"，该中心以风险减量管理为目标。该服务中心通过平台化、数据化、可视化地开展业务承保、风险管理和理赔处理等一揽子服务工作。

截至 2021 年第三季度，宁波市已有 1.6 万家工业企业投保安责险，保障人数突破 30 万人，已对 1.1 万多家企业进行了风险排查，工伤事故发生比率按可比口径下降 27%，实现费率方案与安全生产信用体系、事故发生比例、企业规模等紧密关联，信用等级越好、事故发生频次越低、保费越低，有效提升企业安全水平。

2021 年，在宁波市生态环境局的指导下，生态环境绿色保险向全市推广推开，参保企业涵盖化工、电镀、纺织印染、金属制品加工、造纸、制药、汽车零部件、固废处置、污水处理等行业。生态环境绿色保险在环境污染责任保险的基础上，新增了服务与补偿。保险公司委托环保服务机构为投保企业提供全方位、全过程专业环保服务，深入企业进行"问诊"和"会诊"，降低企业环境风险。在整个参与过程中，保险公司一方面对聘请的环保服务公司进行监督，确保服务质量；另一方面保险公司为环保服务机构的服务质量和承诺进行背书，因其服务缺失或过失造成投保企业直接经济损失的，经由第三方机构裁定后进行补偿。同时，保险公司对投保企业突发环境事件造成的第三者人身损害、第三者财产损失、生态环境损害费用、应急处置与清污费用以及法律费用予以赔偿，对上述风险损失进行兜底。

该项目改变了生态环境污染事故善后工作完全由政府"一肩挑"的状况，成功构建了"政府引导、险企运作、平台调度、专家参与"的多主体合作共建的环保新格局，实现风险减量管理和城市发展共赢局面。

7.2.5 案例五：嘉兴人保 致力建设共同富裕示范区典范城市

人保财险嘉兴市分公司以"党的诞生地、红船起航地"的政治敏感性，聚焦社会治理重点和难点，优化保险服务供给，融入社会治理实践，深度参与嘉兴市创新建设共同富裕示范区典范城市工作，为地方政府量身定制了城市保综合解决方案，不断拓展城市保的外延和内涵，让保险与城市蝶变发展和全市人民共同富裕紧密连接在一起，更好地发挥保险功能，守好红色根脉。其中在全国首创了安责险、食品安全责任保险、HSE 化工园区综合保险等新产品、新模式。推进了政府救助、环境污染、贸易信用等系列保险服务的拳头产品的使用。通过服务实体经济、服务民生保障、服务社会治理，实现了保险深度参与城市管理，助力共同富裕建设，提升治理体系和治理能力现代化。

（1）服务实体经济，助力构建共同富裕"高质量基础"

安全是共同富裕的底色。人保财险嘉兴市分公司秉承的保险新逻辑，在全国首创安责险嘉兴模式，通过自建安全生产服务管理平台，实现了对各项安全生产服务质量、安全专家能力、安全隐患闭环等全方位管控，推动对安全风险事前风险预防、事中风险控制、事后风险兜底的模式再升级，助力企业安全、高效生产，推动城市经济平稳、快速发展。

作为安责险新模式的发源地，2021 年，全市共承保安责险企业近 3 千家，保费收入超 3 千万元，组织开展各类事故预防技术服务 3967 次（其中风险隐患排查 2331 次，双管控体系建设 63 次，应急演练 212 次，安全培训 985 次，台账检查 334 次，安全标准化建设 42 次），受众面超过 5 万人次，累计发现各类安全隐患 7184 个。同时，强化隐患闭环管理促进风险减量管理提质，据近三年安责险承保企业理赔数据统计，案件出险率、投保企业生产安全事故死亡人数实现"三连降"。其中，2019 年出险率 35.78%、事故死亡 12 人，2020 年出险率 23.54%、事故死亡 8 人，2021 年出险率 13.08%、事故死亡 1 人，三年间"出险率"下降了 63.4%，投保企业事故死亡人数下降了 91.6%。

发展是共同富裕的坚实支撑。自 2020 年以来，新冠疫情突如其来，全球贸易形势空前严峻，嘉兴出口企业经营前景"迷雾重重"，不少行业龙头企业都面临因资金链断裂而倒闭的风险，而这些企业一旦倒闭，将导致一大批人员失业。人保财险嘉兴市分公司积极响应"打造内外贸双循环发展"的号召，组建一支"总公司级信用险团队"，参与出口风险管理助力企业"出海"。2021 年，人保财险嘉兴市分公司累计为全

市 1025 家企业提供近 27 亿美元应收款的保障，评估买方资信逾 3000
次，帮助 52 家出口企业减少损失，规避国际市场风险，累计为 29 家出
口企业提供赔款超 1 千万元，协助 23 家出口企业挽回货款损失，催收
总金额逾近 2 千万元。

（2）服务民生保障，助力编织共同富裕"安全保障网"

保障政府救助，护卫大众民生。2020 年，嘉兴遭遇了有气象纪录以
来雨量最大的梅汛期、"黑格比"台风等气候灾害，社会面临巨大挑战。
在这次自然灾害中，触发了嘉兴各级政府救助类保险的需求，随着救援
力量、扶贫资金、保障物资紧急响应，有效缓解了当时严峻态势，为城
市从灾害中尽快恢复、为民众纾困提供了有效支撑，提升了城市抗风险
能力，促进了民生共享公平，推动了共同富裕。截至 2021 年，嘉兴救助
类保险已覆盖 36 个乡镇街道，覆盖率达 50.70%，累计履行赔付 1828 万
元，为 639 起自然灾害或突发事故提供救援服务和保障，从整体上提升了
政府公共治理能力和应急管理能力，更好地保障和改善了民生。

保障房屋安全，守护幸福万家。针对老旧房屋倒塌风险，践行保险
新逻辑，推出居民住房综合保险服务，辅助地方政府开展城市治理，将
政府的角色从公共服务的直接提供者变为购买者和监督者，实现"监、
管、办"的分离。发挥保险公司专业能力，引入"第三方专业机构动
态巡查"机制，运用"互联网＋"技术，采用"人工＋智能"的组合
方式采集城镇危旧房屋数据，对老旧房屋提供安全动态监测、技术咨询
等服务，有效填补事前风险敞口，提高了公共服务效率。不仅为城镇住
房安全提供了全方位保障，也进一步提升了城镇住房安全管理水平，助
力政府缓解老旧房屋管理压力，让居民安心，更让政府放心。

截至 2021 年，海宁市城房险服务项目，累计安装芯片 3534 枚，开
展动态监测 2221 人次，检查房屋 55546 幢（次），开展房屋安全临时巡
查、违法巡查 195 处，实施隐患加固 36 幢（处）。南湖区老旧房屋服务

项目，累计完成巡检房屋 2.5 万余次，对发现的 50 余个紧急安全隐患点开展应急维修，针对大灾和突发事件，开展了 30 余次应急巡检，隐患排除完成率近 100%。

保障农村家宴，护航舌尖安全。人保财险嘉兴市分公司通过创新产品和模式，在嘉兴桐乡市农村家宴中心引进了食品安全责任保险试点。在每一个家宴中心安装可视化的监控设备，运用先进的风险管理平台，建立风险数据库，采用 PC 端 + 手机 App "管理 + 服务" 的模式，改变原有服务管理方式，减轻相关工作人员的查询和报备工作量。

截至 2021 年，人保财险嘉兴市分公司为桐乡市全辖 86 个农村家宴中心提供食品安全责任保险保障，开展安全隐患排查共 215 次，其中不定期排查 166 次，共排查出隐患问题 1373 个，已整改问题 1166 个，整改率达到 84.92%，进一步提高了农村家宴场所食品安全水平。

(3) 服务社会治理，助力打造共同富裕 "绿色和谐美"

绿水青山环责险保驾护航。人保财险嘉兴市分公司按照保险新逻辑，改变了以往环责险被动理赔的传统方式，按风险减量管理理念，前置风险管理服务，通过事前风险预防、事中风险控制、事后风险兜底的新机制，降低了企业潜在环境风险，提升了企业风险管理能力，改变了环境污染事故企业出险、政府买单的情况，成功构建了 "政府引导、市场运作、风险减量" 的保险参与社会治理的新格局。

目前，已实现了全辖五县四区环责险的全覆盖，涵盖化工、电镀、纺织印染、金属制品加工、造纸、固废处置、污水处理等行业，是浙江省覆盖企业最广的地市。累计已为企业提供 2143 次隐患排查、环保培训、环保应急演练、应急预案编制、三废咨询、环保管家等各类环保服务，通过服务提升了企业环境风险管理能力，实现了承保企业重大生态环境损害事故零发生，助力了 "双碳" 战略目标的实现。

人保财险嘉兴市分公司还立足于中国化工新材料（嘉兴）园区，

为企业经营减负、为政府管理减负的出发点，搭建综合金融服务平台，创新推出了全国首个 HSE 一体化综合保险服务项目，建立了安全监管、危险源监控、应急保障、人流物流管控和医疗救助五个一体化工作机制，构筑了企业在安全生产、职业健康、火灾公众和环境污染四大领域风险屏障，为打造全国安全示范化工园区、绿色保险示范化工园区贡献了保险的力量。

此外，"HSE 一体化项目"采用全领域线上管理模式，开展数据采集、监测，打造数据模型推算风险演化，及时预警投保企业，减轻"物"的不安全状态。同时，利用集中采购的独特优势积极整合教育培训资源，开设在线直播课堂，加强员工安全意识，减少"人"的不安全行为。

2021 年，为园区 45 家企业提供了达 70 亿元的风险保障，开展各项服务 213 次，其中各类隐患排查 78 次、排查出隐患数 476 个，各类培训 46 次、受益人群 1500 余人，台账指导服务 47 次，应急演练 4 次，应急比武 1 次，重点人员职业健康管理共 6405 人次。

人保财险嘉兴市分公司将继续传承红色基因，坚守本源，保持定力，以"承保＋科技＋理赔"的保险新逻辑，聚焦城市治理重点和难点，推进"卓越保险战略"在嘉兴落地生根，助力嘉兴市创新建设共同富裕示范区典范城市工作，实现服务人民和公司发展的有机统一。

7.2.6 模式一：参与社会治理的新逻辑

保险的生命力在于帮助团体或个体更加充分、理性和有效地认识风险、分散风险、抵御风险、化解风险，这就要求围绕"承保＋科技＋理赔"的保险新逻辑，开发保险新技术，通过新的运作模式，为客户提供创新性保险产品和服务，概括起来就是"新战略、新逻辑、新技术、新运作、新产品"的"五新"。

在城市保项目推动过程中，人保财险针对城市的不同风险，与试点城市密切沟通，逐渐从风险保障转化为风险减量管理服务，充分参与到风险管理、事故预防、应急处置，乃至灾后处理和重建之中。在宁波，人保财险总、分联动聚焦城市公共风险的治理解决方案，通过公共巨灾保险、突发公卫保险、电梯综合保险、安全生产责任保险等一系列拳头产品，搭建了"面线圈点"的城市风险解决方案规划蓝图，逐步提高城市治理颗粒的精细化程度，围绕政府在实施城市更新行动过程中的治理难点，形成"政府引导、险企运作、平台调度、专家参与"的多主体合作共建的新格局。在杭州，人保财险以精细化的理念与原则、专业化的工作态度、标准化和科技化的手段，积极探索和推进保险融入城市经济社会发展的新思路和新途径。干在实处、走在前列、勇立潮头，不断推陈出新，发展出拱墅电梯全生命周期保险、萧山全装修 IDI 保险、"六个一"模式安全生产责任保险等创新典范，在建设经营安全、生活安心、社会安定的"三安"城市中彰显了人保精神。

7.2.7 模式二：服务城市治理的新模式

城市保不仅要承担灾后赔偿的重要职能，更要重视实现社会风险减量管理的职能。因此，基于城市保在国内外实践案例，以及当前城市保所面临的挑战和机遇，不仅需要政府和公众等更多元主体的参与，同时也需要从城市保自身宗旨和原理的角度出发，为政府制定更有效的保险政策、为保险公司调整更合理的保险产品。

城市万象云平台是城市保的重要一环，城市万象云平台聚合公司积累的数据资源，通过大数据技术分析客户所属行业、业务性质、客户地域环境、灾因和灾害损失程度等各类信息，深入刻画客群群体风险画像，把脉城市风险痛点。

万象云风险管理平台以平台统一化、流程数字化、作业线上化和服务智能化为目标，全面整合、分析客户行业性质、历史灾因、风勘数据、区域气象和地理环境等信息，绘制客户风险画像，将风控技术嵌入工具平台，以线上化手段科技赋能物联预警、专家现场风控等风险减量服务工作的开展。平台还可以连接政府、专业风控服务机构等社会风控资源，以更为可控的成本、更加智能的协同来为城市提供多类创新型风控模式。

7.3 风险减量增强方案

7.3.1 评估城市布局和土地利用规划

城市规划过程中的第一步是对城市进行全面的风险评估。这涉及收集和分析历史数据、地质地形研究、气象信息和其他相关数据，以评估城市所面临的各种自然和人为风险。通过了解不同风险类型、频率和影响，规划者可以确定潜在风险的程度和分布，为制定适当的规划策略提供依据。

基于风险评估的结果，城市规划应将土地分为不同的风险区域，并相应地限制用途。例如，高洪水风险区域可能不适合建设住宅或关键基础设施，而应优先考虑绿地、公园或其他风险较低的用途。这种风险分区和限制用途的方法有助于减少人员和财产的潜在风险，并确保城市的可持续发展。

城市规划应鼓励多功能土地利用，将不同的功能结合在同一区域内。通过将住宅、商业和娱乐设施相互结合，可以减少通勤需求、交通拥堵和碳排放。这样的规划方法有助于提高城市的韧性和适应能力，减少对资源的需求，增加社区的可持续性。

7.3.2 完善建筑和基础设施的抗灾设计

建筑物应根据当地地质条件和历史地震数据进行抗震设计，包括使用强化的建筑材料、采取适当的结构加固措施，以及遵循相关建筑规范和标准。抗震设计的建筑能够更好地抵御地震的冲击，减少损坏和倒塌风险，保护居民的生命安全。

城市规划和建设应考虑洪水风险，并合理设计防洪和排水系统，包括建设河道和水域的管理设施，如堤防、河道清淤和沉淀池等。此外，城市应采用先进的雨水管理系统，如雨水收集和再利用系统，以减轻降雨引起的洪水压力，并有效利用水资源。

城市规划和建设应鼓励可持续建筑设计，以减少能源消耗和环境影响，包括采用能源效率措施，如使用高效隔热材料、太阳能系统和节能照明设备。此外，可持续建筑还应注重水资源管理、废物处理和碳排放控制等方面，以减少环境负荷，并提高城市的适应能力。

城市布局和土地利用规划的风险评估阶段是制定规划策略的关键。通过收集和分析各种数据，规划者可以了解城市面临的风险，从而采取适当的措施来减少潜在风险。风险分区和限制用途的方法可以确定不适宜进行建设的高风险区域，转而保留为绿地或其他低风险用途，来降低灾害对人员和财产的影响。

在建筑和基础设施的抗灾设计方面，结构强度和抗震性能是关键。抗震设计的建筑物能够在地震发生时更好地抵御冲击，减少损坏和倒塌的风险，保护居民的生命安全。防洪和排水系统的设计有助于减轻洪水的影响，保护城市免受洪水灾害的威胁。可持续建筑设计不仅减少能源消耗和环境影响，还增加了城市的适应能力，提高社区的可持续性。

在实施这些策略和措施时，需要政府、城市规划师、建筑师、工程师和其他利益相关者之间的紧密合作。政府应制定相关的政策和法规，为城市规划和建设提供指导。城市规划师、建筑师和工程师则应具备专业知识和技能，以确保规划和设计符合最佳实践和标准。此外，还提供相关的技术支持、培训和意识提高活动，可以增强各方的能力和参与度，推动城市保险的实施。

7.3.3　建立灾害风险管理和预警系统

一是基于"保险＋科技"建立灾害风险监测和预警系统，包括气象、地质灾害、水文数据的监测。

建立气象监测网络是及时获取气象数据的关键。气象监测站点应遍布城市各个地区，并配备高质量的气象传感器。这些传感器可以测量温度、湿度、风速、降水量等参数。收集到的数据将被实时传输到中央数据库，进行分析和处理。

地质灾害监测系统需要利用地质传感器和监测设备来监测地震、滑坡、地面沉降等地质灾害的迹象。这些设备可以测量地壳运动、土壤位移、地下水位等参数，并及时向相关部门发送警报信息。

水文监测系统用于监测河流、水库、洪水和干旱等水文情况。该系统应包括水位计、雨量计、河流流速计等设备。监测数据将通过无线传输或有线网络发送到中央控制中心，以便进行实时分析和预警。

收集到的监测数据需要进行分析和处理，以生成准确的预测和预警信息。现代技术和数据分析方法，如人工智能、机器学习和统计模型，可用于分析数据，并建立预测模型。这些模型将考虑历史数据、趋势分析和其他相关因素，以预测灾害风险的发展趋势。

7.3.4　提高公众意识和参与度

要提高公众意识和参与度，可以开展宣传教育活动，完善信息传达和预警系统，并提供公众参与和反馈机制。

开展宣传教育活动是提高公众意识的重要途径。可以通过组织社区会议、举办工作坊和研讨会、制作宣传资料和信息手册等方式，向公众传达有关灾害风险的知识和应对策略。这些活动应针对不同的人群和利益相关者，以确保信息传达的有效性。

确保公众能够及时获得灾害预警信息是至关重要的。城市可以利用现代通信技术，如手机短信、手机应用程序、广播、电视和社交媒体，向公众发送预警信息。预警信息应包括灾害类型、风险级别、建议的应对措施和安全避难地点等重要信息。

公众参与是灾害风险管理的核心原则之一。城市应建立公众参与机制，鼓励公众参与灾害风险管理计划的制订和实施。可以通过成立公众咨询委员会、组织社区研讨会和焦点小组讨论等方式，征求公众的意见和建议。此外，应建立反馈机制，公众可以向相关部门提供灾害信息、问题和需求，以改善预警系统和应急响应机制。

7.3.5　完善灾后恢复、重建的规划和实施

在灾后恢复和重建过程中，对受损基础设施进行全面评估，确定修复和加固的需求，这涉及道路、桥梁、电力供应、供水系统等基础设施的修复和改善。修复工作应遵循抗灾设计原则，采用耐震材料和结构加固技术，以提高基础设施的抗灾能力。

在灾后重建过程中，建筑设计应考虑抗灾能力的提升，包括使用抗震材料、加强建筑结构、改善建筑布局和逃生通道的设计等。建筑设计应符合当地建筑规范和抗灾标准，以确保建筑在灾害事件发生时能够有效抵抗破坏。

灾后恢复和重建过程中，应同时重新评估城市的土地利用规划，包括避免在高风险区域进行新的建设，并优化土地利用规划，减少城市脆弱区域的暴露风险。在土地利用规划中应考虑灾害风险的分布、土地适

宜性和环境敏感性等因素。

通过在城市规划和建设过程中采取风险减轻和适应能力增强的措施，城市可以更好地应对风险，并在灾害事件发生后更快地恢复。这将减少人员伤亡和财产损失，提高城市的韧性和可持续性。灾害风险管理和预警系统的建立，以及公众参与和教育的重要性，也应得到充分重视。通过综合应对措施的实施，城市可以更好地保护居民和财产安全，确保城市的可持续发展。

7.4 未来前景与展望

城市保作为一种创新的解决方案，对城市的可持续发展和风险管理产生了深远的影响。展望未来，城市保具有巨大的潜力和发展空间。随着全球城市化的加速和城市面临的风险不断增加，城市保将成为保护城市和居民的重要工具。城市保作为一种综合性的风险管理机制，在城市可持续发展中发挥着重要作用。通过风险评估和管理、风险转移和保障、风险减轻和适应能力增强等措施，城市保为城市提供更全面的保障和支持。

7.4.1 对城市可持续发展的影响

（1）韧性和适应能力增强。城市保可以提高城市的韧性，使其更能够应对风险事件和挑战。这意味着城市在面对自然灾害、气候变化、经济风险等方面能够更好地适应和恢复。通过风险评估和管理，城市能够了解不同类型的风险，并采取相应的减灾和应对措施。例如，城市可以制定建筑规范，加强基础设施的韧性，以抵御自然灾害的冲击。此外，城市保还可以提供保障机制，使城市在风险事件发生后能够更快地恢复正常运转，并减轻居民和企业面临的经济和社会负担。

（2）可持续规划与建设。城市保的实施促使城市管理者更加重视风险管理和可持续规划。城市保可以帮助城市规划师和决策者在城市建设过程中考虑风险因素。通过风险评估和管理,城市能够了解可能的风险影响,并采取相应的规划和建设措施。例如,在城市规划和土地利用方面,城市保可以推动禁止在高风险地区进行建设,或者要求在易受灾地区采取相应的防灾措施。通过将风险管理纳入城市规划和建设过程中,城市能够降低潜在的风险,提高可持续发展能力。

(3)社会稳定和公平性。城市保可以提高城市的社会稳定性,减少灾害和风险事件对社会的不平等影响。在风险事件发生后,城市保提供的保障和赔偿机制可以帮助受灾居民和企业更快地恢复生活和经济活动。这有助于减少社会不稳定因素的出现,并减轻贫困和社会不平等问题。城市保可以通过为弱势群体提供保险保障,确保他们能够更好地应对风险,减少灾害对他们生活的影响。这有助于促进社会公正和平等,实现可持续发展的目标。

7.4.2 应对气候变化和灾害风险管理的潜力

(1)顺应气候变化。城市保可以帮助城市应对气候变化带来的风险和不确定性。气候变化引起的极端天气事件(如暴雨、洪水、干旱等)会对城市基础设施、生态系统和社会经济系统造成严重影响。城市保通过风险评估和管理,帮助城市管理者更好地了解气候变化对其的影响,并采取适当的措施来减轻相关的风险。例如,城市可以改进排水系统、加强防洪措施、推动节能减排等,以应对气候变化带来的挑战。

(2)灾害风险管理。城市保可以加强城市的灾害风险管理能力。城市保通过风险转移和保障机制,降低灾害事件对城市经济和社会的冲击,并更好地保护居民和资产。例如,在城市保中可以引入针对自然灾害的保险产品,如洪水保险、地震保险等。这些保险产品可以提供经济赔偿,帮助受灾居民和企业恢复生活和业务,并减轻财务压力。同时,城市保还可以通过提供灾后重建支持、提供紧急救援等方式，加强城市对灾害风险的管理和应对能力。

7.4.3 未来趋势和发展方向

（1）技术创新的应用。随着技术的不断发展，城市保将越来越多地依赖于创新的技术解决方案。例如，人工智能、大数据和物联网等技术可以提供更准确和实时的风险评估和监测，帮助城市管理者更好地了解风险情况，并采取相应的措施。通过利用先进的技术，城市保可以实现更高效、更精准的风险管理和保险服务。此外，这些技术还可以支持个性化和定制化的保险产品，满足不同城市和群体的需求。

城市保领域的创新技术和解决方案的引入也是至关重要的。随着科技的不断发展，许多新技术可以为城市保提供更精确、高效和及时的支持。例如，大数据分析技术可以帮助城市进行风险评估，提供准确的预测和预警；无人机监测技术可以快速获取风险事件的信息，帮助决策者做出及时的应对措施；智能城市系统可以提供实时监测和管理城市基础设施的能力，降低风险事件的发生概率。这些创新技术的应用可以提高城市风险管理和决策能力，为城市保带来更多可能性。

（2）多利益相关者合作。城市保需要城市管理机构、保险公司、学术界和社会团体之间的合作与合约。未来，多利益相关者之间的合作将进一步加强。城市管理机构与保险公司可以共享数据和信息，以更好地评估风险和开发保险产品。学术界可以提供科学支持和技术创新，为城市保的发展提供专业知识和研究成果。社会团体可以发挥监督和参与的作用，确保城市保的公平性和社会效益。多利益相关者之间的合作将促进城市保的发展，并提供更全面、可持续的保障机制。

城市保的实施需要各利益相关者之间的紧密合作和创新思维。政府、城市管理机构、保险公司、学术界、社会组织和居民等都应参与其中，形成一个多元合作的格局。政府在城市保的推动中发挥着重要作用，它应制定相关政策和法规，为城市保的发展提供支持。城市管理机构需要与保险公司和专业机构合作，共同进行风险评估和管理，制订适应城市需求的保险产品和方案。学术界可以提供专业知识和研究成果，为城市保的发展提供支持和指导。社会组织和居民也应参与其中，通过参与风险管理和社区建设，为城市保的实施提供动力。

（3）区域和国际合作。城市保需要跨越地域和国际界限的合作。城市之间可以分享经验和最佳实践，共同应对跨界风险和挑战。国际机构和政府之间的合作也可以促进城市保的发展，并为城市提供更多的支持和资源。例如，通过建立国际城市保合作机制，可以分享城市保的创新经验、推动保险市场的发展，并为全球城市提供灾害风险管理和可持续发展的支持。区域和国际合作有助于加强城市保的效力和影响力，推动城市保的全面发展。

城市保的实施不仅仅是单个城市的挑战，也是全球范围内的共同任务。各国城市可以通过经验分享和合作交流，从彼此的成功案例和教训中汲取经验教训。国际组织、跨国机构和专业网络可以发挥重要作用，促进城市保知识和实践的传播与合作。通过建立跨国城市保合作机制，各城市可以共同应对全球性挑战，分享最佳实践，并提高城市保的整体水平。这样的全球合作有助于加强城市之间的联系，促进城市可持续发展的实现。

城市保的目标是实现城市的可持续发展。城市保不仅仅关注灾害风险管理，还应该与城市的社会、经济和环境可持续发展目标相结合。在城市保的实践中，需要考虑社会公正、生态保护、经济发展等方面的平衡。城市保的实施应当以人为中心，关注弱势社群和城市居民的需求，确保城市的可持续发展造福于所有人。这需要政府、城市管理机构和保险公司等利益相关者共同努力，制定政策和措施，推动城市保与可持续发展目标的融合。

城市保作为一种创新的解决方案，对城市的可持续发展和风险管理产生重要影响。通过提高城市的韧性、加强可持续规划、应对气候变化和灾害风险，城市保有望推动城市的发展和保护居民的利益；为城市的可持续发展提供了重要支持。

通过风险管理、经济保障和可持续发展的促进，城市保有助于提高城市的韧性和适应能力，保护城市的基础设施和居民的生活质量。然而，要实现城市保的潜力，我们需要加强研究和实践，制定更全面和有效的政策和策略，促进政府、城市管理机构和保险公司之间的合作。只有这样，才能为城市创造更安全、更可持续的未来。

未来的城市保将更加注重可持续发展和综合性风险管理，以应对气候变化、自然灾害和人为风险等多样化的挑战。政府、城市管理机构和保险公司应积极合作，推动城市保的发展，确保城市在风险事件中能够更加安全和可持续地运转。

在城市化不断加速的时代，城市保对于确保城市的安全、稳定和可持续发展具有重要意义。未来的城市保将更加注重可持续发展和综合性风险管理，以应对气候变化、自然灾害和人为风险等多样化的挑战。政府、城市管理机构、保险公司和其他利益相关者应积极合作，依托技术创新、多利益相关者合作和区域国际合作，推动城市保的发展，为城市提供更好的保障和支持。

8 提升城市治理能力的保险建议

随着全面深化改革的持续推进，社会治理体制转型成为各级政府工作的重点与难点。党的二十大报告提出："完善社会治理体系，健全共建共治共享的社会治理制度，提升社会治理效能""建设人人有责、人人尽责、人人享有的社会治理共同体"；国务院《关于加快发展现代保险服务业的若干意见》提出："发挥保险风险管理功能，完善社会治理体系"。运用保险机制创新公共服务提供方式，对化解社会矛盾、减轻政府财政负担、提高民生水平都有积极作用。保险业作为经济"减震器"和社会"稳定器"，充分运用其社会风险管理功能，积极开展风险减量服务，是保险业高质量发展，服务实体经济发展、服务中国式现代化的重要体现。

保险作为金融体系的重要组成部分，发挥着促进经济发展、维护社会稳定和人民生活的安定、促进社会经济的协调发展的突出作用，可以为城市治理水平提升作出贡献，将推进城市治理体系和治理能力走向现代化。

8.1 成立专门机构或增加相应职能

借鉴纽约、伦敦、东京经验，成立包括协调保险业职能在内的专门协调指挥机构或已有应急局增加保险统一协调职能。

保险业与城市主管部门、应急管理部门合作，未来可以将保险与"智慧城市"平台数据、风险服务相结合。利用智慧城市平台，延伸风险识别能力，强化风险选择和处置能力，提供风险监测、排查、预警、处置等专业化服务，做到减灾防损。

通过保险功能前置，将应急保险融入应急管理体系，将应急保险与应急管理相结合，整合优化各种应急力量和资源、提升重点行业领域应急管理基础水平、确保人民生命财产安全和社会稳定、提高社会防灾减灾救灾能力、从而推进治理体系和治理能力现代化。

通过与智慧城市平台技术的结合，加快"保险＋风控＋科技"体系的建设，为经济社会与人民财产安全提供保险保障的同时，更有效地降低风险事故发生的概率，切实起到服务社会治理的作用。

应对城市治理需求，紧抓智慧城市发展机遇，牢牢坚持"以人民为中心"的发展理念，基于城管物联网平台推进感知、分析、服务、指挥、监察"五位一体"智慧城管建设，以执法监察一体化架构推进城市法治、共治、精治，在线城管地图服务、开放数据探索、市民城管通应用、物联网平台建设，积极探索基于创新3.0的公共服务模式、感知数据驱动的高峰勤务模式的工作模式，为"大城市病"治理、"疏解整治促提升"、强化城市精细化管理作出了积极贡献，发挥了重要作用，并引领了创新时代物联感知、数据驱动、众创共治的城市治理新探索。

8.1.1 机构或职能建议

近年来，保险业围绕强化城市的定位，秉承保险服务实体经济的宗旨，突出保障主业，助力城市建设和经济发展，为减少灾害事故损失、帮助灾后重建、恢复正常生产生活秩序发挥了重要作用。

一是积极服务社会民生，发挥经济补偿职能，大力开展巨灾保险、城房农房保险等惠民险种，履行保险社会责任，为千家万户保驾护航。

二是服务政府职能转型，发挥保险杠杆作用，积极推动综治保险、应急保险等制度建立，服务社会治理创新，助力首都城市建设。

成立专门协调指挥机构或已有应急局增加统一协调职能，解决的主要问题是预防意识薄弱、预警和监控系统不完善、应急协同联动机制不健全、社会参与机制不健全。

形成应急保险推动思路：采取专业的风险管理服务＋保险转移机制的"保险＋服务"工作方式，其中，咨询服务以可视化地图形式呈现，通过保险介入实现应急工作闭环管理。

8.1.2　应急保险

共同推出建立"应急保险"机制，让保险服务贯穿事前的预防、事中的处理、事后的补偿，在巨灾保险、农房保险等基础上，将应急保险与应急管理相结合，打造保险参与的应急管理体系。

应急保险是围绕政府应急管理"一案三制"的工作内容，以《中华人民共和国突发事件应对法》为指引，以政企合作、社会参与为手段，建立起一整套以突发事件事前预防、事发应对、事中处置与事后补偿为保障内容的风险管理体系。

开发专属产品以突出应急工作事前预防及全流程处置的保险产品特点，通过全灾因、分场景数据分析，帮助政府做好风险预防、风险事件处置以及风险转移，增强城市应急管理能力。

8.1.3　相关方案

借鉴宁波电梯管理模式，将基层政府应急全预案系统化服务与保险保障相结合，通过提供全景式风险保障服务，促进提升类似校园突发事件等政府应急管理能力。通过应急保险的网格化发展布局，建立起以政府为核心，其他社会组织和公众共同参与的有机体系。

一是横向提升区、街道、社区级单元综合应急管理能力。针对基层政府应急管理工作中的难点、痛点，结合应急管理部工作职责和定位，以"保险＋服务"为形式，形成有效的应急管理闭环。其中，服务保障是保险公司及合作机构按照国家、应急平台建设的技术规范和要求，在充分利用和整合现有资源的基础上，以全灾应急预案为核心，以互联网技术为手段，结合区域实际特点，提供应急预案管理系统搭建、完善基于"情景—应对"模式的应急预案体系、即时检测"风险一库一图一报表"、健全应急响应联动机制、组织应急疏散演练等服务内容；保险保障以上述服务内容为前提，在仍然发生突发事件的情况下，保险公司结合基层政府突发事件应急管理工作机制，提供事发应对、事中处置及事后补偿费用保障。通过以上闭环管理体系，确保全面提高区域应急管理水平和突发事件应对能力，为有效预防和妥善应对各类突发事件提供支撑手段。

二是纵向推动重点行业/领域垂直应急管理能力。结合学校、商场、医院和社区实际情况，根据不同行业/领域应急管理工作特点，以行业主管部门为主导纵向推进，制定突发事件应急管理预案、共同参与应急演练实施、共同发布应急管理研究成果，将应急保险融入重点行业/领域应急管理体系，推动社会治理创新。通过建立健全行业/领域全量风险管理体系、提供全景式风险保障服务，促进提升行业/领域突发事件自身应急管理能力，为行业/领域创造优质环境，为行业/领域健康发展保驾护航。

8.2 巨灾风险保障

巨灾风险具有损失巨大、不确定性高、难以预测等特点。相比一般保险风险，巨灾风险具有更强的不可抗性。党中央国务院高度重视巨灾保险工作。党的十八届三中全会明确提出要实施巨灾保险制度。2014年7月，李克强总理（时任）在国务院常务会议上明确提出："将保险纳入灾害事故防范救助体系，逐步建立财政支持下以商业保险为平台、多层次风险分担为保障的巨灾保险制度。"《国务院关于推进防灾减灾救灾体制机制改革的意见》进一步提出，"强化保险等市场机制在风险防范、损失补偿、恢复重建等方面的积极作用，不断扩大保险覆盖面，完善应对灾害的金融支持体系"，"鼓励各地结合灾害风险特点，探索巨灾风险有效保障模式"。

8.2.1 必要性

我国正面临经济发展方式转变、社会管理方式转型、巨灾风险日益严峻的新形势。无论是从社会管理角度，还是从经济发展需求角度，或是从政府财政的职能转变角度出发，都需要建立巨灾保险制度。同时，保险业快速发展，风险管理技术和水平不断提升，部分地区的巨灾保险试点已取得成功，这些为建立巨灾保险制度奠定了良好的基础。

（1）建设美好生活的需要

建设美好生活的一个重要内涵是实现人与自然的和谐相处。实现人与自然的和谐，要求人类在自身的发展过程中，更要善待自然、保护自然、尊重自然。建立与风险社会相适应的巨灾管理和巨灾保险体系，就成为我国亟待解决的一项迫切任务。

（2）政府职能转变的需要

《关于深化行政管理体制改革的意见》指出，加快推进政企分开、政资分开、政事分开、政府与市场中介组织分开，把不该由政府管理的事项转移出去，把该由政府管理的事项切实管好，从制度上更好地发挥市场在资源配置中的基础性作用，更好地发挥公民和社会组织在社会公共事务管理中的作用，更加有效地提供公共产品。

《国家综合减灾"十二五"规划》指出，应增强保险在灾害风险管理中的作用，明显提高自然灾害保险赔款占自然灾害损失的比例，建立健全灾害保险制度，充分发挥保险在灾害风险补偿中的作用，拓宽灾害风险转移渠道，完善财税、金融等方面的政策和具体配套措施，加强社会参与防灾减灾的管理，推动建立政府和社会协同的灾害风险分担机制。巨灾保险制度的建立，可以建立民主科学决策机制，对关乎全局的重大决策进行审慎、科学规划，建立协商、协调机制，对巨灾风险管理和巨灾保险制度建设，由专家进行论证、咨询、评估与社会公示、群众听证等，做到权责明确、问责有力、行为规范、监督到位。

(3) 经济社会发展的需要

随着经济社会的发展，人口与财富的聚集，巨灾所造成的损失还有继续扩大的趋势。研究表明，年度灾害经济损失与国内生产总值的比值（即灾损率）小于2%时，对国民经济产生的影响比较轻微，而大于5%时，对经济发展产生的影响则比较明显。与其他国家相比，目前我国的灾损率处于较高水平上。美国的灾损率为0.27%，日本为0.5%。此外，我国灾害损失金额与国家财政支出的比值，低时维持在10%左右，高时达到30%以上，而美国的这一指标还不到1%。

目前是我国经济发展阶段从工业化中期向后期过渡的关键时期，将以信息化带动工业化，以工业化促进信息化，走出一条科技含量高、经济效益好、资源消耗低、环境污染少、人力资源优势得到充分发挥的新型工业化道路。需要一个与之相适应的巨灾风险管理和损失补偿机制，通过巨灾保险，可以将未来的一种不确定损失相对确定，以稳定人们的生产和生活。

(4) 完善公共财政的需要

面向未来，灾害损失呈显著上升趋势，自然灾害直接经济损失远远超过自然灾害救济投入，财政能够提供的灾后重建资源相对有限，国家层面的风险保障供给明显不足。完全依靠财政投入，不仅使财政负担过重，而且还影响经济的正常发展。此外，社会捐赠尽管也能在抢险救灾和灾后重建中发挥一定作用，但对经济总体恢复的作用仍然十分有限，且捐赠存在很大的不确定性。

建立巨灾保险制度，通过乘数放大效应，能够有效地分流政府的巨灾风险管理，特别是灾后重建的资金压力，起到稳定财政和放大财政资源的作用。有利于解决财政救助不公平问题。一是保险的合同性可减少人为干扰。保险补偿金额的确定和给付主要依据保险合同条款。相比之下，政府救助、社会捐赠等手段在分配补偿资金的过程中，由于缺乏客观明确的标准，存在一定的随意性，且受各种因素的影响较大。二是保险的有偿机制，可以较好地协调区域利益。无论在巨灾高风险区，还是在巨灾低风险区，居民只要购买巨灾保险，就享有保障服务，不存在区域间财富无偿转移的问题。三是巨灾保险可以满足差异化的风险分散需要。投保人可以根据自身风险状况选择风险保障，包括灾因和额度，继而得到相应的保障（见表8－1）。

表8－1　保险机制与财政救济在应对巨灾风险方面的对比

对比角度	救灾手段	
	保险机制	财政救济
损失补偿的性质	事前采取的积极解决方案，贯穿灾害风险管理的全过程，目标明确	事后采取的被动解决方案，计划性不强，存在较大的不确定性
损失补偿的特点	损失补偿按照保险合同的相关规定执行，外界干扰较少，理赔速度较快	受制于总体资金安排，补偿速度较慢，存在一定的随意性，容易受到人为干扰
损失补偿的后果	预期相对稳定，可以持续；不会对个体造成过重经济负担，减少巨灾的冲击	存在一定的不确定性，同时财政负担可能过重，会干扰其他经济项目的建设
对风险管理的促进	有助于全社会风险意识的普及和推广，有积极的风险管理功能	鼓励采用事前的预防措施的作用有限

8.2.2　可行性

当前，建立巨灾保险制度的条件逐渐成熟。一是目前我国经济社会发展良好，政府财政及居民收入提高较快，有了一定的基础。二是保险业快速发展，具有经营巨灾保险的能力和经验储备。三是风险管理技术日益成熟，风险区划、评估等难题逐渐被解决。四是巨灾保险试点逐步展开，获得许多成功经验。

（1）经济社会发展好

改革开放以来，我国经济社会发展为建立巨灾保险制度奠定了坚实的经济基础。从经济总量上看，我国的国内生产总值从 1980 年的 4545.6 亿元，增长到 2022 年的 1210207 亿元。从政府财力看，公共财政收入从 1980 年的 1159.93 亿元增长到 2022 年的 203703 亿元。从居民的支付能力看，城镇居民人均可支配收入从 1980 年的 477.6 元增长到 2022 年的 43834 元。财政及居民收入快速和持续提高，为实施巨灾保险制度奠定了坚实的经济基础。与此同时，政府有关部门和民众的巨灾风险管理认识的不断提高，法治环境的逐步健全和完善以及巨灾保险的理论和学术研究，也为巨灾保险制度的建设创造了条件。

（2）政府对巨灾风险重视

近年来，冰冻雨雪灾害、汶川地震、玉树地震、舟曲泥石流、芦山地震等自然灾害的频繁发生，对人民群众生产和生活均造成巨大影响，也对政府的灾害应急管理和灾害救助能力提出严峻挑战，如何科学管理巨灾风险已经摆到各级政府面前。

在历次巨灾损失中，尽管政府投入了大量的人力、财力和物力，但相对于巨灾受灾区域广大、损失金额巨大、受灾人多的情况来说，特别是面对灾后重建，捉襟见肘。与此同时，这种制度滋生了对政府的依赖，减少了自我防范和防灾减损的动力，容易诱发道德风险。

随着我国经济和社会的快速发展，城市化进程的加快，财富集中程度提高，灾害事故可能造成的经济损失也呈现出快速增长的趋势。在这样的严峻形势下，各级政府越来越意识到，解决巨灾风险问题，需要充分发挥政策的调控作用，利用市场手段，调动更多的社会资源参与巨灾风险管理，使巨灾风险能够在更广更大的范围内分散和分担。

一些地方政府对巨灾保险体系建设也予以了高度重视，北京、上海、广东、四川、贵州、湖南、安徽、浙江、新疆、深圳等省市政府均提出要探索建立当地的巨灾保险制度，有的地方还提出了具体的试点方案。

2009 年 9 月，财政部、国家税务总局发布《关于保险公司提取农业巨灾风险准备金企业所得税税前扣除问题的通知》，明确保险公司计提农业保险巨灾风险准备金，可享受企业所得税税前扣除政策。这些对于商业保险公司稳健经营，防范风险起到了促进作用。

（3）公众巨灾保险需求强烈

随着我国市场化改革的不断深化，居民的风险意识逐渐提高，广大居民希望通过保险的方式，转移家庭财产的地震等巨灾风险的需求日益强烈，这为建立和完善巨灾保险制度提供了需求性基础。同时，我国是农业大国，农业生产体系相对脆弱，对于环境和气候的依赖性很强，而农民的财产以及抵御灾害损失的能力均十分有限，因此，也迫切需要相应的巨灾保险制度予以保障。

（4）可借鉴国际经验

据世界银行统计，目前世界范围内有 10 个国家和地区共建立了 14 个巨灾保险制度，包括美国加利福尼亚州、日本、新西兰、土耳其等，这些国家和地区大多采用政府主导，充分利用市场机制，实现政府与保险业合作的模式。而且大多数国家均是在一次巨灾（大地震）之后，用大约 2 年的时间就建立了本国较为完善的巨灾保险制度，这为我国巨灾保险制度的建立提供了宝贵的经验。

（5）保险业快速发展

改革开放以来，我国保险业实现了创新发展和跨越式发展，行业实力显著增强，保险覆盖面进一步提高。保费收入年均增速超 20%，2022 年的保费收入达 46957 亿元，增长 4.58%。保险公司总资产为 27.1 万亿元，较年初增长 9.1%。新增保单 554 亿件，同比增长 13.27%；在服务经济社会发展，特别是稳定人们的生活，补偿灾害损失方面发挥了积极的作用。农业保险保费收入 1219 亿元，同比增长 25%，创历史新高。

（6）风控技术日益成熟

政府高度重视巨灾风险管理技术，建立了多层次的自然灾害调查、监控和统计系统。建设了气象、水文、地震、地质、海洋和环境等监测站网，对洪涝、干旱、台风、风雹、沙尘暴、地震、滑坡、泥石流、风暴潮、赤潮、林业有害生物等频发易发灾害，从区域分布到风险评估都做了大量工作，积累了大量数据资料，形成了一定的预测能力。近年来，政府把减灾纳入经济和社会发展规划，加强减灾的法制、体制、机制和各项能力建设，倡导减灾的社会参与和国际合作，同时在加强自然灾害风险监测和预警预报能力、信息管理能力和综合防范防御能力的建设方面加大了投入，并取得了较好的效果。

2002 年，原保监会就组织开展了我国地震保险制度建设的专题研究，并完成了《建立我国家庭财产地震保险研究报告》。时任总理对报告做了重要批示，要求"深入研究地震保险方案，加快推进震灾保险体系建设"。

2007 年 3 月，中国地震局工程力学研究所与美国阿姆斯公司联合对外推出了首个中国地震风险模型。模型收集了我国所有记录的地震资料，集纳了国内最详细的土层分布等地质资料，以及 2005 年统计的全国财产分布资料（包括建筑物、道路、桥梁等）。模型涵盖了 85000 个模拟地震，建立了11个"中国资产分布模型"和以县区为基本单元的资产统计清单，为评估我国地震风险、量化地震经济损失提供了基础信息。

8.2.3 巨灾保险方案

从经济理论分析，巨灾保险具有公共品或准公共品属性。巨灾风险属于国家安全风险范畴，巨灾会造成一个国家在同一时间、大范围保险标的群体损失。巨灾保险在效用上具有不可分割性，它为全体国民分担风险，受益者是全体社会成员。从保险理论分析，巨灾保险不满足大数定律，具有不可保性。巨灾往往是低频高危事件，保险经营缺乏大量同质的、独立分布的风险暴露，损失难以预测，几乎无法估计风险事件发生的频率。

（1）组织专门小组

与相关部门一起开展巨灾保险机制研究，分析如何运用保险提升城市社会治理水平。

一是组建科研团队。由国内大型保险公司牵头，瑞士再保险公司共同参与，组建了包含北京师范大学、北京大学、中国科学院、中国水利水电科学研究院等单位在内的科研团队，开展具体风险研究工作。

二是进行数据准备、分析。

①水灾。整理1000—1949年文献记录，样本量322个灾害事件，同时搜集1949年后7个指标项的灾害数据。

②地震。利用最新潜源模型，构建500万年地震随机事件模拟，参考雄安评估报告材料。

③公共卫生事件。近20年特别重大及重大级安全事件43个样本事件，包括传染病事件6起，重大食物中毒突发公共事件22起，工业中毒突发公共事件7起，饮用水污染突发公共事件8起。

④社会安全与事故灾难。全国近 20 年间发生的重大灾害事件 245 个样本事件，包括北京地区 23 个，国内其他城市 202 个，国外 20 个。

三是开展具体研究并形成阶段性成果。运用科学的风险分析方法形成《巨灾风险报告（草稿）》上报金融工作局，面临的巨灾风险主要包括：自然灾害风险（强降雨和地震）、公共安全（火灾爆炸、大型人员伤亡事件、环境污染）与公共卫生事件（传染病）。

从各国的实践情况看，巨灾保险制度没有统一、规范的最优模式。巨灾保险制度建设应当根据各国和各地经济发展状况、灾害救助模式、保险市场发育程度、地理和风险环境等因素来综合考虑，设计符合国家、地区特点和实际情况的巨灾保险制度。从我国的情况看，当前应着重建立地震巨灾保险、洪水巨灾保险的基本框架，确保对全国各地巨灾保险制度建设的指导，确保各地巨灾保险制度的相对统一，为全国巨灾保险制度建设和巨灾保险基金管理提供基础保证。

（2）地震巨灾保险

按照构建我国地震保险制度的原则，借鉴国外地震保险体系建设的经验，结合我国二元经济的基本国情，当前我国地震保险制度建设的总体思路是：区分住宅与非住宅，区分城市居民住宅与农村农民住房，逐步建立起"基本保障，广泛覆盖"的政策性城乡居民住宅地震保险和商业地震保险共同保障、全方位、多层次的地震保险制度。

完整的地震保险保障体系应包括城市和农村地震保险保障两个体系，其中城市保障体系包括居民住宅、企事业单位财产、公共利益财产等保险保障子体系，农村地震保险保障体系包括农民住房和农业生产等保险保障子系统（见图 8-1）。

在地震保险保障体系中，城市中的企事业单位、公共利益主体，相对居民住宅来说，抵御地震风险的能力相对较强，可以实行市场化的商业运作模式。农村种植、养殖业地震保险体系可以在目前政策性农业保

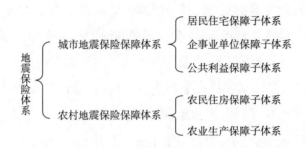

图 8 - 1　地震保险框架

险体系的基础上，适当拓宽保险责任范围，构建一个涵盖地震等巨灾风险的政策性农业生产保险体系。

城市居民住宅和农村农民住房地震保险保障体系是构建我国地震巨灾保险保障体系的重点。考虑我国城市与农村二元化经济格局仍然存在，城市居民住宅与农村农民住房在产权类型、建筑物特点、单位价值、支付能力等方面具有很大的差异性，因此需要分别建立城市居民住宅地震巨灾保险保障子体系和农村农民住房地震巨灾保险保障子体系。无论是城市居民住宅，还是农村农民住房的地震巨灾保险，均具有一定的准公共性特征，因此，应更强调政策性和强制性，其中农村农民住房地震巨灾保险保障子体系，需要更多的各级财政资源的直接投入，而城市居民住宅保障子体系则需要政府行政资源的投入，包括各种政策引导和适度强制。

我国城市居民住宅和农村农民住房的地震巨灾保险的基本思路是"分层处理"，即通过政策引导，适度强制，确保基础保障，而对于基础保障之上的保险需求，则可以采用商业保险的模式解决。基本框架是强制"基本保障层" +商业"补充保障层"。基本保障层应本着"低保障，广覆盖"的原则，由政府主导，强制推行，投入必要的公共资源，为社会提供一种普惠的保障，是居民住宅和农民住房地震巨灾保险制度建设的重要内容。而补充保障层则是由保险公司根据商业原则进行经营，国家给予一定的政策支持，如税收优惠、特别财务核算制度等，同时，国家为经营补充保障层的保险公司提供一定的风险分散解决方案，如接受其再保险分出。

（3）洪水巨灾保险

洪水巨灾保险保障体系可以参照地震巨灾保险的模式，将保障体系区分为城市和农村洪水巨灾保险保障两大体系，其中城市保障体系包括居民住宅、企事业单位财产、公共利益财产三个洪水巨灾保险保障子体系，农村保险保障体系包括农民住房和农业生产两个洪水巨灾保险保障子体系（见表 8 - 2）。

表 8 - 2　洪水巨灾保险保障体系

保障体系	保障子体系	保障形式	强制程度	运行模式
城市保障体系	居民住宅	单一保险责任的政策性洪水保险和商业保险并行	强制投保	政策性保险 + 商业保险
	企事业单位财产	维持现有财产保险综合保险责任的保障模式	政策鼓励投保	市场化运作
	公共利益财产	维持现有财产保险综合保险责任的保障模式	试点统一投保	市场化运作
农村保障体系	农民住房	单一保险责任的洪水保险和农民住房综合灾害保险产品并行	强制投保	政策性保险
	农业生产	维持现有农业保险综合保险责任的保障模式	强制投保	政策性保险

城市洪水巨灾保险保障子体系建设。城市中的居民住宅，对于位于高风险地区的，可采用单一洪水巨灾保险模式，并作为政策性保险。政府对这一地区的洪水巨灾保险予以必要的支持，如保费补贴或者税收优惠等，同时，对未参加巨灾保险的居民，不享受灾后国家救济和重建金融优惠措施等。对于位于非高风险地区的，实行鼓励政策，即国家对于提供洪水巨灾保险的保险公司予以一定的税收优惠。对于城市中的企事业单位和公共利益主体，由于其自身的抵御风险能力相对较强，可以实

行市场化的商业模式。同时，政策性洪水巨灾保险采用"保障基本"的模式，对于基本保障之上的保险需求，则可以采用"商业补充"的方式解决。

农村农民住房洪水巨灾保险子体系建设。目前我国福建、浙江等地区开展了农村农民住房保险试点，为我国的农村农民住房的洪水巨灾保险制度建设进行了有益的探索。在建立和完善我国的农村农民住房洪水巨灾保险制度的过程中，应结合试点经验，按照国家洪水灾害风险区划图，针对洪水巨灾的高风险地区，采用统保的方式，强制推行洪水保险，既可以采取单一保险责任的洪水巨灾保险方式，也可以采用综合巨灾保险方式。对于未开展农村农民住房综合巨灾保险的地区，强制推行单一保险责任的农民住房洪水保险；对于已经开展农民住房保险的地区，在保险责任中确保涵盖洪水巨灾风险保障。

（4）洪水巨灾保险实施方案

洪水保险制度的实施重点是解决普及和保障程度问题，目前在我国的各种商业保险中，洪水风险均包含在保险责任范围内。但由于种种原因，从客观上看，我国的洪水风险保障是不充分的，1998年的洪水损失中保险赔款占比不足2%，就能够得到验证。因此，在洪水保险制度的建设过程中，要突出两个重点：一是重点解决洪水风险高发地区的保险普及与覆盖问题，特别是针对主要流域，建立和推广专项洪水保险，全面提升洪水保险的投保率；二是重点解决洪水保险基金建立问题，通过洪水保险基金建立，能够有效地分散经营风险，调动保险公司经营洪水保险的积极性。因此，我国洪水保险制度可采取"商业保险公司经营、政府补贴保费、三级基金管理、六层风险分散、风险总量可控"的基本方案。

"三级基金管理、六层风险分散"模式主要是指：由投保人、洪水保险经办机构与国内外再保险市场、省级洪水保险基金、流域洪水保险基金、中央洪水保险基金、中央政府组成一个共同参与，分级分散的洪水风险的经营和分散模式。

投保人为第一层级风险的承担者。投保人通过与洪水保险经办机构签订保险合同将自身风险转移给洪水保险经办机构。同时，为强化投保人的风险防范意识，鼓励其开展防灾防损，可通过免赔额和赔偿限额的方式，要求投保人承担一定比例的洪水损失。

洪水保险经办机构与国内外再保险市场为第二层级风险的承担者。该层级一方面是利用保险公司自身的承保能力，承担并经营洪水风险；另一方面发挥再保险的作用，通过国内外再保险市场转移部分风险。通常可以安排保险公司承担在单一洪水灾害事件在一定赔付率（如120%）以内的经营风险。

省级洪水保险基金为第三层级风险的承担者。该层级主要承担辖区内单一洪水灾害事件赔付率在范围（如120%～150%）内的经营风险。当保险经办机构的单一洪水灾害事件损失达到一定标准时（如赔付率超过120%），则可启动省级洪水保险基金。

流域洪水保险基金为第四层级风险的承担者。该层级主要承担辖区内省级洪水保险经办机构的中级巨灾风险（如赔付率范围150%～200%）。当省级洪水保险经办机构的单一洪水灾害事件损失达到一定标准时（如赔付率超过150%），则可启动流域洪水保险基金。

中央洪水保险基金为第五层级风险的承担者。该层级主要承担省级洪水保险经办机构单一洪水灾害事件赔付率范围（如200%～250%）以内的高级巨灾风险。当省级洪水保险经办机构的单一洪水灾害事件损失达到一定标准时（如赔付率超过200%），则可启动中央洪水保险基金。当中央洪水保险巨灾基金资金不足时，可向有资金结余的流域洪水保险基金要求有偿资金调剂。中央洪水保险巨灾基金可通过以下两种方式进行风险分散：一是通过发行巨灾债券等方式将风险分散到资本市场；二是当中央洪水保险基金不足额赔付时，可由中央政府安排紧急融资等手段，必要时可发行特别国债。

中央政府为第六层级风险的承担者。中央政府作为最终风险承担者，当省级洪水保险经办机构单一洪水灾害事件赔付率超过一定比例（如赔付率超过250%）时，将实行回调机制。

8.2.4　政策建议

根据我国经济发展情况，结合现阶段保险市场发育程度、综合考虑国家地理环境特点，从满足我国社会的巨灾保障需求出发，坚持政府主导，市场运作，充分发挥保险、再保险在巨灾风险管理中的作用，使保险业成为应对巨灾风险的市场化、社会化的资源整合平台，设计符合我国国情、体系科学、面向未来的巨灾保险制度。

目前，各级政府正在加快巨灾保险制度建设，研究建立多层次的巨灾保险体系，通过保险、再保险和各种金融产品来解决巨灾风险分散，探索建立具有特色的巨灾保险制度，整合相关意见，提出以下政策建议：

（1）政府主导政策支持

建立我国的巨灾保险制度，必须坚持政府主导，这既是巨灾风险的特殊性决定的，也是立足于我国国情的必然选择。从对巨灾保险制度的研究中可以清晰地看到，没有政府的支持，任何一个市场都无法独立解决巨灾保险问题。我国现行的巨灾风险管理也是以中央政府为主导、地方政府紧密配合，以国家财政救济和社会捐助为主的模式。建立和完善巨灾保险制度，离不开政策支持，离不开政府对方方面面的协调与干预，需要政府投入财政和行政资源。通过财政资源的投入和支持，形成巨灾保险基金，规范巨灾保险基金的运作，发行巨灾债券等财政手段使巨灾损失的风险得以分摊；政府在灾后实行税收减免、财政补贴等措施使巨灾保险管理的成本降低，提高巨灾保险补偿机制的经济可行性；政府作为最后再保险人，当市场补偿机制在特大巨灾面前失灵时，激活并恢复市场的功能。

（2）市场运作统筹协调

政府主导并非政府主办，在具体的制度建设和运行过程中，应当更多地采用政府引导下的市场运作。从多数国家的实践看，政府机构直接运行和管理的效果往往不好，效率相对较低，最终均向市场化方向转轨。根据我国现阶段经济发展、保险市场发育和各级财政的实际情况，通过市场运作的方式建立和发展我国的巨灾保险制度，既符合我国行政体制改革的总体方向，又能够促进我国保险市场、再保险市场、资本市场的发育与发展。在我国政府行政体制改革的大背景下，特别是在推行公共财政理念的过程中，应考虑将政府的救灾功能"外包"，通过市场化的运作模式，或者是在政府辅助下的市场化运作模式来建设我国的巨灾保险制度。鉴于巨灾保险具有"公共产品"的特点，国家需要通过强有力的手段，如立法、税收、财政、行政干预等，推动巨灾保险制度的建设。同时，巨灾保险制度建设涉及的部门众多，工作繁杂，仍存在大量的工作需要国家（部委）层面统筹协调，这些工作是市场和公司难以实现的。

（3）求同存异尽快完善

巨灾保险制度建设涉及方方面面，不可能一步到位地统一所有人的认识，解决所有的问题，协调好所有的关系，营造好所有的条件。从既往实践看，其他国家和地区的巨灾保险制度都不是一步到位和尽善尽美的，都有一个实施中不断完善的过程。例如我国的台湾地区，在1999年9月21日"集集大地震"之后，仅仅用了两年的时间就建立起了一个全覆盖的住宅地震保险体系，并在运行的过程中不断完善。我国的巨灾保险制度的建设已刻不容缓，应当以更加务实的态度，立足中国的国情特点，在学习和借鉴国外先进经验的基础上，求同存异，尽快完善我国的巨灾保险方案。

2015 年 4 月，在原保监会的指导下，人保财险牵头市场上 45 家保险公司发起成立城乡居民住宅地震巨灾保险共同体（以下简称共同体），人保财险为首席共保人并承担共同体执行机构职能。

2016 年，原保监会印发《建立城乡居民住宅地震巨灾保险制度实施方案》（保监发〔2016〕39 号），共同体搭建住宅地震共同体业务平台，开发标准化地震巨灾保险产品，建立统一的承保理赔服务标准，共同应对地震灾害。

（4）深化发展巨灾保险

气候变化的直接影响是气象系统的异常变动，造成灾害事件发生频率和严重程度上升，保险业积极开展巨灾风险管理是积极应对气候变化的首要任务。保险业在巨灾风险管理方面已取得长足进展，商业领域巨灾风险通过市场可以得到较为充分的保障，政策性巨灾保险也在稳步推进，下一步需要重点做好以下方面工作。

一是进一步提高巨灾保险供给侧结构性改革，紧密跟踪灾害和风险变化，丰富灾害保障类型，扩展投保地区和保障人群，提高保障水平。二是逐步建立起科学合理的定价体系，丰富风险评估办法，加强巨灾模型等国际通行巨灾量化工具的有效应用，准确、及时、全面地评估巨灾风险，厘定风险费率。三是加强政策性巨灾保险专业化经营和队伍建设，自留风险暴露或单体项目数量达到规模以上的直保和再保公司，建立专人专岗开展经营。四是建立"保险＋科技＋服务"模式，形成覆盖灾前、灾中、灾后的保险服务体系，监测、预警、救灾、恢复、重建形成保险信息和服务闭环。五是积极探索巨灾风险资本市场融资渠道，通过巨灾债券、侧挂车等资本市场工具，吸引全社会力量参与巨灾风险损失分担，提高巨灾保险保障能力。

始终服务灾害治理，全面推动巨灾保险制度走向成熟。一是推动巨灾保险立法，完善顶层设计，配套财税政策，为巨灾保险制度健康发展提供长效机制。监管层面进一步加强巨灾保险的规范、指引和支持。二是丰富全国巨灾保险制度，在原有地震巨灾保险的基础上，将气候和气象灾害纳入保障范围。三是推动行业发展，提高巨灾保险渗透率和保障水平，实现对我国主要灾害地区的保障渗透率，保障水平得到显著提升。四是保险机构要不断提高技术水平，建立完善与气候变化工作相适应的信息技术设施，加强巨灾模型在风险和保险中的应用，优化协调行业承保能力配置，优化保障效率，加强服务资源部署，满足基层保险服务需要，切实提高广大居民的保障获得感。五是进一步提高巨灾风险和巨灾保险经营的专业化水平，鼓励保险机构总部、风险暴露集中的分支机构等设置专岗专职方式开展专业化经营。六是推进巨灾保险深入融入国家灾害治理，形成风险预警、工程防御、保险保障、灾害融资、救援重建为一体的运行模式。

下面结合最新的空间信息技术和城市内涝风控技术，提出巨灾风险应用的以下建议。

(5) 天空地一体化的模式

巨灾破坏力巨大，影响范围更广，往往造成大量人员伤亡和大面积财产受损，救灾和理赔的效率和准确性较低，很难在第一时间单纯依靠人力进入现场掌握整体灾情，从而制定有针对性的救灾对策，争取救灾的黄金时间以减少人员伤亡。同时，在灾后的损失评估中，也很难单纯依靠人力精确评估受损情况，进而合理安排灾后救助和补偿工作。

遥感技术能够为风险评估、费率厘定、损失快速及精确评估提供数据和平台支撑，灾后进行损失查勘，辅助理赔调度，为客户和政府提供图片、影像等一手资料支持，提升保险的风险管理和服务能力，为政府部门和客户提供规避和减轻灾害风险的建议。

为提升巨灾灾后理赔的效率和精度，共同打造天空地一体化的立体服务体系，建立基于遥感技术的综合服务平台，构建社会化的服务保障体系。基于遥感影像进行灾害损失评估，及时科学地向政府和客户汇报和介绍灾害损失情况，说服力强，有利于政府和农户及时采取防灾防损和恢复措施，从而减少损失、达到共赢的结果。

（6）内涝图谱与实时预警

国内主要城市相继发生不同程度的内涝，而且发生的频率呈上升趋势，造成了严重的人身伤亡和财产损失。近年来，在各部门合作预警下，虽然我国洪涝灾害的频率呈上升趋势，但造成的灾情总体呈下降趋势。据统计，我国有防洪任务的城市多达642座，2016年以来，每年进水受淹或发生严重内涝的县级以上城市在190座以上，2017年104座，2018年仍有83座城市进水受淹或发生内涝，2020年7月份出现长江淮河流域特大暴雨洪涝灾害、2021年出现河南特大暴雨洪涝灾害以及2022年7月底至8月上旬发生海河流域性特大洪水等巨灾。

考虑我国城市内涝研究成果的成熟程度，采取分阶段、分城市重点区域的方式逐步推进内涝风险管理。目前，全国应用已有南京、佛山等城市相对成熟的研究成果。

一是构建基于3S空间信息技术的多源城市内涝数据获取和积累方式，建立历史与实时、灾害与保险相结合的城市内涝空间信息数据库，形成内外部数据整合标准。结合城市内涝灾害孕灾环境、致灾因子、脆弱性和风险特点，构建城市内涝指标体系，以地理信息为纽带，整合内外部数据，建立了历史与实时相结合城市内涝空间信息数据库。内容上涵盖基础地理信息、城市内涝灾害风险等外部数据，在时间上既包括历史数据，也包含实时监测数据。

二是综合利用历史数据、实时数据和动力学模型研制最新最细的城市内涝风险图，开发洪水风险应用平台，逐步积累形成城市内涝风险图，通过交互的方式不断采集和更新积涝点数据，为城市内涝风险管控提供支持。

三是探讨利用基于物联网的城市内涝实时监测数据开展实时预警和防灾防损服务。目前，部分城市已经建立了基于物联网的城市内涝实时监测系统，这为开展实时预警和防灾防损服务提供了可能。探讨实时积涝点观测数据共享内容、提供形式和更新频率，并通过数据接口实现积水情况远程监测与预警信息实时数据的接入应用，探讨基于城市积涝点实时监测数据的预警和防灾防损服务方式。例如，根据监测点的淹没深度和发展趋势，通知客户不要往积涝区域行车，及时进行财产转移等，从而减少城市内涝损失。

通过项目的开展将城市内涝灾害风险管理前移，支持识别和控制灾害风险，支持实时监测灾害、减轻灾害风险和损失等防灾防损工作，支持全面快速评估和了解灾害影响和损失，提升城市内涝灾害风险管理能力。

通过平台从灾害、客户、标的、时间和空间等多个维度查询和分析城市内涝风险，增强对客户风险的认识，更好地为客户提供专业化、定制化的服务。基于对客户洪水风险的总体把握、易涝成因分析等，排查内涝风险隐患，为客户提供有针对性的防灾防损服务措施，切实减少客户损失；根据实时监测城市内涝淹没情况，及时通知客户或协助客户规避风险、转移财产，有效减少客户损失，达到客户与公司双赢的效果。从识别风险到评估风险，再到减轻风险，将灾害发生规律、防灾防损服务等实践经验和不足进行反馈和改进，从而实现风险的减量、闭环管理。

8.3 涵盖城乡房屋建筑安全与保障

借鉴伦敦、深圳经验，开展房屋建筑安全普查、风险预警及建筑缺陷等相关保险，实现宜居城市目标。

8.3.1　房屋建筑安全普查

应用 InSAR 技术进行地标形变的风险管理，在城市开展房屋建筑物、道路桥梁安全检查，并结合地面人工验证的方法进行校验，筛选风险点、危险点进行重点布防。

InSAR 技术具备全天候、全天时成像的特点，无须地面部署任何设施和人工投入，还能对地面同一区域进行持续重复观测，形成干涉测量能力，可以测量得到地面固定目标每年度毫米级别的形变数据，通过分析所积累的大量历史数据，可以得出地表出现的细微形变等信息，用于发现地面形变灾害征兆，并对灾害进行预警预报。另外，由于 InSAR 技术的数据源为雷达卫星遥感影像，因此该技术具有相当可观的测量范围，并且由于雷达卫星平台的不断发展，拍摄能力越来越强。InSAR 技术在测量频率、测量尺度与测量精度上都能较好满足地面沉降监测的各项要求。

地面沉降具有分布散、范围广、周期长等特点。针对这种类型的形变监测，需要既能满足实现大范围区域监测的基本要求，又要具有足够的精度和快捷的周期来准确及时地发现可能出现灾害的重点区域。

随着我国经济建设的高速发展，城市中地下空间的利用和各类高层建筑物日渐增多。由于地下空间开挖对岩土土体的影响，建筑物的增高、荷载的不断增加，在地基基础与上部结构共同作用下，建筑物可能发生不均匀沉降，其后果轻者将使建筑物产生倾斜或裂缝，影响正常使用寿命，重者将危及建筑物的安全。因此为保证建筑物正常安全使用，应当采用技术手段来动态掌握建筑物形变情况，以实现对建筑物的安全鉴定。随着卫星遥感技术的发展，作为形变监测重要手段的 InSAR 技术逐渐走向成熟和应用，已经广泛地应用于建筑物的监测中。

8.3.2　建筑工程质量潜在缺陷责任保险（IDI）

我国房地产市场发展迅猛并推动我国成为世界头号建筑大国，但我国住宅工程质量总体不高，住宅工程质量问题频发、多发。建筑物工程质量问题易引发安全事故，如房屋倒塌、管道破损、电力设施瘫痪等，如何快速对存在质量缺陷的建筑物进行监测，对潜在的风险进行有效的评估，是当前房屋建筑保险遇到的困难之一。因此，需引入有效的技术手段，对标的建筑物主体结构进行连续、定期的监测，准确掌握建筑物主体结构的安全状态，而这正是 InSAR 技术的优势所在。

为了进一步完善我国的建设工程质量管理体系，不断探索逐步建立适合我国国情的建设工程质量保险与建设工程质量风险管理体系，2005年8月5日，原建设部与保监会联合下发了《关于推进建设工程质量保险工作的意见》，这标志着工程质量保险试点工作正式启动，并先后在上海、北京、厦门等城市开始了试点工作，取得了较好的社会效应。

2016年1月1日颁布实施的《北京市建设工程质量条例》（以下简称《条例》），明确规定"本市推行建设工程质量保险制度"。为北京市推动建筑工程质量潜在缺陷保险奠定了政策基础。

地表形变特别是不均匀的形变，对大型建筑工程的建设和运行都会带来较大风险。及时发现地表或建筑工程的变化，采取有效的风险管控措施，能够有效减轻客户和保险损失，提升城市管理水平。

利用 InSAR 技术全面、准确地获得承保标的所在区域的历史沉降数据，分析其沉降现状及演化趋势，可为工程建设有针对性地制定施工、风险管控方案提供重要技术支持，也可以为工程及建筑的后期养护提供具体建议，有效地避免因地面沉降等导致的重大事故发生。如对于拟建高速公路地段，根据其历史沉降形变特点，有针对性地开展地质补充勘查，进一步探明场地的不良工程地质、水文地质条件，可减少工程建设的地质风险；结合地表沉降历史演化规律分析，筛选沿线潜在的易发生塌陷、滑坡的风险点，据此有效规避工程地质灾害风险。

加强承保标的沿线或周边的地表沉降观测，跟踪和了解标的的潜在风险及其变化。对于沉降形变异常的区段适当提高监测频率，对其中重要且风险高的区域，必要时可以采取"InSAR＋地面调查"的实时监测方案，一旦发现危险，及时向客户进行预警，采取防范和加固措施，避免事故发生。例如，对经过地质沉降较严重的区域的京沪高铁沿线高分区进行监测，一旦发现地面不均匀沉降达到一定程度，及时采取相关措施，预防风险的发生。对肉眼难以发现的建筑物及桥梁形变进行动态监测，防患于未然，有效减轻客户和保险风险，提升客户服务能力。

对相关政府建议如下：

（1）尽快出台实施办法，明确推行保险的主导政策，实施有别于上海的推行模式，实现保险制度正式落地，为国家制度创新探索模式。

（2）为切实有效地保护广大业主的合法权益，建议政府先从公租房、市政工程等公共项目开展试点，通过制定相关标准，完善制度后，再推广到全部商品房。

8.3.3　推进城市老旧房屋保障

城市居民住宅地震保险是我国巨灾保险制度建设的重点。从实施的角度看，基本模式是关键，即需要在国家层面明确我国城市居民住宅地震保险的总体规划和基本运行方式。基本架构是建立中央和地方两级地震保险基金，并明确二者之间的关系。同时，实施方案需要明确政府，即地震保险基金与市场的关系，特别是明确偿付能力和击穿风险的解决方案，形成一种与市场既有互动，又明确分工的合作模式。

在城市居民住宅地震保险制度的实施过程中，面临的一个核心问题是基金的归集以及归集的效率。如果采用完全自愿和市场化的模式，则归集的成本过高，势必导致地震保险的定价相对较高，不利于地震保险制度的推广。因此，地震保险基金归集的基本思路可以参照和结合"住房公共维修基金"的模式。各省级人民政府根据本省的具体情况，通过颁布专门法规的方式，要求购买商品房的居民，均应按照商品房购房款的一定比例（1%～1.5%）缴交"地震保险基金"。同时，相应地降低住房公共维修基金的缴交标准，以确保基本不增加购房居民的经济负担。然后，根据当地地震风险的实际暴露情况，结合确定的赔偿比例（30%～50%），向居民提供一定期限（5～10年）的住宅地震保险保障。

在实施的过程中，还可以采用"新房新办法，老房老办法"的衔接方案，即按照相关规定，对于方案启动前已经购买商品房的居民，可以从其已经缴交的住房公共维修基金中按照确定的比例，直接划拨到住宅地震保险基金账户。这样既能够保证居民住宅地震保险的快速、全面的推广，确保覆盖面，又能够确保基金能够迅速达到一个基本的规模，形成一定的保障能力。

根据城市居民住宅地震保险制度的特点，建议成立独立"全国地震保险基金"，也可以"挂靠"全国保险保障基金公司，采用"一套人马，两块牌子"的模式。"全国地震保险基金"为非营利性质，同时确保其公信力和风险隔离。"全国地震保险基金"具体负责城市居民住宅地震保险制度的建设、实施、管理和监督，其职责有：一是负责管理基本保障层的保险基金，在授权的范围内，利用各种金融工具，扩大地震保障能力。二是对经营商业补充层的保险公司进行专项监督，并向其提供风险分散渠道，确保其经营的稳定。三是通过保险行业协会，协调行业的力量，确保灾后的保险理赔服务能力。四是在国家减灾计划的总体框架下，发挥保险行业的特点，推动风险管理意识普及和减灾防灾教育，推动相关制度建设和完善。

在这只基金的基础上，"全国地震保险基金"应采用"横纵结合"的分层技术，确保稳定经营，扩大保障能力。从方式上看，可以采用共保、再保的模式；再保可以采用比例，或者非比例的模式；可以采用传统的，也可以采用非传统的模式；可以采用保险的模式，还可以采用金融创新的模式。从承担主体上看，可以是保险市场上的保险公司和再保险公司，也可以是资本市场上的其他金融机构和主体，还可以是政府财政机构；可以是国内的主体，也可以是国外的主体。此外，为了应对特大地震情况下可能出现的偿付能力不足的问题，政府每年应当通过预算的方式，安排一定的财政资金，支持发行"住宅地震保险债券"，以形成一个常态的应急资本储备。同时，国家还可以授权"全国地震保险基金"在特殊时期，根据需要发行"特别住宅地震保险债券"，以解决特别情况下的赔偿资金不足问题。

从 2001 年开始，国家实施对全国中小学危房改造工程。截至 2005 年，中央财政安排专项资金 90 亿元，全国纳入农村中小学危房改造规划的项目学校共 4 万多所。从 2006 年起，将全国农村义务教育阶段中小学校舍维修改造纳入农村义务教育经费保障机制。同时，从 2009 年起，国家用三年时间，在全国中小学开展抗震加固、提高综合防灾能力建设，使学校校舍达到重点设防类抗震设防标准，并符合对山体滑坡、岩崩、泥石流、热带气旋、火灾等灾害的防灾避险安全要求。

2015 年开始，保险业为东城区政府提供公共管理综合保险保障，根据几年承保理赔情况，针对火灾风险较高、保障不充分的实际情况，提出在保险保障基础上建立东城区政府与"服务＋保险"新的合作模式。"服务"在前，防灾防损服务和政府管理制度相结合，有效降低事故发生概率；"保险"在后，在实施有效防控后如仍因不可抗力引发事故，则可以启动保险，实现及时补偿和救助。

保险公司通过"服务＋保险"模式，协助政府做好公共安全管理，做好防灾体系搭建，共同提升老旧楼房风险管理水平，减少损失发生概率。

一是调研走访，充分了解基层需求。与东城区安监局组成工作小组先后前往消防支队、房管局、龙潭街道、和平里街道等机构进行调研，充分了解各职能部门职责及基层相关工作流程。

二是根据老旧楼房日常管理流程，结合保险保障内容，搭建了楼宇火灾防控平台，实现房屋风险状况动态监测及房屋安全日常巡查工作的系统化和常态化。

三是在高层楼宇火灾排查中提供优质第三方查勘服务，得到政府部门的关注和认可。

2016 年，原保监会印发《建立城乡居民住宅地震巨灾保险制度实施方案》，成立城乡居民地震巨灾保险共同体，共同体业务范围为统一标准化产品《城乡居民住宅地震巨灾保险》，通过上海保险交易所（以下简称保交所）开发的巨灾保险运营平台进行承保、理赔管理，该业务的保费收取及划拨、赔款集中支付均是通过该平台实施，最终赔款通过平台支付给受灾被保险人。

理赔处理方面，约定共同体的理赔原则是"谁出单、谁负责理赔"。人保财险在全国所有地区都是首席，在大部分地区也是人保财险出单并负责理赔。但在部分区域，如吉林地区，是太保和当地政府签单，则由太保负责理赔，但人保财险是整体首席，份额较高，则在吉林地区人保财险分摊赔款金额也较高。该保险不涉及协议、合约和临时分保。对于政府代售的零散业务，被保险人均有保单。对于政府统保的业务，要求逐户发送保单，但实际情况是大部分贫困户并不知道有保险。

以四川城乡居民住宅地震巨灾保险为例。住宅地震巨灾保险是国家惠民工程，由政府统一宣传和代售，实行保费补贴机制，由政府统一组织为贫困户进行购买或者为非贫困户代售。

1. 政府统保的农村优抚群体项目（政府 100% 出资）。政府统保的是由当地镇政府、县民政局等统一为特殊优抚群体投保，其中城镇保额

5 万元/户，农村 2 万元/户。保费由政府 100% 缴纳，个人不需要承担，保费为城镇 54 元/户，农村 68 元/户。主要是农村散居五保户、城乡低保对象、贫困残疾户等特殊优抚群体。五保户是指保吃、保穿、保医、保住、保葬（孤儿为保教），为农村中无劳动能力、无生活来源、无法定赡养扶养义务人。

2. 政府代售的零散业务（政府补贴基础保费 60%）。销售对象是非贫困户个人购买的保险，基础保额也是城镇保额 5 万元/户，农村 2 万元/户。保费个人缴纳 40%、政府补贴 60%。个人购买保险可以购买多份，保额最高不超过 100 万元。

2022 年，共同体成员公司共有 39 家，其中人保财险承保份额 61.59%（首席）、国寿财 6.41%、太保 5%、平安 5%、中华联合 5%，这 5 家保险公司份额达到 83%；大地保险等其他 34 家保险公司各 0.5%。

近些年共保体已经赔付四川泸县 2021 年 9.16 地震，雅安市 2022 年 6.1 地震，吉林松原市 5.1 级地震等灾害损失，有力支持了震区灾后重建工作。

案例：宁波老旧房屋风险监测

InSAR 技术对老旧房屋质量风险快速排查具有较大优势，尤其适用于大范围的老旧房屋风险排查。项目以宁波鄞州区为例，开展了应用示范，识别其建筑质量风险。

利用宁波鄞州区 2013～2016 年的 30 景 SAR 卫星数据，监测 2013 ～2016 年三年间的地面沉降累积量，将房屋沉降监测结果与风险管控进行结合，以小区或街区为单位进行住宅质量风险评级，划分为高危险区、中等危险区和低危险区，并给出风险管理建议。

8.4 涵盖恐怖责任的社会综治保障

借鉴纽约经验，开展涵盖恐怖责任的社会综合治理保险（以下简称综治保险），主要思路：政府主导、群众受益、促进社会和谐。

综治保险可以有效转嫁政府赔偿责任和救助责任，起到了社会"稳定器"的作用，投保行政区域公众责任保险已经成为全国部分城市的特色创新举措，增强了城区政府综合责任保险保障体系，成为"惠民工程"、"民生工程"等重点项目的新工具。

8.4.1 背景意义

综治保险是保险业深度参与社会治理，与政府政法部门合作，按照"政府主导、保险运作、自愿投保"的原则，服务和改善社会民生，共同建立"事前预防、事中协同、事后保障"的社会综合治理保险保障服务体系。具体包括政法部门和综治办负责和管辖的、涉及社会民生的事前预防体系；以乡镇、村居、街道办等为纽带，以治安保险联席会议为机制，针对居民、企事业单位治安环境管理、重大活动安全管理的协同工作体系；以及针对意外事故、恶意破坏、突发治安事件等领域的保险保障体系。

综治保险是平安建设的重要抓手和助推器，是社会治理体系和公共服务体系的深度融合，可以实现多方共赢，综合治理得到提升，群众得实惠，政府得民心，保险得发展。依托社会治安综合治理保险安排，可以实现以下作用。

一是旨在提升居民抵御意外事故的抗灾能力，减少基层纠纷调解矛盾，提升人民群众"安全感"。

二是通过综治保险对偷盗、抢劫、恶意破坏的保险赔付，化解"民转刑"案件带来的社会隐患，降低治安案件带来的社会影响，提升群众对基层治安工作的满意度。

三是结合当前社会治理热点工作，依托保险保障深度参与社会治安防控体系建设，防控社会治安风险，促进安全生活生产、网络安全、信息安全等领域平安建设。

四是通过综治保险对重点行业、重点人群提供保障，促进社会安定和谐。例如，对精神病肇事肇祸的保险兜底，破解工作中突发性、社会影响大的难题。

8.4.2 应用案例

2012 年开始，保险业与首都综治办就开展综治保险工作相继进行可行性研究，完成湖北先进经验调研、试点方案初步制订等工作，并根据具体需求设计了城市街道社区综合保险产品。为落实中央相关政策精神，借鉴部分省市的实践经验，根据新形势、新需求重新梳理开办业务的基本要素，开展了一系列具体工作。

（1）2019 北京世园会综治保险项目

2019 年中国北京世界园艺博览会是由国际展览局联合中国政府举办的最高级别的专业性国际博览会，是以增进各国的相互交流，集文化成就与现代科技成果于一体的规模最大的 A1 级世界园艺博览会，此次活动属于北京市承办的重大活动。

针对博览会举办期间游客由于突发事件导致的人员伤亡及财产损失提供综治保险保障，确保活动顺利举办，项目于 2018 年 8 月出单，本次为北京世界园艺博览会事务协调局提供的保障方案是综治保险保障重大活动安全的创新型实践，开创了综治保险的新型业务模式，成为国内此种业务模式首创。

（2）治安保险

治安保险是保险公司与政法部门共同探索的基层治安防范和财产损

失补偿相结合的新机制。在地方政府及社会治安综合治理委员会的大力支持下，治安保险按照"政府指导、市场运作、农民自愿"的原则，通过与政府有关部门的联席会议制度、联合召开推进会等形式，强化组织领导，逐步形成在政府主导下共同推动治安保险的发展模式，借助各乡镇综治办和村委会等政府部门进行宣传，由个人或者集体交纳一定的治安保险费，保险公司为被保险人的房屋及室内财产提供保险保障，从而建立起一个事前预防与事后补偿一体化、经费保障与机构运作市场化的社会治安基层防范体系。

为推动治安保险业务发展，"和谐家园"家庭财产保险产品，对家庭财产、大牲畜、现金贵重首饰、果木及成材树木等提供保险保障。同时，一些公司结合当地治安工作需求和风险特点，创新研发治安保险专用产品，为开展治安保险工作提供了有力的产品支持。

8.4.3 政策建议

近年来，国家发布一系列政策文件鼓励各地开办综治保险，助力社会治理工作：2006 年原保监会、中央综治办联合印发的《关于保险业参与平安建设的意见》（保监发〔2006〕44 号）、2009 年原保监会印发《关于进一步做好保险业参与社会治安综合治理工作的通知》（保监厅发〔2009〕39 号），2011 年《中国保监会关于保险业参与加强和创新社会管理的指导意见》（保监发〔2011〕69 号）、2017 年《中国保监会办公厅关于保险业切实加强社会治安综合治理工作的通知》（保监厅发〔2017〕39 号）等文件多次提出要充分发挥保险业在平安建设中的重要作用、继续深入推进保险业参与平安建设、鼓励发展治安保险等新兴业务、发挥经济杠杆作用、提高社会风险管理能力等精神和要求。

建议政府组织相关机构与专家，在目前现有保险基础上，研究涵盖恐怖责任的社会综合治理保险条款，条件成熟后，进行招标采购。

8.5 涵盖安全与民生的保障

8.5.1 安全生产保障

建立安责险制度，是改进安全生产管理、防范安全生产事故、完善事故经济保障机制的重要举措，也是与国际先进管理理念和制度设计接轨的必然选择，对于保障人民群众生命财产安全，维护城市运行安全，构建安全生产长效机制具有重要的意义。

按照政府对于安责险制度的要求，应全面分析了传统高危行业、城市维护保养作业中事故多发易发的作业及事故容易导致群死群伤的行业的风险特点，结合城市特点，在矿山、危险化学品、烟花爆竹、交通运输、建筑施工、民用爆炸物品、金属冶炼七个高危行业强制推行安责险制度；在渔业捕捞生产领域、大型群众性活动、人员密集场所以及涉及水、电、气、热等城市运行领域重点推行。

以下结合北京市安全生产责任保险项目进行说明：

（1）险种种类

采用量身定制式，根据危险化学品、煤矿、非煤矿山、烟花爆竹行业、使用液化石油气罐的餐饮经营企业、互联网上网服务营业场所、影剧院等行业的不同风险特征，分别设计条款，确保产品的适销性，为此，开发了 5 个保险条款，即《北京市安全生产责任保险》、《北京市高处悬吊作业安全生产责任保险》、《北京市有限空间作业安全生产责任保险》、《北京市燃气企业安全生产责任保险》、《北京市大型群众性活动公共安全责任保险》。

（2）产品框架

5 款产品均以"主险＋附加险"的形式，开发的附加险包括扩展第三者财产损失、扩展恐怖活动、扩展犯罪行为、扩展产品质量责任保险、扩展居民户燃气意外事故责任5类，可根据不同行业不同的企业类型需要灵活组合。

（3）保险责任

考虑到政府及安监局关注的重点是企业发生安全生产事故造成群死群伤的社会性事件，将保险责任定位于承保企业发生与生产安全相关的事故，造成雇员或第三者人身伤亡，依法应由企业承担的经济赔偿责任。

北京市15个区县开展了安责险，覆盖行业范围广，承保行业范围和企业数得到了全面提升，覆盖了17个大行业，68个细分行业，且未来的发展潜力巨大。2017年，已承保安责险企业1.8万余家。

自安全生产责任保险制度试点工作启动以来，保险公司快速在相关区县成立了安责险服务团队，切实开展各区县安全生产责任险推动工作。对延庆县的危化及有限空间作业共5家企业进行风险排查工作，共发现72处安全风险隐患，随后出具了专业的评估报告。帮助企业和安全监管部门及时发现安全生产漏洞和风险防控点，并提出整改的合理化建议，充分体现了安责险制度以安全生产事故预防为基础的特点，得到各方的认可。聘请第三方专业安全评估机构，联合安责险运营中心及相关区县人员，已经在全市朝阳、大兴、昌平、开发区、延庆等多个区县对中石化北京分公司油库、北京热力集团等多家大型企业客户开展风险排查工作，安全生产责任险的事故预防作用初步显现。

东城区在全区重点行业（领域）启动安责险制度推广"东安工程"，并定为2016年安全生产领域一号工程。延庆区在大型群众性活动实现100%的投保率。顺义区将安责险与安全生产标准化相结合，在全行业推行安责险。开发区把动员部署会议开到街道，动员"五小"企业积极投保，形成了可推广的经验做法，这些先进经验都为安责险制度进一步发展奠定了良好的基础。

8.5.2 电梯安全保障

2009 年新修订的《特种设备安全监察条例》第八条中明确提出"国家鼓励实行特种设备责任保险制度，提高事故赔付能力"。2013 年审议通过的《特种设备安全法》第十七条再次明确提出"国家鼓励投保特种设备安全责任保险"。

（1）背景与政策

据统计，北京市在用电梯 24.1 万台，且每年以 10% 以上的速度递增，电梯是社会日常生产、生活必不可少的特种设备；但电梯运营维保工作较难落实，容易出现意外及责任事故，造成人员伤亡。目前投保电梯责任保险的电梯设备占比不到 3%，形势严峻。

国务院在《关于加快发展现代保险服务业的若干意见》（"新国十条"）中提出，要充分发挥责任保险在事前风险预防、事中风险控制、事后理赔服务等方面的功能作用，积极化解矛盾纠纷；《特种设备安全法》中明确提出，国家鼓励投保包含电梯在内的特种设备安全责任保险；2018 年 1 月发布的《国务院办公厅关于加强电梯质量安全工作的意见》明确推进电梯监管综合改革，推广电梯"保险＋服务"试点。

（2）政策建议

保险公司承保北京市电梯专项保险近 20 笔，涵盖约 2 千多部电梯的责任风险，保障额超 2 亿元；此外，通过公责险及物业保险也为近万户电梯提供了保险保障。

①升级电梯责任保险的产品保障范围和服务内容

目前，国家电梯安全政策的推动向着"保险＋服务"的方向发展，越来越注重事前的风险预防工作。因此，电梯责任险工作可以在以下几个方面进行探索：

一是引入保险公司、第三方科技服务公司参与到电梯安全管理中，通过电梯安全管理与保险、物联网和大数据等先进技术的结合，起到强化电梯运行监测、维保管控，降低事故发生概率，化解事故主体矛盾的作用。

二是由于电梯设备技术较为成熟，事故率较低，导致投保动力不足。建议增加雇员人身伤害责任保障、电梯常见故障赔偿（如电梯困人精神抚慰赔偿等），实现产品升级，提升产品的吸引力和生命力。

②政府相关部门给予支持，加大投保引导力度

建议由质监局、住建委等相关政府部门联合发文，指明电梯安全责任保险的推动方向和工作重点，尽快启动试点工作，明确电梯保险的投保主体、试点范围和服务要求，适时适当推出保险补贴政策。鼓励和支持保险主体参与到电梯维保、电梯改造等电梯安全工作中。鼓励试点先行，对商场、交通、医院、校园、体育场馆等人员密集场所，推行电梯责任保险全覆盖。

8.5.3　产品质量保障

质量发展是兴国之道、强国之策。质量反映一个国家的综合实力，是企业和产业核心竞争力的体现，也是国家文明程度的体现；既是科技创新、资源配置、劳动者素质等因素的集成，又是法治环境、文化教育、诚信建设等方面的综合反映。质量问题是经济社会发展的战略问题，关系可持续发展，关系人民群众切身利益，关系国家形象。而产品质量快速发展的必然副产品就是产品质量缺陷风险，而如何做到有效分散风险、转嫁风险，让产品生产销售企业健康快速发展一直是政府最为关心的问题之一，保险作为重要的社会稳定器，可充分发挥其风险转移

及社会管理职能。

国务院《关于印发质量发展纲要（2011—2020 年）的通知》指出，建立质量安全多元救济机制。积极探索实施符合市场经济规则、有利于消费者维权的产品质量安全多元救济机制。完善产品侵权责任制度，建立产品质量安全责任保险制度，保障质量安全事故受害者得到合理、及时的补偿。引导企业、行业协会、保险以及评估机构加强合作，降低质量安全风险，切实维护企业和消费者合法权益。中共中央、国务院《关于开展质量提升行动的指导意见》中指出，加强质量制度建设，建立健全产品损害赔偿、产品质量安全责任保险和社会帮扶并行发展的多元救济机制。

产品质量安全事关百姓切身利益。数据显示，我国产品质量国家监督抽查合格率从 2001 年的 75.8% 上升到 2015 年的 91.1%，制造业质量竞争力指数从 2002 年的 77.89 提高到目前的 83.34，这说明我国质量总体水平取得了明显提升。但我们也要清醒地看到，作为制造大国和出口大国，我国产品质量总体水平还不够高，部分产品档次偏低，标准水平和可靠性不高，关键核心技术对外依存度高，有相当比重的高档数控机床、集成电路、高端芯片、精密检测仪器等依赖进口。

（1）被保险人

凡在中华人民共和国境内（不包括港、澳、台地区）依法设立，制造销售符合国家有关产品检验机构检测标准的产品的企业，均可作为本保险合同的被保险人。

（2）保险责任

包括投保产品的产品责任风险、产品质量风险，以及保险事故发生后，被保险人因保险事故被提起仲裁或者诉讼而应支付的法律费用，以及财务损失附加险。

在保险期间或保险单载明的追溯期内，被保险人所制造或销售的投保产品因存在缺陷在承保区域内发生事故，造成第三者人身损害或直接财产损失，由受害人或其他赔偿权利人在保险期间内首次向被保险人提出赔偿请求，依法应由被保险人承担的经济赔偿责任，保险人按照本保险合同的约定负责赔偿。

在保险期间或保险单载明的追溯期内，被保险人所制造或销售的投保产品发生条款第四条，即产品责任保险事故且符合下列原因之一的，由购买者首次向被保险人提出赔偿请求，依法应由被保险人承担的修理、更换或退货责任，以及由此引发的鉴定费用、运输费用和交通费用，保险人按照本保险合同的约定负责赔偿。

8.5.4 食品安全责任

通过开展食品安全责任险，充分发挥保险的辅助社会治理功能，有助于建立政府、保险机构、企业、消费者多方参与、互动共赢的激励约束机制和风险防控机制。

建立起包括优化生态体系、建立追溯体系、构建诚信体系、监管检测体系、推行食品安全责任险在内的"五位一体"的食品安全风险防控体系。为预防、降低、消除食品安全危害，降低出险概率，提高食品安全管理水平，公司与质量认证机构合作，为投保的食品生产企业开展食品安全责任保险风险评估工作，就企业的风险防控方案提出专业建议。

8.5.5 养老机构责任

以北京为例。2012年11月，北京市养老服务机构责任保险项目正式启动，由北京市民政局聘请中汇国际作为保险经纪人，人保财险北京分公司作为首席承保人，平安北京分公司、国寿财险北京分公司作为共同保险人，采取政企合作共赢模式，立足民生保险，服务于北京的养老服务机构。

北京市养老服务机构责任保险主要保障养老服务机构提供服务发生的合同约定的赔偿责任，其承保的群体是经民政局批准成立的公办、民办养老机构，全市十六个区，所有符合条件的机构均可参保。

2012—2017年累计承保北京市养老机构1900余家，2016—2017年度，全市共有420家养老机构参与投保，机构投保率为95.7%，较上一保险年度提高1.4个百分点，投保床位总数4万多张。目前全市养老机构整体保险意识增强，各机构纷纷转变固有处理方式，懂得运用保险手段转嫁自身风险，养老行业的高风险性得以充分显现。

8.5.6　环境污染责任

环境治理问题不仅是首都人民关注的焦点，也是国际舆论关注的焦点。环境污染事故一旦发生，影响巨大且企业面临的赔偿金额巨大，单一企业难以承受，对企业造成极大负担；很多生产型企业缺乏环境保护意识及有效的生产过程排放管理制度，无法及时发现问题，采取整改补救措施；单一环保部门的执法手段，往往存在人手缺乏、激励不足，加上信息不对称等问题，环保部门执法能力受限。

2013年2月，环保部与保监会联合印发《关于开展环境污染强制责任保险试点工作的指导意见》，明确了涉及重金属和石油化工等高环境风险行业将被纳入环境污染强制责任保险试点。

2018年6月16日，《中共中央　国务院关于全面加强生态环境保护　坚决打好污染防治攻坚战的意见》，提出了全面加强生态环境保护，打好污染防治攻坚战，提升生态文明，建设美丽中国的要求，并在第十条（二）健全生态环境保护经济政策体系"改革完善生态环境治理体系"建设中指出"推动环境污染责任保险发展，在环境高风险领域建立环境污染强制责任保险制度"。

通过评估企业环境风险，有助于提升环境安全水平。保险公司通过组织专家团队为客户提供承保前环境风险评估、承保后企业环境风险复查，加强对企业的环境风险指导服务，督促企业尽快整改环境风险隐患，提高了参保企业的环境风险管理水平和事故防范能力。

8.5.7 网络风险保障

据国际数据公司（IDC）的数据以及安联全球企业及特殊风险的统计，全球经济因网络犯罪每年平均损失超 4000 亿美元，全球四大经济体（美国、中国、日本、德国）2014 年因网络犯罪而遭受的损失达 2000 亿美元。亚太区企业在应对网络安全漏洞方面花费了 2300 亿美元。中国网络袭击导致的经济年均损失预计达百亿元。损失包括数以百万计的用户个人信息被盗所产生的影响。目前 50% 的网络目标性攻击集中在大型组织机构。

据美国保险代理和经纪理事会（CIAB）2016 年 4 月数据显示，在保险市场相对成熟的美国，大约有 25% 的商业投保了网络安全保险。在世界其他地区，针对数据泄密的强制立法将是推动网络安全保险增长的主要动力。法律或者是监管的强制约束行为，是一个非常重要的方面。比如，欧盟出台的《一般数据保护条例》（GDPR）——要求所有在欧盟经营个人数据业务的公司都必须遵守该条例，而且该条例规定了最高的赔偿额是 2000 万欧元，或者是该公司全球收入的 4%，该条例是一个非常强硬的保护手段，同时也能够推进网络安全保险的承保数量。

安联全球企业及特殊风险（AGCS）披露的网络研究报告显示，我国每年都会遭受 600 亿美元的网络损失，居亚洲第 1 位，是紧随其后的印度的 15 倍。新加坡和日本的情况相当，分别为 12 亿美元和 9.8 亿美元。

AGCS 通过分析网络风险的最新趋势发现，网络犯罪风险将是企业面临的第三大风险。每年因全球网络犯罪而导致的经济损失接近 4450 亿美元，其中约 50% 发生于全球十大经济体。而每家企业因数据泄露事件遭受到的平均损失至少高达 300 万美元。

互联网在我国日益普及的同时，网络基础设施也成为一国国民经济发展的重要驱动。移动互联网发展推动了消费模式共享化、设备智能化和场景多元化。移动互联网发展为共享经济提供了平台支持，提高资源利用效率；智能可穿戴设备、智能家居等行业的快速发展，推动智能硬件通过移动互联网互联互通，移动互联网用户工作场景、消费场景向多元化发展，推动不同使用场景细化。互联网已经成为世界各国培育经济发展新动能、塑造国家竞争新优势、推进可持续发展的重要抓手，网络日渐成为企业与个人赖以生存的信息载体。而与此同时，网络安全问题日渐突出。

互联网时代的数据安全与个人隐私受到前所未有的挑战。个人消费频繁的网站频发个人信息泄露事件，且频繁被媒体报道；随着物联网技术的发展，智能穿戴设备等产品的日益普及，弱口令、安全配置不当等问题导致智能设备普遍存在安全隐患；精准网络诈骗和敲诈勒索行为更加常见，网络黑客通过技术手段窃取单位或企业存储的公民信息，公民个人信息被不法分子窃取后，滋生电信网络诈骗、敲诈勒索等下游犯罪。就数据泄露这一上游行为，据参考文献指出，已发展出 9 种模式：入侵 POS、盗刷支付卡、利用 Web 应用开展攻击、恶意软件、网络间谍、拒绝服务攻击、内部盗窃、物理性损失及其他错误，可以说无孔不入，防不胜防。以计算机网络为工具，利用网络安全漏洞，窃取用户数据的犯罪组织，已经发展成一个有组织、分工明确的黑色产业链，且呈现以下特点：黑客攻击犯罪呈平民化趋势，黑客门槛日益降低，数据窃取过程正从交易化模式向定制化模式转变，移动互联网（即手机端）

成为黑色产业链的新兴市场。以上仅列举了网络安全常见隐患所在，网络事故一旦爆发，后果严重，且快速蔓延。下面以部分网络安全事故为例进行说明。

（1）乌克兰电网攻击事件

2015年12月23日，乌克兰电力部门遭到恶意代码攻击，至少三个电力区域被攻击，并导致数小时的停电事故，攻击者入侵了监控管理系统，导致超过一半的地区断电几个小时，80000用户断电。乌克兰电力部门感染的是恶意代码BlackEnergy，代码被当作后门使用，并释放了KillDisk破坏数据延缓系统的恢复。

（2）携程网安全漏洞事件

2014年3月22日，漏洞报告平台乌云网连续披露了两个携程网安全漏洞，漏洞发现者称由于携程开启了用户支付服务借口的调试功能，导致携程安全支付日志可被任意读取，日志可以泄露包括持卡人姓名、身份证、银行卡类别、银行卡号、CVV码等信息。

根据乌云网提供的信息来看，携程违反了银联此前禁止记录CVV的规定，导致这次的事件并没有根本上解决风险的可能。目前用户只能通过信用卡账单查询才能了解自己的银行卡是否被盗用。

（3）WannaCry病毒全球大流行

WannaCry（又称Wanna Decryptor），一种"蠕虫式"的勒索病毒软件，给广大电脑用户造成了巨大损失。据统计数据显示，100多个国家和地区超过10万台电脑遭到了勒索病毒攻击、感染。勒索病毒是自熊猫烧香以来影响力最大的病毒之一。WannaCry勒索病毒全球大流行，至少150个国家、30万名用户中招，造成损失达80亿美元，已经影响到金融、能源、医疗等众多行业，造成严重的危机管理问题。中国部分Windows操作系统用户遭受感染，校园网用户首当其冲，受害严重。

除上述社会影响广泛的公共事件，其他的事故如黑客制作伪装成正常应用的恶意程序，通过钓鱼短信等渠道散播，欺骗用户安装，实施精准网络诈骗等侵蚀大众利益的网络风险事故不胜枚举。在公众意识日益增强且法律环境日渐完善的大背景下，市场对此类保险产品的需求渐增，保险公司也逐渐开发相关条款。

在中国市场上，虽有类似的网络安全保险，但产品设计单一，保障范围较窄，与真正意义上的网络安全保险有所差异。例如，华泰财险与京东金融合作推出的专门针对互联网个人账户资金安全的"个人账户安全保障保险"，该产品可全年保障个人名下所有银行卡、网银、第三方账户因盗刷等造成的资金损失；平安产险开发的个人账户资金损失保险，能保障网络上第三方账户被盗刷等损失，按照保费标准不同提供保障；众安保险联合百度推出专门针对手机支付安全的保险产品"百付安"，保障病毒木马、电信诈骗、网络钓鱼等严重威胁用户支付信息和财产安全。

相继推出几款网络安全险种，例如虚拟财产险业务，保障网络游戏玩家虚拟财产的交易安全。云计算服务责任保险，保障被保险人提供云计算服务时，由于软件故障，主机、存储等设备故障，自有网络、电力、空调等数据中心设备故障造成委托人无法访问云计算服务或者云计算服务中断，或因其技术人员操作失误造成主机、存储、网络设备重启、关机，网络、软件配置变更等，导致委托人无法访问云计算服务或者云计算服务中断，所需承担的损害赔偿、法律费用、数据丢失费用等。信息技术应用服务保险保障信息技术服务提供商服务发生故障导致的企业应用服务中断产生的损害赔偿及法律费用，个人信息泄露责任保险保障被保险人疏忽或过失泄露管理的信息主体的个人信息产生的损害赔偿及法律费用。账户资金安全保险保障银行账户被盗刷等产生的资金损失。

8.5.8 快递员风险保障

结合快递员流动性大、社保不健全、职业风险等特点，出台针对快递员专项保障方案，推出例如短期重疾、大病、健康类险种及面向快递员交通工具的险种，针对快递公司雇主责任的险种，同时可以附加更多符合快递员利益的增值服务，比如医疗费用先期垫付。

因企业管理制度不同，快递员与各自公司劳动合同方面存在差异，既有保障不同。在现有基础上，增加快递员在医疗费用方面的补偿机制；增加快递员在发生住院时的营养费用支出、收入补偿等机制；增加重大意外风险发生时的补偿额度；通过保险公司现有的医疗服务平台，增加快递员重大风险就医时的便利程度。

（1）总体建议

政府牵头，行业统筹。设立基础的保障机制，价格实惠，保障范围宽泛；行业统筹进行方案确定（可形成行业标准），协商整体价格等。

①从意外、医疗、重大疾病等形成一体化方案。

②利用保险公司医疗服务资源，形成服务方案，包含电话医生、问诊、挂号、重疾绿色通道等服务内容。

③可由政府统一定制小药箱等服务内容。

保险及服务方案，行业统筹的情况下，费率相对较低，可建立基础的保障方案，费用尽量有企业承担或者企业与快递小哥共担。

政府牵头部分，由于财政补贴的特殊性及行业特殊性，建议财政补贴部分可在保险公司进行委托管理（方案可进行设定及调整），可以不记名的形式，一方面提高财政补贴使用效率，也使财政补贴可以真正落到实处；另一方面可以避免人员流动等问题，减轻快递员压力。

快递员重大风险发生时，由企业出具劳动合同、派遣合同等材料进行相关快递员资格证明，由保险公司进行赔付。

317

（2）行业方案

表 7 – 3　行业方案

保险责任	保额	说明
意外身故、伤残	10 万 ~ 20 万元（或者工资 24 倍）	因意外导致的身故、伤残
突发急性病身故	10 万 ~ 20 万元（或者工资 24 倍）	因突发急性病导致的身故、全残
意外医疗	2 万 ~ 4 万元	因意外导致的医疗费用
重大疾病	20 万元	30 ~ 50 种重疾一次性赔付
普通医疗费用	门诊、住院	此项内容需要根据企业情况再行确定，有社保和无社保分别设定

（3）委托管理方案

政府补贴资金委托保险公司管理，期间可担负以下费用：①医疗费用；②重大疾病一次性补偿费用；③急救费用；④救援费用；⑤收入补偿；⑥身故补偿。

以上内容均按照在第四部分方案基础上额外增加补偿的原则，真正提高快递员的保障。最终委托管理内容由政府进行确定，保险公司负责审核、执行。

委托管理资金年度内如果未使用完，可累计结转至下一年度，并且可以按照累计结余的资金额度，增加次年的保障额度或保障内容，每年方案的优化，也可以让快递员切身感受政府对行业的关爱，同时也可以逐渐减轻企业的人力成本。

8.5.9　警保联动

以北京市"警保联动"为例。截至 2019 年 5 月，"警保联动"巡查人员共受理交管部门委派现场处理案件 710 笔，成功处置 574 笔，成功率为 80.85%；自主巡查发现事故、故障情况 180 笔，成功处置 165 笔，成功率为 91.67%。受理便民客户服务咨询类 1200 余件。巡查人员

共受理交管部门委派现场处理案件 292 笔，成功处置 224 笔，成功率为
76.71%；自主巡查发现事故、故障情况 55 笔，成功处置 51 笔，成功
率为 92.73%。受理便民客户服务咨询类 500 余件。

（1）开展模式

在经过初期试点后并且基于交管大数据分析，结合地区交通特点和
首都职能特色，先后多次对工作模式进行了调整，目前按照以下几种方
式进行开展"警保联动"工作。

①电动车巡查模式

在城市主干道部署保险业流动"电动车巡查专员"，以驾驶电动自
行车沿街巡查的方式，保证第一时间发现和到达事故现场。目前在前门
巡查区通过电动车编制组，前门巡查区属于车流量集中、街道较密集且
轻微事故高发，需要灵活到场处理的简易巡查事故相较其他巡查区处理
量较大。

②机动车巡查模式

以"警保联动"巡查车辆定点备勤和流动巡查的形式，在联络城
区与郊区的潮汐车道地区进行联动事故快处，每日早晚高峰各 4 个小时
在岗执勤，由"警保联动"专员编组处置事故、排除路面故障，在指
定线路和范围内接受交管事故处置任务派遣，及时到场处置交通事故，
在首都主要交通联络线协助处置事故，缓解首都交通拥堵。

③"心服务站""警保联动"服务模式

十一黄金周、五一假期等节假日是市民出行和主要联络线事故高发
的双"高峰"，通过与交管局联动选择车流量大、事故频发的高速路段
服务区设立"心服务站"，在高速路边编组进行反复巡查、接受交管部
门调派，同时备勤救援力量，提供事故快清快处快赔服务，保障市民节
假日的出行畅通，依托在服务区建立的服务站点形成"动静结合、灵
活机动"的服务模式，为市民安全出行提供最便捷服务保障。

④重大活动专项保障模式

紧抓首都"四个中心"的职能定位和区位特点，在中非合作论坛和世园会等重大外事活动、重大政务活动期间，补充公安部门重大活动特殊勤务保障的警力覆盖缺口，在重点时间段内临时集中调用理赔人员编队，开展路面备勤、事故处置，保障重大活动顺利举办。

（2）世园会案例

为保证2019年中国（北京）世界园艺博览会的顺利举办，会同交管部门在世园会开幕式和闭幕式，五一、端午节、中秋节、十一节假日及节前一天、暑期周末等重要时间节点开展巡查事故处置，共计38天。成立"以延庆园区为轴心、京藏高速为轴线、辐射全市区域"的服务保障团队，并建立"3线1站1区"和"1快速"的警保联动模式。

组建"警保联动"专业团队进行组队巡查，配置专用车辆6台在城区通往世园会的主要联络线（京礼高速、京藏高速、京新高速）开展"警保联动"巡查工作。

在通往延庆城区和世园会的迎宾环岛枢纽建立"警保联动快处快赔服务站"，负责受理对上游联络线或世园会场馆周边的疏导的事故处理任务承接，受理园内人伤、物损、通赔等所有类型的理赔案件。由交管部门派驻警察协助完成事故责任认定的工作任务。

对"警保联动"专员巡查到场处理事故，仅因异地承保无法适用自行协商简易处理的情形，由"警保联动"专员完成现场事故核实和证据采集，向交管局报备案件处理情况，完成简易事故的自行协商定责和事故快速处理，根据事故情形完成"一站式"快赔或其他快赔方式。

（3）建立地方标准

保险公司通过与交通主管部门紧密协作，配合起草地方标准，通过统一"警保联动"巡查车外观标识标准、统一巡查服装样式，推动专项工作标准化、制度化、形象化建设（见图 8-2）。

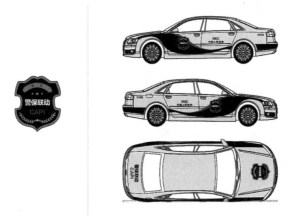

图 8-2 设计方案草稿

根据工作开展，先后购置电动巡查车辆 16 台，移动对讲机 18 台，配置"警保联动"专用巡查车 57 台，警保联动专用服装设备 8 套。后期将根据工作需要，不断完善资源配置和设备保障及技能培训工作，与交管部门共同保障好专项工作稳步运行。

8.6 保险业服务城市治理产品一览表

（1）清洁能源保险产品

针对清洁能源行业产品质量风险和利润波动风险，保险行业已为产业上下游企业提供了产品质量类保险、发电量保证类保险、利润损失类保险以及设备供应链保险等产品，助力提升清洁能源产业抗风险能力。针对光伏产品质保期较长的问题，推出了光伏组件效能保险，最长能保障光伏组件 30 年以上的输出功率衰减造成的发电损失，该产品打破了国外保险公司垄断局面，有力支持了国内光伏组件企业的全球化市场开拓，也保证了下游企业运营质量；针对发电状态不稳定的问题，推出光伏日照指数保险，保障日照强度发电量；推出风电指数保险，保障风速发电量；针对产业链较长、占用资金量大问题，保险行业推出设备供应链保险产品，积极向生产企业上下游延展保险服务，利用保险增信功能，降低企业融资成本；推出保证金保险服务，替代投标保证金，降低清洁能源工程资金占用。

（2）下面将保险业服务城市治理产品归纳总结为以下一览表供参考使用（见表 8 - 4、表 8 - 5）。

表 8 - 4　保险业服务城市治理产品一览表

项目	序号	产品
自然灾害防控领域	1	突发事件应急保险
	2	综合巨灾保险
	3	政策性农村住房保险
	4	城乡居民住房地震保险
	5	洪水保险
公共安全领域	6	城乡居民安全保障保险（社会综合治理专用）
	7	城乡居民财产损失保险（社会综合治理专用）
	8	治安装备损失保险（社会综合治理专用）
	9	建筑工程一切险
	10	安装工程一切险
	11	安装工程一切险（地铁）
	12	建筑工程一切险（地铁）
	13	公众责任险
	14	安全生产责任险
	15	校园方责任险
	16	建筑工程质量潜在缺陷保险（IDI）
	17	建筑工程年度设计责任险
	18	电梯责任保险
	19	环境污染责任保险
	20	食品安全责任保险

项目	序号	产品
民生保障领域	21	电动自行车盗抢保险
	22	电动车第三者责任保险
	23	自然灾害公众责任险
	24	政府扶贫救助保险
	25	见义勇为救助保险
	26	政府救助保险
	27	家庭燃气保险
	28	家庭财产盗抢保险
	29	少儿走失补偿费用保险
	30	老人寻找费用保险
	31	家庭太阳能光伏发电设备综合保险
	32	养老机构综合责任险
	33	旅行社责任险
	34	个人银行账户盗刷保险
	35	承运人责任险
健康城市	36	一类疫苗异常反应保险
	37	个人重大疾病保险
	38	个人长期护理保险
	39	终身重疾保障团体疾病保险
	40	团体长期重大疾病保险
	41	独生子女两全保险
	42	大病保险
	43	补充工伤团体失能保险
	44	医疗责任险
	45	手术安康意外伤害保险
	46	团体补充医疗保险
	47	团体长期护理保险（万能型）
服务民营经济	48	小微企业贷款保证保险
	49	机器损坏保险
	50	营业中断保险
	51	中小微企业金福保组合产品
	52	中小微企业安业保组合产品

续表

项目	序号	产品
文化城市	53	演艺活动公众责任保险
	54	博物馆火灾保险
	55	文物保护保险
	56	电影制作保险
	57	电影完工保险
科技城市	58	首台（套）重大技术装备综合保险
	59	高新技术企业财产保险（一切险）
	60	高新技术企业财产保险（综合险）
	61	高新技术企业关键研发设备保险
	62	高新技术企业营业中断险
	63	高新技术企业社保补充团体医疗保险
	64	专利代理人职业责任保险
	65	专利执行保险
	66	侵犯专利权责任保险
	67	专利许可信用保险

表 8 - 5　清洁能源保险产品

产品分类	产品名称	保障风险
财产保险	太阳能光伏电站建设期和运营期物资损失险	太阳能光伏电站建设期和运营期间的财产损失
	建筑工程险	清洁能源电站建设过程中的财产损失和第三者责任
	安装工程险	清洁能源设备、特高压工程安装过程中的财产损失和第三者责任
	机器设备损失险	清洁能源电站、变电站/换流站设备的财产损失
	利润损失保险	发电设备停止运行造成的利润损失
	光伏日照指数保险	日照强度不达标影响发电量
	风电指数保险	风速不达标影响发电量

续表

产品分类	产品名称	保障风险
保证保险	太阳能光伏组件效能保险	光伏组件输出功率衰减造成发电损失
	光伏组件质量保险	光伏组件的产品质量
	风机质量保证保险	风电设备的产品质量
	发电量保证保险	发电量不达标造成的利润损失
特殊风险保险	核物质损失险	核电厂的财产损失
	核电厂责任保险	核电厂运营过程中发生意外事故造成第三者责任
	核电站建筑安装工程一切险	核电厂开展建设安装工程过程中的财产损失和第三者责任

参考文献

［1］ 国家统计局. 中国统计年鉴 2021 ［M］. 北京：中国统计出版社，2021.

［2］ 英国政府网站，www. gov. uk.

［3］ 伦敦政府网站，www. london. gov. uk.

［4］ 中国银行保险监督管理委员会. 关于财产保险业积极开展风险减量服务的意见 ［Z］. 2023.

［5］《水利辉煌 50 年》编纂委员会. 水利辉煌 50 年 ［M］. 北京：中国水利水电出版社，1999.

［6］ 郭清. 风险减量管理与保险实践 ［M］. 北京：中国金融出版社，2022.

［7］ 郭清. 中国保险公估业的发展研究 ［M］. 北京：社会科学文献出版社，2008.

［8］ 郭清. 遥感新技术的保险应用 ［J］. 金融博览，2016（9）：17－19.

［9］ 郭清. 雇主责任险经营策略的研究 ［J］. 保险研究，2003（4）：41－43.

［10］ 郭清. 浅谈财产保险业务质量管理 ［J］. 保险研究，1995（6）：33－34＋24.

［11］ 郭清. 试论产品责任险的承保——从深圳华星免疫卡的保险

谈起［J］．保险研究，1994（5）：46 – 48.

［12］郭清，胡巍．入世五年后我国保险业发展战略的 SWOT 分析［J］．保险研究，2007（3）：7 – 9 + 12.

［13］郭清，何飞．空间信息技术在农业保险中的应用研究［J］．地理信息世界，2014，21（1）：79 – 84.

［14］郭清，张俊岭，马鑫．基于物联网的火灾扩散路径研究［C］．2012 中国消防协会科学技术年会论文集（上），2012：232 – 235.

［15］郭清，何飞．应用遥感技术的农业保险业务模式创新［C］．全面深化改革：战略思考与路径选择——北大赛瑟（CCISSR）论坛文集·2014，2014：453 – 465.

［16］郭清，何飞，闫超．遥感技术在农房保险业务中的应用［C］．2013 中国保险与风险管理国际年会论文集，2013：394 – 402.

［17］郭清．中国保险业发展的回顾与展望［J］．中国城市经济，2007（4）：81 – 85.

［18］郭清．深港保险 ECCRM 的创新与合作［J］．中国城市经济，2006（1）：44 – 48.

［19］郭清，彭佳．入世后中国保险业应采取的宏观对策［J］．经济问题，2002（11）：79 – 81.

［20］郭清，彭佳．浅析面向保险业的 CRM［J］．中外科技信息，2002（6）：33 + 56.

［21］安平，王平，郭清．中国洪水保险方案研究——湖南省试点方案［C］．2013 中国保险与风险管理国际年会论文集，2013：370 – 379.

［22］何飞，王平，郭清．空间信息支持下的农业保险模式创新研究与实践［C］．2013 中国保险与风险管理国际年会论文集，2013：403 – 412.

［23］张俊岭，郭清，安平．灾害风险管理的国际经验与启示——基于管理模式视角［J］．中国减灾，2013（5）：32 – 33.

［24］袁力，郭清，郭宏宇．中国保险业实现跨越式发展的实证研究［J］．保险研究，2007（5）：8－10＋23.

［25］樊治平，郭清，王建宇．论中资保险公司客户关系管理的应用［J］．保险研究，2004（2）：35－37.

［26］樊治平，郭清，王建宇．保险企业的客户关系管理［J］．中国保险，2003（10）：58－59.

［27］王和．保险将进入"减量管理"时代，成为"更技术的平台"．[2023－02－01]．http：//bschool.hexun.com/2023－02－01/207721269.html.

［28］王浩．保险的风险减量管理模式研究［J］．当代经济，2013（4）.

［29］沈体雁，何飞，史雪静，等．IDI 风险管理新技术探索——基于 InSAR 技术的建筑形变风险评估［J］．上海保险，2019（7）：47－51.

［30］杨文明．保险业防灾减损功能提升研究［J］．保险理论与实践，2018（10）：25－27.

［31］杨文明．保险公估理论与实务［M］．深圳：海天出版社，2015.

［32］杨文明．谈安责险制度推行过程中应处理好的若干关系——基于"安全生产责任保险事故预防技术服务规范［J］．安全与健康，2022（2）：64－67.

［33］李彤．论城市公共安全的风险管理［J］．中国安全科学学报，2008（3）65－72.

［34］李永清．城市公共安全风险评估的难点剖析与对策优选［J］．上海城市管理，2016（6）22－25.

［35］杨杰．我国城市公共安全风险管理存在的问题及对策研究［J］．学理论，2013（8）51－52.

［36］范加清．保险公司强化防灾防损风险提示工作的思考［J］.
保险理论与实践，2017（3）：48－56.

［37］史梦宇．从城市管理到城市治理——以南京为例［D］．南
京：南京航空航天大学硕士学位论文，2014.

［38］申剑，白庆华．从城市管理走向城市治理［J］．上海城市管
理职业技术学院学报，2006（5）：46－49.

［39］李元．治理理论视野下的我国城市管理研究［J］．重庆科技
学院学报，2010（3）：9－10，13.

［40］王胜军．40 年，从城市管理走向城市治理［J］．紫光阁，
2018（8）：49－50.

［41］全球治理委员会．我们的全球伙伴关系［M］．牛津：牛津
大学出版社，1995：2－3.

［42］罗月领．城市治理创新研究［M］．北京：清华大学出版社，
2014：1，15－16.

［43］向春玲．推动城市管理向城市治理转变［J］．哈尔滨市委党
校学报，2016（3）：1－6.

［44］郭先登．实现"城市管理"向"城市治理"伟大跨越［J］.
青岛日报，2014（3）：1－3.

［45］龙菲．西方的城市治理及其对我国的启示［J］．城市问题，
2004（3）：71－74.

［46］孔超．整体性治理视阈下的城市管理机制创新研究［D］．成
都：西南交通大学硕士学位论文，2017.

［47］莫于川．从城市管理走向城市治理［J］．法制日报，2013
（3）：1－2.

［48］何江．城市风险与治理研究——以中国为例［D］．北京：中
央民族大学博士学位论文，2010.

[49] 李麦产. 现代城市风险管理与防范 [J]. 城市观察，2012 (6)：135 - 143.

[50] 郭强. SARS 风险与风险城市的安全策略 [J]. 广州大学学报，2004 (3)：8 - 12，35.

[51] 刘畅，徐映梅. 中国城市风险管理现状分析 [J]. 宏观经济研究，2017 (10)：145 - 149，181.

[52] 顾林生. 国外城市风险防范与危机管理 [C]. 2006 首届中国会展经济研究会学术年会论文集，2006：145 - 154.

[53] 张立超，刘怡君，李娟娟. 智慧城市如何防范风险 [J]. 中国保险报，2015 (5)：1 - 3.

[54] 薛澜，彭宗超，顾林生. 中国城市危机管理研究报告 2005 [M]. 北京：同心出版社，2005：1 - 13.

[55] 周利敏. 韧性城市：风险治理及指标建构——兼论国际案例 [J]. 北京行政学院学报，2016 (2)：13 - 20.

[56] 周利敏. 迈向大数据时代的城市风险治理——基于多案例的研究 [J]. 西南民族大学学报，2016，37 (9)：91 - 98.

[57] 杨典. 特大城市风险治理的国际经验 [J]. 领导之友，2015 (7)：50 - 51.

[58] 钟开斌. 伦敦城市风险管理的主要做法与经验 [J]. 国家行政学院学报，2011 (5)：113 - 117.

[59] 刘晓亮. 特大城市安全风险管理的国际经验和对上海的启示 [J]. 科学发展，2017 (9)：47 - 56.

[60] United Nations Centre for Human Settlements (habitat). The Global Campaign for Good Urban Governance. 2000.

[61] OECD. Emerging System Risks in the 21st Century：An Agenda for Action，2003.

［62］ GAO. Terrorism Insurance：Rising Uninsured Exposure to Attacks Heightens Potential Economic Vulnerabilities ［EB/OL］. http：//www. gao. gov/new. items/ d02472t. pdf.

［63］ U. S. Congress. Terrorism Risk Insurance Act. 107 Congress［R/OL］. http：//public. findlaw. com/.

致　　谢

时光如梭，科技部"十三五"重点研发计划国家重点研发计划"大都市区多灾种重大自然灾害风险综合防范关键技术研究与示范"（编号 2017YFC1503000）项目即将结题，作为项目成果的《城市风险治理与风险减量管理技术及保险应用》即将出版。

本项目主要开展大都市区多灾种重大自然灾害综合风险防范的关键技术研究与示范，构建政府和企业协同的涵盖生命、财产损失和救助费用的大都市区多灾种巨灾保险方案，并在京津冀、长三角、珠三角等地区开展技术应用示范，致力于应用科技手段推动社会风险减量管理。

依据项目实施方案，选择北京、上海、广东、深圳、宁波等城市作为示范区，收集示范区灾害保险标的数据以及历史承保、理赔、再保等数据，建立灾害保险应用示范数据集，研究多灾种巨灾保险费率厘定、风险管控和快速理赔技术，构建政府和企业协同的涵盖生命、财产损失和救助费用的大都市区多灾种巨灾保险方案。

本书主要围绕"大都市区多灾种重大自然灾害综合风险评估与保险技术产业应用"课题，系统梳理了城市治理过程中存在的风险情况，并进行风险评估。结合国内外保险业参与城市治理的实践经验，应用保险技术提升城市治理能力，匹配保险计划和风险管理服务，有针对性地提供了系统性的风险转移解决方案，例如通过建立基于 InSAR 技术的建筑物保险风险减量应用标准，协同国家防灾减灾体系建设，为改进和优化城市现代化治理模式提供可行建议与方案，最终实现全社会的风险减量管理。

回顾承担课题的五年，感慨颇多，收获满满。课题研究、专著编写，课题参与人员为此付出了巨大的努力，但客观上讲，课题得以完成是站在前人的肩膀上的，尤其是人保公司的研究成果，为课题、专著的完成做了大量的铺垫基础，在此，特别表示感谢！专著在编撰中，参阅引用了风险减量研究领域其他专家学者的科技论文和硕博论文，一并表示感谢！

特别感谢科技部对该项目的立项支持！得以组织相关专家，将难度大、范围广、实操性差的艰巨任务全面推进完成。

感谢项目组的全体成员！尤其是项目牵头人北京师范大学刘连友教授、华东师范大学陈睿山教授，对项目及课题的整体实施给予了全面统筹策划，全程关注课题的情况，确保了课题的高质量完成。

感谢人保财险北京分公司、上海分公司、广东省分公司、深圳分公司！在课题开展及应用示范过程中，给予的大力支持。

感谢郭清处长作为科技部"十三五"重点研发计划专题负责人，将相关研究成果浓缩于专著，并确定专著的框架、章节、任务分工，进行专著统稿、统筹安排、质量把关，实现出版发行。

感谢专著主要编写人员：陈志国教授、顾炜宇教授、李朝辉高级工程师、樊治平教授、徐仁军教授、王磊总经理、杨文明董事长、李吉平董事长、金陆董事长、盛剑峰董事长、董利锦董事长、马恒高级专家、孔繁强总经理、章熠董事长、郑煦总经理、薛万贵总经理、陈谦总经理、雷燕飞总监、郭俊豪经理、左越副总经理、李腾工程师、鞠文汇博士后、郭霁瑶同学、刘毅洲同学、郭思妍同学及中国人保周磊磊处长、何飞副处长、宁文鑫主管、张磊主管、李芳主管、闫超主管、刘璐工程师、张希擎工程师、柴玫高级主管等为专著的成书付出的辛勤汗水。

感谢张磊主管、鞠文汇博士对专著进行审校、调整。

由于种种原因，部分参与人员名字未能在此提及，在此深深地表示歉意！

感谢对专著写作、出版作出贡献的所有人员！

《城市风险治理与风险减量管理技术及保险应用》编委会

2023 年 7 月